한국어의 교육 연구
-어휘 문제를 중심으로-

이충우
서울대학교 대학원 교육학 박사
국어교육학회 회장, 한국독서학회 회장 역임
전 가톨릭관동대학교 국어교육과 교수

노경래
가톨릭관동대학교 대학원 문학 박사
가톨릭관동대학교 대학원 및 학부 강사 역임
강원대학교 삼척캠퍼스 한국어 강사

고주환
가톨릭관동대학교 대학원 문학 박사
화신사이버대학교 및 한국사이버평생교육원 강사 역임
가톨릭관동대학교 국어교육과 초빙교수

김 몽(金 夢)
가톨릭관동대학교 대학원 문학 박사
가톨릭관동대학교 국제교류원 강사

강 반(姜 盼)
가톨릭관동대학교 대학원 문학 박사

윤혜경
가톨릭관동대학교 대학원 문학 석사 및 박사과정 수료

이선미
가톨릭관동대학교 대학원 문학 석사
경동대학교 국제교육팀 강사

한국어의 교육 연구 –어휘 문제를 중심으로–

초판 인쇄 2016년 12월 21일
초판 발행 2016년 12월 26일

지은이 이충우, 노경래, 고주환, 김 몽(金 夢), 강 반(姜 盼), 윤혜경, 이선미
펴낸이 박찬익 ┃ **편집장** 권이준 ┃ **책임편집** 조은혜
펴낸곳 ㈜**박이정** ┃ **주소** 서울시 동대문구 천호대로 16가길 4
전화 02) 922-1192~3 ┃ **팩스** 02) 928-4683 ┃ **홈페이지** www.pjbook.com
이메일 pijbook@naver.com ┃ **등록** 2014년 8월 22일 제305-2014-000028호.

ISBN 979-11-5848-279-4 (93710)

* 책값은 뒤표지에 있습니다.

한국어의 교육 연구

어휘 문제를 중심으로

이충우
노경래
고주환
김몽 (金夢)
강반 (姜盼)
윤혜경
이선미

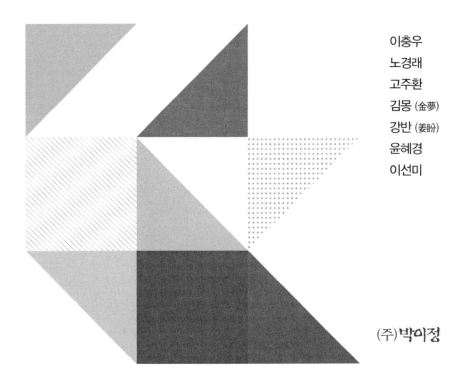

(주)박이정

외국어로서의 한국어 교육에 대한 많은 저서들이 출간되었다. 한국어 교육의 필요성이 높아짐에 따라 한국어 교육에 대한 수요도 늘고 한국어 교육에 관한 학자들과 한국어 교사들도 많아졌으리라. 더 나은 한국어 교육을 위해 끊임없이 노력하는 학자들과 교사들에게 필요한 것은 관련되는 지식에 대한 정보를 주는 자료일 것이다. 본서는 한국어 교육에 관한 필자들의 생각을 정리한 것이며, 이와 관련 깊은 국어교육에 관한 문제를 다룬 논문도 싣게 되었다.

대표 저자인 이충우 교수는 가톨릭관동대학교 국어교육과 교수로 재직하면서 타 저자들과 대학원의 '외국어로서의 한국어교육 전공'으로 사제 관계를 맺었다. 이들 외에도 국어교육과 한국어 교육 전공 등의 제자들이 여럿 있으나 본서에서는 어휘 교육과 언어문화 등 한국어 교육에 관한 논저를 제출한 자로 한정하여 '한국어의 교육 연구'를 출간하기로 하였다.

또한 본서는 이충우 교수의 정년퇴임의 기념을 축하하는 의미기도 하다. 이충우 교수는 영동지역 대학으로는 처음으로 외국어로서 한국어 교육 전공을 개설하였으며 현재까지도 꾸준히 졸업생을 배출하고 있다. 무엇보다 지리적인 요건으로 인해 학업에 대한 갈증과 갈망을 해소하지 못하던 많은 학생들의 고충을 해결해 주시는 큰 배려를 베풀어주셨으며, 더욱이 적지 않은 제자들을 하나하나 고민하며 퇴임의 마지막 순간까지 마음 놓지 않고 계신 성실함과 책임감에 제자 모두는 감읍(感泣)하였다. 스승님께 올리는 감사함은 어떤 것으로도 부족하지만 그 마음을 전하고자 함께 고민하고 정리했던 연구 결과를 깁고 다듬어 출간하기로 하였다.

출판계의 어려움은 어제오늘 일이 아님에도 사제의 정감(情感)어린 사연에 흔쾌히 본서를 출간해 주신 ㈜박이정의 박찬익 사장님과 직원 여러분께 감사의 말씀을 올린다.

2016년 겨울
저자를 대표하여 고주환 씀

| 목차 |

1장은 한국어 교육에서 차지하는 어휘 교육에 관한 필요성을 표현과 이해, 지식 학습의 범주로 다룬 글로 "이충우(2001), 국어 어휘 교육의 위상, 「국어교육학연구 13」"을 정리한 것이다.

2장은 "국어교육과 한국어 교육의 상관성"에 관한 연구로 언어 교육에서의 차이를 교육용 사전 편찬에 적용한 "이충우(2003), 국어 교육과 한국어 교육의 사용 언어: 교육용 사전을 주로, 「국어교육 112」"를 정리한 것이다.

3장은 중국인 학습자를 대상으로 하는 한국어 교육용 사전은 중국어 어휘와 한국어 한자 어휘가 같은 한자 형성소로 이루어지고, 같은 의미를 가진 점이 많다는 점에서 중국인용 한국어 교육용 사전의 편찬에 고려해야할 문제를 제기한 "이충우(2003), 중국인 한국어 학습자를 위한 한국어 교육용 사전 「중국에서의 한국어 교육」, 이중언 어학회 · 고려학회 · 북경 대학교 합동 학술 대회 자료집"을 정리한 것이다.

4장은 한국어 학습자가 한국어의 발화 방식에 대한 문화적 특성을 이해하고 의사소 통하는 것이 필요하다고 보고 이를 위한 한국 언어문화교육 내용으로서의 한국어 화용 항목을 선정하여 기술한 "노경래(2012), 외국어로서의 한국어 언어문화교육에서 의 화용 내용 연구. 관동대 대학원 박사학위 논문"을 정리한 것이다. 언어문화는 어휘와 밀접한 관련이 있다.

5장은 신체관련 다의어인 '눈'을 의미확장과 사용빈도를 기반으로 다의어의 의미항 목을 선정한 논의로 "윤혜경(2011), 한국어 어휘교육을 위한 등급별 다의어 교육 연구: 신체 관련 다의 명사 '눈'을 중심으로, 관동대 대학원 석사학위 논문"을 정리한 것이다.

교육을 위한 어휘의 선정에서 난도를 고려하여 어휘를 선정하고 난도별 어휘 교수ㆍ학습 방법까지를 다룬 "이선미(2008), 한국어의 난도별 어휘 학습 방안 연구, 관동대 대학원 석사학위 논문"을 정리한 것이다.

7장은 한국어 중급 이상 교재와 한국어 능력시험(topik)에 출제된 사자성어 어휘를 분석하고 유형별로 정리, 이를 토대로 한국어 교육용 사자성어의 선정 및 교수학습 방안을 제시한 "김 몽(2011), 중국인 학습자를 위한 한국어교육용 사자성어의 선정과 활용, 관동대 대학원 석사학위 논문"을 정리한 것이다.

8장은 한국어를 학습하는 중국인 학습자를 대상으로 실시되는 한국어 파열음 발음 교육에 대한 것으로 중국인 학습자의 파열음 발음에 대한 학습 효과를 확인하기 위한 실험 분석인 "강 반(2014), 중국인 학습자의 한국어 파열음 발음 교육에 대한 연구: 중국어 성조 활용을 중심으로, 관동대 대학원 석사학위 논문"을 정리한 것이다. 어휘 인지와 발음은 상관성이 있다.

9장은 2011년 개정 국어과 교육과정에서 어휘 관련 지도 내용 요소를 어휘 교육의 관점을 바탕으로 개진한 것이다. 도구적 관점과 인지적 관점으로 양분된 어휘 교육의 시태(時態)를 현재 적용되고 있는 교육과정을 근거로 가늠해보고자 한 "고주환(2015), 국어과 교육과정의 어휘 교육 관점 연구: 2011년 개정 교육과정 중심으로, 「문법교육 24」"를 정리한 것이다.

1장

한국어 교육과 어휘 교육

이충우

1. 도입

언어 사용의 주된 목적은 의사 소통에 있다. 언어의 기능 중 첫 번째 기능이 의사 소통 기능인 것이다. 바로 의사 소통을 통하여 교육이 이루어진다면 의사 소통이 이루어지는 언어의 의사 소통 조건을 고찰할 필요가 있다. 언어를 통한 의사 소통은 화자의 표현하고자 하는 의미가 어떻게 언어 기호로 작성되어 청자에게 전달되느냐를 생각해야 한다. 화자의 전달하고자 하는 의미는 청자와 공유하는 사회적 산물인 언어 기호로 발화되고 이는 청자에게 의미로 해석되는 과정을 겪는 것이다. 그렇다면 의미의 전달은 기초적으로 무엇을 통하여 이루어지는 것일까? 여러 이론이 있지만 우리는 의미를 나타내는 어휘소를 그 첫 번째 의사 전달 도구로 이야기할 수 있다.

언어는 의사 소통을 위하여 사용하는 것이다. 의사 소통을 하기 위해서 화자는 전달하려는 의미를 언어를 통해서 청자에게 전달한다. 의미를 전달하기 위한 언어는 의미를 담아야 하는데 바로 이러한 말하기와 쓰기와 같은 표현 행위와 읽기와 듣기와 같은 이해 행위, 그리고 언어를 통한 생각하기 등이 모두 어휘에 의지하지 않고는 이루어질 수 없는 것이다. 이용주(1993)의 "의미는 최소 단위인 의미소에 해당하는 어휘소에서부터 문장, 담화·텍스트까지에 실려 있다. 그러나 이 모든 경우에서도 최우선의 의미 전달체는 어휘소이다. 따라서 언어에 대한 교육은 국어 교육의 목표를 의사 소통 기능 신장이든, 언어를 통한 사고력 신장이든, 어휘와 관련된 내용을 제외할 수 없다."라는 주장을 우리가 받아들일 때 모든 언어를 통한 교육은 어휘와 관련되지 않을 수 없다. 따라서 사람은 어휘소의 의미를 정확하게 알수록 자신의 경험을 더욱 정확하게 이해하고 표현할 수 있고, 어휘소를 더 많이 알수록 자신의 경험을 더 풍부하게 더 효과적으로 표현할 수 있다. 마찬가지로 다른 사람에 의해서 표현된 정확하고 풍부한 경험을 효과적으로 이해할 수 있다. 그러므로 어휘 교육은 지식, 예술, 문화를 전달하는 모든 교육에서 가장 중요한 수단이 된다.

2. 표현과 어휘력

잘 표현된 말과 글은 어휘의 적절한 사용 없이는 불가능하다. 표현이 잘된 것과 그렇지 않은 것의 차이는 여러 가지 요인이 있지만 이 중에는 어휘의 적절한 사용과 부적절한 사용 때문인 경우도 있다.

국어 교육에서 표현 교육은 언어 사용에서 표현력을 길러주기 위함이며, 이는 주로 '말하기, 쓰기'의 교육으로 나타난다. 표현력을 높이기 위해서는 표현 어휘가 풍부해야 하는데 이를 위하여 이해 어휘와 표현 어휘의 격차를 좁힐 수 있는 방법이 필요하다.[1] 초보적인 표현의 경우 우리는 말 배우는 아

---

[1] 표현 어휘는 발신자가 말하거나 글을 지을 적에 사용이 가능한 어휘로서 능동적 어휘, 발표 어휘, 사용 어휘라고도 한다. 표현 어휘는 발신자의 회화나 문장에 나타나며 이해 어휘의 20~30%에

이처럼 단순히 어휘소의 나열로 의사를 표현할 수 있다. 그리고 이러한 어휘소의 나열로 이루어진 표현은 비록 초보적인 의사 소통 수단으로만 가능하다고 하더라도 의사 소통의 기초적인 도구가 어휘소라는 것을 깨닫게 한다.

　다음은 한국어를 배우는 폴란드의 대학생(4학년)이 쓴 요리 설명서이다.[2] 가능한 한 표기는 원문대로 처리했으며 한글이 아닌 것은 폴란드어와 영어로 쓴 것이다. (　　) 속의 글은 필자의 글이다.

소고기 국 / 돼지고기 국 / 국 네사람분
ZUPA GULASZOWA(폴란드어로 '국 끓이기'임.)

――――――――――

· 양파 - 2개
· 기름 - 5큰술
· 고추(고춧가루) - 2작은술
· 소고기/돼지고기 - 1/2키로그람
· 감자 - 2/3개
· 당근 - 2개
· 미나리 - 2개(포기)
· 소금

――――――――――

양파 2개 자르고 기름 5큰술에 약간 붉게 합니다. 고추 2작은술을 보태다.

해당한다고 본다. 표현 어휘가 다양하다는 것은 언어 표현을 다양하게 할 수 있다는 것을 의미하며 어휘의 풍부성이 높다고 말할 수 있다. 표현 어휘가 풍부하면 보다 적절한 어휘 표현을 잘 할 수 있으며, 어휘력을 확대하기 위해서는 이해 어휘와 표현 어휘의 차이를 줄여서 표현 어휘를 확대해야 한다.

2) 위 글을 쓴 학생은 폴란드의 아담미츠키에비츠대학교 민족언어학과(ADAM MICKIEWICZ UNIVER-SITY, DEPART. OF ETHNOLINGUISTICS) 학생이며, 이곳 학생들은 보통 3개 국어를 전공하며, 각 전공어를 1주일에 8시간(1, 2, 3학년)이나 4시간(4, 5학년)을 배운다. 그리고 5개년의 학업을 마치고 한 전공어에 대한 졸업 논문이 통과되면 석사 학위를 받는다. 물론 이 학생의 경우 한국어 성적은 저조하다.

소고기 / 돼지고기 1/2키로그람을 수프에 (넣고) 소금을 치다.

물 주다. 10분 요리합니다.

물 2리터 부어서 봬다(의미 미상). 감자과('와'의 오용) 당근과 미나리를 자르다,

그리고 국에 주다. 요리합니다.

어서 잡수십시오!

'고추'는 '고춧가루'를 잘못 쓴 것이며, '물을 붓다'를 '물 주다'로, '국에 넣다'를 '국에 주다'와 같이 일부 어휘소를 부적절하게 사용하고 있으나 독자가 이 글을 읽을 때 의미상으로 큰 어려움이 없이 이해가 가능하다. 우리는 위의 글에서 어휘력이 있기 때문에 어휘소의 단순 나열에 불과한 글로 의사를 표현하는데 큰 문제가 없음을 알 수 있다. 이 학생은 복잡한 문장을 구성하여 자신의 글을 쓰기보다는 어휘소의 단순 나열로 위의 글을 작성하여 제출한 것이다.

이와 같이 어휘소만의 나열로도 충분히 의사를 전달하고 있음은 어휘 교육이 언어 교육에서 차지하는 중요성을 보여주는 것이다. 다음의 경우는 어휘소 의미를 잘못 알아서 의사 소통에 부적절한 경우이다. 이 예는 한국어 통사와 음운의 기본적인 지식을 갖고 있는 한국어를 전공하는 외국인 학생들의 음성 언어 표현이다.

학생 1 : 당신은 언제 폴란드에 도착했습니까?

학생 2 : 한국의 여름은 너무 휴미디티(humidity)해서 아주 힘들었습니다.

'학생 1'은 '당신'의 사용 의미가 영어 'you'와 같다고 알고 있기 때문에 교수에게 '당신'이라고 한 것이다. 이 학생은 한국어 공부를 할 때 담당 강사가 항상 '당신'으로 표현했다고 말하였다. 그러나 영어의 'you'는 청자를 지칭하는 말로 국어에서는 청자의 지칭어를 말해야 한다. 즉, 청자가 교수이면

'선생님, 교수님', 청자가 어머니이면 '어머니'로 불러야 하는 것이며, 부부간이거나 아주 허물없는 친구 사이가 아니면 '당신'은 사용하기 부담스러운 말이다. 따라서 '학생 1'은 '당신'이라는 어휘소를 정확히 몰라 부적절한 표현을 한 것이다. '학생 2'는 한국에서 한국 문화 연수 과정을 이수한 후 폴란드로 돌아온 학생으로서 한국에서의 생활을 한국인에게 말한 것이다. '학생 2'의 말은 '무덥다, 후덥지근하다, 습도가 높다 등' 기후를 나타내는 어휘를 모르기 때문에 영어를 사용한 것인데 이때 그 학생이 영어 'humidity'도 몰랐다면 폴란드어를 모르는 한국인에게 알아듣게 설명하지 못했을 것이다. 이런 경우는 외국어를 알면서 국어 어휘력이 부족한 일부 지식층의 언어 표현에서도 나타난다. 그들은 세분화된 국어 어휘소를 모를 때 자기가 아는 외국어를 사용하여 표현한다. 그러나 청자가 그 외국어를 모르면 의사 소통은 불완전해진다. 표현을 정확하고 적절하게 할 수 있으려면 정확하고 적절한 어휘를 사용할 수 있는 어휘력이 필요한 것이기 때문에 '표현력'을 기르는 국어 교육에서 어휘 교육의 중요성은 매우 크다.

끝으로 필자가 어려서 어른들께 들은 '부적절한 어휘 사용의 이야기'를 소개한다.

옛날에 한 어리석은 처녀가 시집을 가게 되었다. 이 처녀는 친정에서 '비속어'만 사용하였기 때문에 처녀의 부모는 시집가는 딸에게 '시댁 어른에게는 항상 경어를 써야 하고 경어는 '-님'을 붙이면 된다'라고 알려 주었다. 처녀는 시집가서 며느리가 되었다. 하루는 이 며느리가 나뭇짐을 지고 온 시아버지를 보니 머리에 검불이 붙어 있었다. 며느리는 경어를 쓰기 위해 다음과 같이 시아버지에게 말하였다.

"아버님 대갈님에 검불님이 올라 앉으셨습니다."

3. 이해와 어휘력

　말이나 글을 이해하기 위해서는 말이나 글에 쓰인 어휘를 이해할 수 있어야 한다. 다시 말해 이해 대상 어휘에 대한 지식이 있어야 하는 것이다. 어휘 지식은 음성 언어 및 문자 언어를 표현하고 이해하는 열쇠이다. 어휘 지식이 없으면 음성 언어이든 문자 언어이든 제대로 표현하고 이해할 수가 없다. 어릴 때부터 듣기 장애를 가진 농아들은 어휘 지식이 없기 때문에 이 세상에 대한 기초 개념이 형성되어 있지 않으며, 따라서 언어를 이해하지 못한다. 많은 어휘 지식을 알고 있는 언어 사용자는 그만큼 성공적인 독자가 될 수 있다. 책을 펼쳤을 때 아는 단어가 많으면 그만큼 그 글을 이해하기가 수월해진다(박영목·한철우·윤희원, 1996: 270).[3]

　다음을 보자.

　우리 사람이란 — 세속에 얽매여, 머리 위에 푸른 하늘이 있는 것을 알지 못하고, 주머니의 돈을 세고, 지위를 생각하고, 명예를 생각하는 데 여념이 없거나, 또는 오욕칠정에 사로 잡혀, 서로 미워하고 시기하고 질투하고 싸우는 데 마음에 영일(寧日)을 가지지 못하는 우리 사람들이란, 어떻게 비소하고 어떻게 저속한 것인지, 결국은 이 대자연의 거룩하고 아름답고 영광스러운 조화를 깨뜨리는 한 오점(汚點) 또는 잡음밖에 되어 보이지 아니하여. 될 수 있으면 이러한 때를 타서 잠깐 동안이나마 사람을 떠나, 사람의 일을 잊고, 풀과 나무와 하늘과 바람과 한가지로 숨쉬고 느끼고 노래하고 싶은 마음을 억제할 수가 없다.

〈이양하, 신록 예찬〉

---

3) 이해 어휘는 수신자가 그 의미나 용법을 알고 있는 어휘로서 수동적 어휘, 획득 어휘라고도 한다. 표현 어휘(사용 어휘)는 물론 이해 어휘에 속하나 이해 어휘 중에는 수신자가 사용하지 않는 어휘가 포함된다. 인간의 이해 어휘의 양은 대략 표현 어휘의 3~5배에 달한다고 본다. 다른 나라의 경우 이해 어휘의 양을 4~5만 어 내외(고유명사 제외하면 약 3만 어)로 보는데 이는 한 언어 집단 내에서 통용되는 어휘의 수를 말한다. 이해 어휘량이 많을 수록 어휘 이해를 잘 할 수 있으며, 특히 독해력이나 청해력은 이해 어휘량에 영향을 받는다. 어휘력을 확대시키기 위해서는 표현하지 않는 이해 어휘를 표현 어휘로 바꿀 수 있도록 해야 한다.

'이양하'의 '신록 예찬'은 중등 교육을 받은 사람이면 이해할 수 있는 글이지만 초등 학생에게는 그 글에 사용된 어휘가 어렵기 때문에 이해하기 어려운 글이 된다.

어느 회사의 신입 사원이 과장과 한가롭게 이야기를 나눌 기회가 생겼다. 과장은 신입 사원이 자기와 동성임을 알고 신입 사원에 대한 호감을 갖고 이야기 도중 본관을 물었다.

과장 : 집안이 좋더구먼. 본관이 어디요?
신입 사원 : 저보다 잘 아시면서요. 이 건물 뒤에 있잖아요.

과장은 동본(同本)인가를 알려고 본관(本貫)을 물었고, 신입 사원은 본관(本貫)의 의미를 모르고 본관(本館)만 알기에 과장이 장난하는 줄 안 것이다.

위의 경우는 동음이의어의 문제일 수 있으나 신입 사원이 본관(本貫)의 뜻을 몰랐기 때문에 무지가 드러나게 된 것이다. 어휘력이 약하면 모르는 어휘에 대하여 이해할 수 없을 뿐 아니라 의사 소통, 나아가 사회 생활에서 실패하는 것이다.

다음은 어느 인터넷 사이트에 올라 온 글을 정리한 것이다.

뜨거운 게 시원한 거다. 한국인은 참으로 말을 이상하게 해댄다. 나는 근처에도 못 가는 엽기적이고도 살벌하게 뜨거운, 그리고 매운 그 찌개를 떠먹으면서도 연신 "아~ 시원하다"를 연발하는 것이다. 도대체가 알 수가 없다. 언제 뜨겁고 언제 시원하다고 말을 해야 할지 나는 아직도 모른다.

〈외국인의 한국 생활, 한국어에 관한 관찰 기록, pastel(김재원)〉

위의 글은 '시원하다'의 일차적 의미만 아는 외국인이 뜨거운 찌개를 먹는 한국인이 '시원하다'고 말하는 것을 이해하지 못하는 것을 나타낸 것인데 이런 경우는 어휘력이 부족한 어린이들이 어른들이 뜨거운 욕조에 들어가서

'아~ 시원하다'고 말할 때 이해하지 못하는 것과 같다. 어휘력이 약한 사람들은 다의어와 세분화된 어휘의 사용에서 어려움을 느낀다. 다의어의 일차적 의미는 알지만 이차적 의미는 알지 못하기 때문이며 세분화된 어휘는 유의어와의 차이를 알지 못하기 때문이다.

소아과 의사는 환자를 진찰할 때 환자의 자각 증상을 이해하는데 어려움을 느낀다. 어린이는 다양한 어휘를 이해하지 못하기 때문에 그의 증상을 의사에게 표현하지 못할 뿐 아니라 의사가 묻는 말을 이해하지 못하는 것이다. '배가 아프다'고 우는 어린이에게 어떻게 배가 이상한지를 알기 위해서 의사는 '뒤틀리듯이 아프다, 더부룩하다, 메스껍다. 울렁거리다, 따끔거리다, 살살 아프다 등등'의 말로 물어보지만 어린이는 이 세분화된 어휘를 이해하지 못하기 때문에 그냥 아프다고만 말한다. 따라서 소아과 의사는 문진(問診)을 제대로 할 수 없다. 만일 어린이 환자가 증상을 묻는 의사의 어휘를 이해할 수 있는 어휘력이 있다면 보다 정확한 진찰을 받을 수 있을 것이다. 이런 경우는 국어 어휘력이 약한 의사가 환자의 어휘를 이해하지 못할 경우에도 같은 결과를 가져온다.

표현에서는 세분화되고 구체적인 어휘를 모르더라도 그 의미에 적절하게 일반 기초 어휘로 풀어서 표현할 수 있다. 그러나 이해에서는 다르다. 기초 어휘만을 가지고 상대방이 표현하지 않기 때문에 모르는 어휘를 상대방이 사용하면 앞뒤 문맥으로 추론하거나 사전을 사용하거나 해야 한다. 또한 언어 생활의 대부분은 표현보다는 이해하는 활동이 훨씬 많다. 따라서 이해에서의 어휘력은 아주 중요하다.

이와 같이 말이나 글을 이해하는데는 어휘력이 필수적이기 때문에 어휘에 대한 능력이 언어 능력, 언어 사용 능력의 주요 요소가 될 수밖에 없는 것이다. 우리는 세분화되고 전문화된 어휘를 많이 알면 알수록 보다 정확하고 상세하게 관련 언어를 이해할 수 있다.

4. 지식의 학습과 어휘

지식 학습의 대부분은 책 읽기를 통해서 이루어진다. 책을 읽는다는 것은 책 속의 글을 읽어 글의 내용을 이해한다는 것이고 글을 읽고 이해하기 위해서는 글 속의 어휘 의미를 알아야 하는 것이다. 글 속의 어휘는 일반 어휘와 전문 어휘로 나눌 수 있는데 일반 어휘는 일반적으로 언어 생활에서 사용하는 어휘를 말하며 전문 어휘는 전문적으로 사용되는 어휘로 전문적인 의미를 나타내는 어휘를 말한다. 그런데 전문 지식을 학습하기 위한 글의 일반 어휘가 학습자의 어휘 발달 수준보다 어려운 어휘라면 학습자는 글을 이해하기 어렵다. 또한 학습자의 어휘 수준에 맞는 일반 어휘로 글이 이루어져 있다 하더라도 함께 쓰인 전문 어휘의 의미를 모른다면 학습자는 글을 이해하기 어려울 것이다. 이때 일반 어휘는 설명하기 위한 어휘로 학습자가 이해할 수 있으면서도 정확한 이해를 할 수 있는 어휘여야 하며 전문 어휘는 전문 분야의 세분화된 의미를 정확하게 전달할 수 있는 어휘여야 할 것이다.

따라서 우리는 특정 전문 지식을 학습하는 데는 특정 전문 어휘가 필요하며 우리는 바로 이런 전문 어휘의 학습을 통하여 해당 전문 지식을 학습할 수 있다.4) 모든 지식의 학습에 관련되는 전문 어휘는 전문 학습의 도구가 되기 때문에 기본적으로 각 전문 학습에서 전문 어휘력이 중요하고 이들 해당

---

4) Bross(1973 : 217)의 말을 인용하면 외과 의사는 신체 구조에 대한 지식을, 일부는 그의 수련 과정을 통한 직접 경험으로부터 얻지만 나머지 대부분은 의학 용어를 통해 얻는다는 것이다. 외과 의사의 초기 수련 과정이 유익할 수 있는 것은, 해부학 시간을 통해 과거 여러 세대의 경험의 축적을 수용할 수 있기 때문이며, 외과 의사가 어디에 메스를 대야 하는 지를 알게 해주는 인체 구조에 대한 세세하고 정확한 지식은 수백 년 동안 수백만 번의 해부를 통해 축적된 것으로 이 신체 구조를 묘사하는 목적만을 위해서 고도로 전문화된 전문 어휘가 발달됐기 때문이라는 것이다. 외과 의사는 신체 구조에 대한 해부학적 사실들을 익히기 전에, 해부학의 전문 용어를 배워야만 되며, 외과 의사의 "효율적인 수술"은 바로 "효율적인 언어"에서 비롯된다는 것이다(이기동 · 신현숙 역, 1983 : 99). 이 때 '효율적인 언어'로서의 '의학 용어'나 '고도로 전문화된 언어'로서의 '의학 용어'가 '전문 어휘'이다.

전문 어휘력을 길러주는 것은 전문 지식을 학습하는데 도움이 된다. 그래서 많은 분야에서 전문 어휘를 별도로 배우게 되는 것이다.[5]

우리가 간호학을 배운다면 우리는 간호학에 관련되는 전문 어휘인 간호학 용어를 배움으로써 간호학에 대한 기초 지식을 얻을 수 있다는 말이다. 또한 간호학 서적을 읽고 이해하지 못하는 경우는 간호학 관련 글의 문법이나 음운, 관련 경험의 부족 때문이 아니라 간호학 전문 용어를 모르기 때문일 경우가 많을 것이다. 따라서 일반인이 아닌 전문가가 되기 위해서는 관련 분야의 잘 분화된 어휘를 제대로 아는 것이 큰 도움이 될 것이다.

그러나 각 전문 분야의 지식을 얻기 위한 전문 어휘를 직접 국어 교육에서 어휘 교육으로 다루는 것은 아니다. 전문 분야의 전문 어휘는 전문 교과 내에서 다루는 것이 원칙이다. 그렇다면 어떻게 국어 교육에서 어휘 교육으로 이를 도울 수 있을 것인가가 문제가 된다. 국어 어휘 교육에서 기초 어휘력을 습득한 학습자는 이 어휘력을 전문 어휘 이해에 사용한다. 대부분의 국어 전문 어휘는 국어 일반 어휘를 바탕으로 만들어지기 때문에 국어 어휘력은 각 전문 분야의 어휘를 만드는데 이용되며 또한 이렇게 해서 만들어진 전문 어휘는 국어 일반 어휘력을 이용해서 이해가 용이해진다. 전문 어휘는 대부분이 한자어이다. 전문어는 세분되고 구체적인 의미 전달을 필요로 하기 때문에 의미가 세분되고 또한 구체적인 한자어로 만드는 것이 유리하기 때문이다. 따라서 전문 어휘를 이해하는데는 한자 어휘력이 필요하고 한자 어휘력은 국어 어휘 교육을 통하여 높일 수 있다.

일반 학습자가 의학 지식을 이해하기 위해서는 의학 전문 어휘를 이해해야만 가능하다. 그런데 '의학 용어 사전'을 이용하지 않아도 '後天性免疫缺乏症(AIDS), 鐵缺乏性貧血(iron deficiency anemia)' 등과 같이 한자어 의학 용어는 일반 한자어 지식이 있는 학습자에게는 그렇지 않은 학습자보다 쉽게

---

5) 각종 공공 양식의 경우에도 대부분 단순 어휘소의 나열인 경우가 많은데 이들은 그 분야의 전문 어휘이다. 따라서 이들을 모르면 서류를 제대로 완성할 수 없는 것이다.

이해된다. 따라서 일반 어휘를 교육하는 국어 어휘 교육은 여러 전문 분야의 전문 어휘를 이해하는데 도움이 되며 나아가 전문 지식 학습에 도움을 주게 되는 것이다.

국어로 이루어진 교과 전문 어휘들은 국어 일반 어휘를 바탕으로 만들어진 것이다. 따라서 국어 교육에서 어휘의 교육이 제대로 이루어지면 타 교과의 기술에 사용된 일반 어휘의 이해와 함께 전문 어휘의 이해가 쉽기 때문에 타 교과의 학습에 도움이 된다.

5. 정리

언어 사용의 주된 목적은 의사 소통에 있다. 언어를 통한 의사 소통은 화자의 표현하고자 하는 의미가 언어 기호로 작성되어 청자에게 전달되는 것이다. 따라서 언어 기호에 해당하는 어휘소를 그 첫 번째 의사 전달 도구로 이야기할 수 있다. 우리는 글이나 말의 내용을 정확하게 이해하고 표현하려면 어휘력에 의존하지 않을 수 없다. 따라서 언어 사용자는 사용 언어의 어휘력이 강하면 강할수록 효율적인 언어 생활을 영위할 수 있을 것이다. 잘 표현된 말과 글은 어휘의 적절한 사용 없이는 불가능하며, 또한 어휘 지식이 없으면 음성 언어이든 문자 언어이든 제대로 이해할 수가 없는데 이는 모두 어휘력의 문제이다. 따라서 언어를 통한 의사 소통을 주요 목표로 삼고 있는 국어 교육의 경우 어휘력을 신장시키는 어휘 교육은 아주 중요하다 하겠다.

도구 교과 교육으로서의 국어 교육과 어휘 교육의 관계는, 학교 교육을 통해 학생들에게 전달되는 지식은 기초적으로는 그 개념이나 원리를 담고 있는 어휘로 전달되는 것이며, 따라서 지식 학습의 기초인 어휘력을 신장하는 어휘 교육은 도구 교과 교육으로서의 국어 교육의 기초가 된다. 전문 지식의 학습은 일반 어휘와 전문 어휘를 기초로 이루어지는데 국어 교육으로서의 어휘 교육은 일반 어휘의 교육이며, 전문 지식 교육으로서의 어휘 교육은 전문 어휘를 배우는 것이다. 이때 전문 어휘를 이해하는데 일반 어휘력이 도움을 줄 수 있다. 전문 어휘는 일반 어휘를 기초로 하여 만들기 때문이다. 즉 전문 어휘가 한자어라면 한자 어휘력은 전문 어휘력을 기르는데 도구가 될 수 있는 것이다.

학습자의 어휘를 풍부하게 하는 것이 바로 어휘력을 높이는 것이며 이것이 어휘 교육의 목표인 것이다. 어휘 교육은 국어 교육의 기본 목표인 의사 소통 능력 신장을 위한 기초 능력이며 국어 교과의 사고력을 신장하거나 지식을 얻기 위한 도구이면서 동시에 다른 교과의 학습을 위한 도구로서도 필요한 어휘력을 신장하는 것이기에 그 중요성이 큰 것이다.

2장

국어 교육과 한국어 교육용 사전

이충우
·············

1. 도입

우리는 이제까지 한국어 교육을 해오면서 "'한국어 교육'은 외국인에게 '외국어로서의 한국어'를 가르치는 것"이기 때문에 외국어 교육의 이론과 국어 교육의 이론을 적절하게 절충하여 교수 방법을 개발하고 교육을 실시하며 교육에서 나타나는 문제점을 찾아내어 개선해 왔다. 현재까지 '한국어 교육'에 대한 많은 연구가 이루어졌으며, 한국어 교육도 많은 발전을 이루어 왔다. 앞으로도 우리는 '국어 교육'과 '한국어 교육'의 공통점과 차이점을 찾아내어 이를 바탕으로 새로운 '한국어 교육'의 효율적인 방법을 개발해야 할 것이다.

언어 교육에서 언어간의 관련은 언어 간섭이나 중간 언어의 문제로 나타나는데 이는 언어 교육에 긍정적으로 작용할 수도 있고 부정적으로 작용할 수도 있다. 따라서 이들의 문제에서 긍정적인 것을 고려한다면 외국어 교수에서 모어나 학습자가 이미 알고 있는 외국어를 사용하여 모르는 외국어를 학습하게 하는 교수법을 이용하고, 부정적 면을 고려하면 가능한 한 목표 언어로만 학습하는 교수법을 이용하게 된다. 그러나 여러 이론이 있음에도 불구하고, 본고에서는 외국어 학습에서 차지하는 모어나 기 습득 외국어가 새로운 외국어를 학습하는 데 긍정적으로 작용하는 면에 바탕을 두어 언어 교육에서 둘 이상의 언어가 사용되는 경우에 관하여 기술한다.

본고는 국어 교육과 한국어 교육에서 사용되는 교수 언어는 어떻게 같고 어떻게 다른가를 밝히고 이와 관련된 실제 문제를 언어 교육에서 필수적으로 사용하는 교육 보조 자료인 '교육용 사전'을 예로 분석 고찰하고자 한다. 따라서 본고의 구성은 먼저 국어 교육과 한국어 교육의 차이를 밝히고, 이에 사용되는 언어의 문제에 대하여 교수법과 관련지어 기술한다. 그리고 '교육용 사전'으로 단일 언어를 사용한 경우(교육용 단일 언어 사전)와 두 언어 이상을 사용한 경우{교육용 이중(다중) 언어 사전}의 문제를 고찰한다. 이 경우 기존의 사전이 갖는 문제점과 이를 해결하기 위한 방안도 제시하고자 한다.

2. 국어 교육과 한국어 교육의 사용 언어

가. 국어 교육과 한국어 교육

국어 교육과 한국어 교육은 (한)국어를 가르치기 때문에 교육 대상 언어는 같다고 할 수 있다. 그러나 교육의 목표와 방법 등 여러 면에서 공통점 못지 않게 차이점이 많기 때문에 우리는 국어 교육과 한국어 교육의 차이에 주목해야 한다. 이를 간단히 살펴보면 다음과 같다.

1) 누가?

국어 교육은 대개의 경우 국어를 모어로 하는 화자인 학생에게 국어를 모어로 하는 국어 교육 전문가인 교사가 국가가 만든 국어과 교육 과정에 바탕을 두고 국어를 가르치는 것이다. 이에 비해 '한국어 교육'은 대개의 경우 한국어를 외국어로 하는 학생에게 한국인 또는 외국인 교사가 나름대로의 판단에 의하거나 특정 교육 과정에 바탕을 두고 외국어로서의 한국어를 가르치는 것이다. 국어 교육을 받는 학생은 기본적인 국어 생활을 영위하는데 별 문제가 없을 정도의 국어 능력[1]을 갖추고 있지만 한국어 교육을 받는 학생은 자신의 모어에 대한 언어 능력은 가지고 있지만 한국어 능력은 기초도 갖추지 못하고 있다. 한국어 교육은 한국어에 경험이 없는 학습자가 한국어에 능통하지 못한 교사(한국어 모어 화자가 아닌 외국인 교사)거나 학습자와 모어가 다른 교사(한국인 모어 화자인 교사) 사이에 이루어진다.

2) 무엇을?

국어 교육에서는 '모어'를, 한국어 교육에서는 '외국어'를 교육한다. '모어'와 '외국어'의 차이는 '이미 기초적으로 알고 사용하는 언어'와 '기초적인 것도 모르거나 조금은 알고 있더라도 별로 사용하지 않는 언어'라 할 수 있다. 대개의 경우 위와 같이 '사용하는 언어'와 '사용하지 않는 언어'의 차이는 언어 교육에서 많은 고려를 필요로 한다. 따라서 국어 교육에서는 취학 전 어린이의 언어는 포함될 필요가 없을 수도 있으나 한국어 교육에서는 취학 전 어린이의 언어(예: 기초 어휘)도 포함된다.

3) 언제?

국어 교육은 아이 때부터 습득된 언어인 국어를 학교에서 체계적으로 배우

---

1) 모어 화자는 10세 정도면 10,000여 어휘를 이해할 수 있다. 그러나 외국어 학습자는 대개의 경우 목표 언어의 어휘를 거의 모르는 상태에서 외국어 학습을 시작한다. 또한 모어 화자는 음운이나 문법에 대하여 많이 알고 있으나 외국어 학습자는 어휘와 마찬가지로 음운이나 문법에 대하여도 아는 것이 거의 없다.

는 것이기 때문에 그 대상은 주로 '어린이, 소년'이지만 한국어 교육은 (한)국어가 아닌 언어를 사용하는 사람으로 주로 성인이 되어서 한국어를 배우게 된다. 국어 교육의 교육 시기는 목표 언어인 국어를 사용할 줄 아는 때이고 한국어 교육의 교육 시기는 한 언어(모어)를 알고 있으면서 목표 언어인 한국어를 알지 못하는 때이다.

4) 어디서?

국어 교육은 국어가 생활 언어로서 24시간 노출되어 쓰이는 환경에서 교육이 이루어진다. 따라서 교실에서 배우는 것보다 많은 언어 경험이 교실 밖에서 이루어진다. 그러나 한국어 교육에서는 이런 경우(국내에서의 한국어 교육)와 이렇지 않은 경우(외국에서의 한국어 교육, 또는 국내의 외국인 사회에서만 거주하는 자에 대한 한국어 교육)가 있다. 24시간 목표 언어에 노출되느냐 아니냐는 언어 교육의 효과나 방법에 큰 영향을 준다.

5) 왜?

국어 교육이 이미 사용하고 있는 언어를 가르치는 것이기 때문에 창의적인 언어 사용 능력 신장, 고등 사고 능력 신장 등 상위의 목표를 설정[2]하는데 비해 한국어 교육은 언어교육의 기본, 기초가 의사 소통 능력 신장(말과 글을 통한 표현과 이해의 시장)이 주요 교육 목표가 된다. 대다수의 한국어 교육은 외국인 학습자에게 의사 소통 능력을 길러주기 위한 것이다. 교육 목표의 수준이 국어 교육의 경우가 한국어 교육보다 높다.

---

[2] 국어 교육의 주된 목표는, "① 말과 글을 통한 표현과 이해의 능력 신장, ② 언어 및 국어 및 그 사용에 대한 이해, ③ 문학 작품의 감상과 이를 통한 삶의 이해"로 요약될 수 있다. 그러나 한국어 교육의 목표는 ① 한국에서의 생활을 위한 의사 소통, ② 한국어 연구, ③ 전문적인 한국어 번역이나 통역이다.

6) 어떻게?

국어 교육이 이루어지는 교실의 언어는 국어로만 이루어진다. 이렇게 목표 언어로만 이루어지는 언어 교육은 모어 교육일 경우 지극히 당연한 것으로 아무 이론이 제기되지 않는다. 그러나 한국어 교육의 경우 대다수 외국어 교육의 방법처럼 여러 가지 방법으로 언어 교육이 이루어진다. 교수 언어는 단일어로 한국어만 사용될 수도 있고, 이중 언어로 학습자의 모어와 목표 언어인 한국어로 이루어 질 수 있다. 경우에 따라서는 학습자의 모어와 교사의 언어가 서로 다르고 둘 다 제3의 언어를 사용할 수 있는 경우 목표 언어(한국어 교육의 경우 한국어)와 제3의 언어(예를 들어 교사와 학생이 모두 영어를 알고 있을 경우 영어)가 사용되어 한국어 교육이 이루어진다.[3] 우리 나라에서 이루어지는 한국어 교육에서 서로 다른 언어를 모어로 사용하는 외국인들에게 한국어와 영어를 사용하여 한국어를 교육하는 경우이다.

나. 교육에서 사용하는 언어

1) 언어 교육과 사용 언어

언어 교육은 언어를 통하여 이루어진다. 언어로 언어를 가르치고 배운다는 점에서 국어 교육과 한국어 교육은 같다고 할 수 있지만 국어 교육에서의 사용 언어와 한국어 교수에서의 사용 언어는 다르기 때문에 언어 교육에서의 언어 문제가 국어 교육과 한국어 교육에서의 사용 언어에서 더욱 중요한 논의의 대상이다. 국어 교육에서는 교사와 학습자가 모두 국어를 모어로 하기

---

3) Colin Baker (1996)는 이중·다중 언어 교육의 유형들을 종합하여 크게 소극적 모델과 적극적 모델로 대별하고, 하위 분류하였고 이는 박영순(1997)에서 소개되었다. 이 논문에서의 이중(다중) 언어의 사용은 모어와 외국어의 상황이 아니고 'minority language'와 'majority language'의 사용이다.

때문에 사용 언어는 당연히 국어이고 다른 언어를 사용할 필요성이 거의 없다. 그러나 한국어 교육은 한국어를 모어로 하는 교사(한국인 교사)나 한국어를 외국어로 하는 교사(외국인 교사)가 한국어를 외국어로 하는 학습자에게 외국어인 한국어를 가르치는 것이기 때문에 한국어만을 사용하거나 다른 언어와 함께 사용해야 한다. 이 때 한국어 이외에 사용하는 다른 언어는 교사에게 외국어이거나(한국인 교사의 경우, 외국인 교사로 자신의 모어가 아닌 다른 언어로 교수하는 경우), 모어이며(외국인 교사의 경우) 학생에게는 모어이거나 외국어이다(학생이 모어가 아닌 다른 언어로 교사와 의사 소통하는 경우).

2) 단일 언어 사용

외국어 교수는 외국어로만 이루어져야 한다는 교수법(예: 청화법)에서는 단일 언어만을 사용해서 교육이 이루어진다.4) 전적으로 목표 언어(외국어)로만 교사가 강의하면 학습자가 알아듣는데 어려움이 많으나, 학습자가 알고 있는 언어를 이용해서 목표 언어를 학습하는 경우에 나타날 수 있는 언어의 간섭을 방지할 수 있기 때문에 결과적으로는 보다 효과적인 언어 교수가 가능하다고 생각하는 것이다. 그러나 이 경우 명확한 의미 파악이 어렵고 학습자의 언어로 설명하면 빨리 이해할 수 있는 것을 많은 시간을 들여야 이해하게 되는 단점이 있다. 물론 단일 언어를 사용한 외국어 교육이 갖는 장점도 있다. 학습자가 모어에 의존하지 않고 목표어에 모든 것을 의지하다보면 보다 많은 노력을 목표 언어로 하게 되기 때문이다. 반드시 목표 언어만 사용해야 한다는 단일 언어 사용 교수법은 알아듣지 못하며 짐작에 의존하는 시간 낭비의 위험이 있다.

---

4) 외국어(제이 언어) 학습의 초기 단계의 특징은 상당히 많은 모어(제일 언어)에서 온 언어간 전이가 발생한다는 것이다. 이 언어간 전이는 긍정적인 경우와 부정적인 경우로 나눌 수 있으나 부정적인 언어간 전이로 각종 오류가 발생하는 것을 줄이기 위한 외국어 교수법에서는 목표 언어만을 사용하는 단일 언어 학습을 강조하게 되었다.

3) 이중(다중) 언어 사용

전통적인 외국어 교수법은 문법-번역식 교수법이다. 이는 어휘와 문법을 모어로 설명하고 문장을 번역하는 것으로 외국어 교수에서 문법의 중요성이 강조된 교수법이다. 지나치게 문법을 강조하다 보면 의사 소통에 필요한 듣기, 말하기의 학습에 소홀할 수밖에 없기 때문에 많은 문제점이 제기되었다. 그럼에도 불구하고 초기 외국어 학습에서 문법-번역식 외국어 교수법이 갖는 장점이 쓸모 없는 것은 아니다. 목표 언어에 대한 문법적 이해는 목표 언어의 습득에 긍정적으로 작용하기 때문이다. 우선 책에서 문법 설명을 하고 본문에 나온 문장 하나 하나의 뜻을 번역하며 파악한 후에 청화법으로 공부하면 실제 외국어 사용 환경에서 잘 적응할 수 있었다는 사례들이 있다. 물론 너무 모어만 하면 말이 배워질 리 없으니, 점차 목표 언어만 쓰게 해야 하는 것은 사실이다(김영기, 1991: 61).

단일 언어 사용을 강조하는 외국어 교수법은 직접 교수법(The Direct Method), 청화 교수법(The Audio-Lingual Method) 등이며, 이중 언어가 사용되는 외국어 교수법은 문법-번역 교수법(The Grammar-Translation Method), 침묵 교수법(The Silent Way), 암시 교수법(Suggestopedia), 공동체 언어 학습법(Community Language learning) 등으로 이 때 모어의 번역은 대화의 의미를 분명히 하는데 사용된다.[5] 전신 반응 교수법(The Total Physical Response Method)은 모어로 소개되지만 소개 이후에는 모어가 거의 사용되지 않는다. 의사 소통 접근법(The Communicative Approach)에서는 모어는 특별한 역할을 하지 않는다(Diane Larsen-Freeman, 1985/조명원·선규수 역, 1992).

참고로 대부분의 한국어 교육에서는 이중 언어를 사용하고 있다. 서울대,

---

5) 외국어 학습자가 외국어를 배우는 이유 중의 하나는 L2/L1 번역(외국어의 수용으로 외국어의 듣기나 읽기)이거나 L1/L2 번역(외국어로 표현하는 것으로 말하기나 쓰기)이다. 이 경우 L2/L1 번역이나 L1/L2 번역은 이중 언어를 사용하는 것이다. 이 부분에 대한 학습은 단일 언어로 외국어 학습을 하는 것으로는 해결할 수 없는 부분이다.

연세대, 서강대, 경희대 등의 한국어 교재는 번역문을 첨부하였는데 이는 대다수 우리 나라 한국어 교육 기관의 한국어 강의에서 이중 언어를 사용하고 있다는 것을 보여준다. 이중 언어의 사용은 단일 언어 사용에서 해결하지 못하는 외국어 학습의 문제를 보완할 수 있다.

3. 국어 교육과 한국어 교육에서의 어휘 교육

국어 교육과 한국어 교육은 같은 교육의 대상인 언어가 같다는 공통점은 있지만 어휘 교육에서는 여러 차이가 존재한다. 국어 교육의 학습자는 일상 생활에 큰 불편 없는 어휘력을 소유하고 있을 뿐 아니라 표현 어휘보다 이해 어휘의 양이 훨씬 많다. 그러나 외국어로서의 한국어 교육의 학습자는 초기 학습자의 경우 표현 어휘량이 이해 어휘량과 큰 차이가 없다. 이는 어휘 교육에서 어떻게 어휘의 의미를 기술하느냐에 큰 영향을 미친다. 모어 교육인 국어 교육에서 어휘 의미에 대한 기술은 학습자의 이해 어휘량이 많기 때문에 별로 제한을 받지 않는다. 이에 비해 한국어 학습자는 이해 어휘량이 적기 때문에 한국어 학습자용 어휘 의미에 대한 기술은 제한된 어휘를 사용하여야만 한다.

한국어 학습자가 어휘의 의미를 알기 위하여 주로 사용할 수 있는 방법으로는 사전 이용법이 있다. 대개의 외국어 학습자는 사전을 이용하는데 사전 이용법에서의 차이, 문제, 해결책 등에 대한 연구는 한국어 교육의 효과를 높이기 위해서도 중요한 문제이다.

한 연구에 의하면 외국어(제2언어)로서의 영어 교육을 위한 대부분의 ESL/EFL 교재는 1,500~2,000어를 포함하고 있으며 이것을 첫 3년에 가르치고 있다(Fox, 1987). 영문을 읽는데 필요한 최소한의 어휘는 일반 영문의 경우

7,000~10,000어가 필요하고, 미국 대학생들이 인식하는 어휘 수준에 도달하기 위해서는 50,000어를 배워야 한다{Long · Richards(1987). 김인석(1998: 47)에서 재인용}. 이를 볼 때 모어로서의 국어 학습자는 위의 10,000어를 알고 있지만 외국어로서의 한국어 학습자는 이보다 적게 알고 있기 때문에 어휘 교육의 필요성이 더욱 크다고 할 수 있다.

어휘를 강조하는 외국어 교수법은 문법 · 번역 교수법(The Grammar-Translation Method), 직접 교수법(The Direct Method), 전신 반응 교수법(The Total Physical Response Method), 의사 소통 접근법(The Communicative Approach) 등이다. 이들 교수법은 어휘가 다른 요소들에 비해 중요시되고 있으며, 이는 어휘가 갖는 의미 전달 기능을 중시한 것이라 할 수 있다. 이들 교수법에 비해 청화 교수법(The Audio-Lingual Method)과 침묵 교수법(The Silent Way)에서는 어휘가 학습 초기에는 약간 제약된다(Diane LarsenFreeman, 1985/조명원 · 선규수 역, 1992 참조). 그러나 우리는 이들 외국어 교수법의 방법에 상관없이 모든 언어 교육에서 어휘의 중요성을 도외시할 수 없다. 교수법의 특성상 더 강조하는 부분과 덜 강조하는 부분이 있을 뿐이기 때문이다. 의미 전달의 기본 단위가 되는 어휘를 배우지 않고는 어휘력이 길러질 수 없으며 어휘력이 부족한 상태에서 바람직한 언어 사용이 이루어질 수 없기 때문이다. 특히 언어 사용 능력이 저급 단계일수록 어휘의 중요성은 크다 하겠다.

가. 언어 교육을 위한 교육용 사전

1) 언어 교육에서의 교육용 사전

언어 교육에서 어휘의 사용에 대하여 학습하는 것은 어휘가 언어의 주요 요소이기 때문이다. 그리고 어휘 학습을 위하여, 언어 교육을 위하여 사전 이용은 필수적이다.

우리는 국어를 학습하면서 국어 사전을 이용하고 영어를 학습하면서 영어 사전을 이용한다. 대다수의 학생은 국어를 공부할 때 국어 사전을 이용하는 것보다 영어를 학습하면서 영어 사전을 이용하는 경우가 훨씬 많다고 여기고 있다. 영어 공부를 할 경우 영어 사전을 지참하지만 국어 공부를 할 경우 국어 사전을 지참하는 경우는 거의 없는 것이다. 이로 미루어 볼 때 모어로서의 국어 교육을 위한 국어 교육용 사전의 중요성보다 한국어 교육을 위한 한국어 교육용 사전의 중요성이 더욱 절실하다고 할 수 있다. 그런데 아직까지 한국어 교육용 사전에 대한 연구와 출판 수준은 초보 단계에 머물러 있는 것으로 보인다.

국어 교육과 외국어로서의 한국어 교육에 필요한 사전의 차이에 대한 연구는 영성하다. 언어 전문가들은 모어 화자용 사전인 미국의 다양한 Webster 사전들이나 영국의 Oxford 사전과 같이 외국어로서의 영어 학습자용 Long-man 사전이나 이중 언어 사전에 대하여 관심을 기울여 왔다. 그들은 사전을 편찬함에 있어 무엇을 어떻게 해야 하는가에 대하여, 즉, 연구 목적, 사전의 문제점, 외부 요소, 내부 요소, 기타 파생 문제 등에 관심을 기울여 왔다. 우리도 한국어 교육용 사전에 관한 많은 연구가 이루어져야 할 것이다.[6]

2) 교육용 사전의 사용 언어

사전에 사용되는 언어는 단일 언어의 경우와 둘 이상의 언어가 사용되는 경우로 나눌 수 있다. 모어 교육(국어 교육)에 사용되는 사전은 단일 언어 사전이다. 이는 국어 표제어를 국어로 뜻매김하는 것으로 국어만 사용하여 국

---

[6] 사전 관련 연구는 그 역사가 오래되었지만 '외국어로서의 한국어' 학습자를 위한 사전에 관한 연구는 이상섭 외(1992)와 서상규(2000), 백봉자(2000), 서상규(2002) 등이 있다. 국외에서는 '외국어 학습자를 위한 이중 언어 사전'에 관한 연구가 활발히 이루어지고 있으며, 최근의 주요 연구로는 Hartmann(1989, 1999, 2001), Lanten and Melamed (1994), Bishop (1998), Jang and Wien(1998), Weigand (1998) 등이 있다(Hartmann, 2001 참조).

어 사전을 편찬하는 것이다. 학습자는 모어인 국어에 대해 문법, 음운 등을 많이 알고 있으며 이해 어휘량이 많기 때문에 뜻매김된 어휘에 별 어려움이 없이 사전을 이용할 수 있다. 그러나 외국어로서의 한국어 학습자를 위한 한국어 교육용 사전의 경우에 학습자는 한국어에 대한 이해 어휘량이 적기 때문에 사전에서 뜻매김되는 어휘를 학습자가 이해하기 쉬운 기초 어휘로 한정해야 한다.

어휘력이 낮을수록 사전에 의존할 수 없는 이유는 사전의 표제어에 대한 뜻매김 어휘를 이해하기 어렵기 때문이다. 모어 화자라면 당연히 알 수 있는 사전 뜻매김 어휘를 외국어 학습자는 알기 어렵기 때문에 한국어교육용 사전은 한정된 어휘로 뜻매김하여 이용자가 사전을 사용하는 것이 가능하도록 해야 한다. 이에 대한 것으로는 롱맨 사전의 예에서 볼 수 있다.[7]

또한 외국어로서의 한국어를 학습할 사전의 편찬은 외국인 학습자를 특성을 고려하여야 하는데 이 경우 외국인은 모어 화자보다 언어 능력 면에서 열세에 처해 있다. 모어 화자가 사전을 이용할 때에는 음운이나 문법은 많이 알고 있으며 기본적인 어휘력도 갖추고 있지만 외국인 학습자는 음운, 문법, 어휘 어느 부분도 백지에서 시작하는 것이다.

이 때 두 가지 이상의 언어가 사용되는 경우는 1) 한 언어 표제어를 다른 한 언어로 뜻매김(예: 영한 사전, 한영 사전), 2) 한 언어를 두 가지 언어로 뜻매김하거나{主 언어로 뜻매김하고 副 언어로 보충 뜻매김(예: 영영한 사전

---

7) 롱맨 현대 영어 사전(Longman Dictionary of Contemporary English, LDOCE, 1978)은 언어 교육학적 원칙에 의거하여 특히 외국인 학습자의 필요를 적극 참조하여 편찬했다. Randolph Quark은 서문에서 사전 편찬의 핵심은 사용자의 필요를 충족시킬 최선의 방법을 고안하는 것이며, 사용자가 주로 영어를 외국어로 하는 사람들인 경우 일은 훨씬 까다로워지는데 그 이유는 사용자의 능력, 나이, 민족 배경, 그 밖의 변수들이 엄청난 문제를 야기할 것이기 때문이라고 하였다. 그리고 이 사전은 "편찬자들은 명쾌한 뜻매김 어휘를 개발하였는 바, 이는 두 면에서 사용자에게 도움을 줄 것이다. 첫째로, 약 2,000개의 낱말만 알면 사전의 모든 낱말의 뜻매김을 이해할 수 있다는 것이고, 둘째로, 뜻매김 어휘의 철저한 사용으로 말미암아 새롭고도 중요한 의미분석을 낳은 경우가 허다하다."고 하였다(LDOCE(1978: vii), 이상섭(1992)).

에서 단어의 의미를 영어로 뜻매김하고 한국어로 보충 뜻매김하는 경우)하거나 두 언어를 같은 수준으로 뜻매김(두 언어로 동등한 수준으로 뜻매김)}하는 이중 언어 사전8)과 여러 언어를 사용하여 뜻매김하는 다중 언어 사전으로 나눌 수 있다(이에 대하여는 Hartmann, 2001)을 참조할 것).

(1) 교육용 단일 언어 사전

모어 학습자가 사용하는 모어만으로 이루어진 단일 언어 사전은 외국어 학습자를 위한 단일 언어 사전과 같을 수는 없다. 즉, 우리의 국어 사전은 우리 국민이 우리말에 대한 정확한 의미와 사용법을 알기 위해 사용하는 것으로 다른 언어로 뜻매김될 필요가 없이 국어만으로 이루어진 단일 언어 사전이다. 그러나 외국어로서의 한국어 학습자를 위한 한국어 교육용 단일 언어 사전은 국어 모어 화자를 위한 국어 교육 단일 언어 사전과 같아서는 안된다. 영어 사전에서는 이 둘이 구분되어 출간되고 있으며, 이는 외국어 학습자의 어휘력과 모어 학습자의 어휘력의 차이, 이용 목적 등이 다르기 때문이다. 사용자가 다르고 사용 목적이 다르다면 학습자를 위한 교육용 자료는 다를 수밖에 없는 것이다. 따라서 우리 나라에서도 외국어로서의 한국어 교육용 단일 언어 사전 개발의 필요성이 커지고 있다. 이와 관련된 최근의 연구로는 배주채·곽용주(2000), 서상규(2000) 등이 있다.

한 언어의 외국어 학습자에게 학습 자료가 되는 단일 언어 사전은 단일 언어를 사용하는 외국어 교수법의 이론에 근거한 것이다. 그런데 이 경우 목표 언어로만 뜻매김된 사전의 내용을 이해하는 데는 많은 한계가 있다. 대다수의 외국어 학습자는 극히 제한된 어휘력을 가지고 있을 뿐이나 단어를 설명한 목표어의 뜻매김은 학습자에게 더 많은 사전 찾기를 요구하고 끝내는 명

---

8) 본고에서의 이중 언어 사전은 Hartmann(2001)의 bilingual dictionary와 bilingualised dictionary를 구분하지 않고 '두 언어가 사용된 사전'으로서 '이중 언어 사전'을 가리키는 말이다.

확하지 않은 이해와 의미의 혼란을 가져다 줄 뿐이다.[9] 그래서 우리는 외국어 교육용 사전으로 이중 언어 사전을 이용한다. 사전 사용자의 사전 사용에 대한 한 조사(Tomaszczyk, 1979: 449명 조사)에 의하면 외국어 학습의 초보자뿐만 아니라 외국어 교사나 교수들조차 목표어 단일 언어 사전을 사용할 수 있음에도 불구하고 이중 언어 사전에 거의 의존하고 있다(Tomaszczyk, 1983: 46).

(2) 교육용 이중(다중) 언어 사전

외국어 교수법에서 목표 언어만을 사용하는 단일 언어 사용 교수법 이외에 이중 언어 사용 교수법이 있듯이 언어 교육용 사전에서의 사용 언어에 따라 단일 언어 사전 이외에 이중(다중) 언어 사전 등이 있다.[10]

이중 언어를 사용하여 편찬된 사전은 사전의 목적이 어휘에 대한 정보를 제공하는 것이고 그 정보를 알기 위해서는 사용자가 알고 있는 언어로 설명되어야 한다는 데 바탕을 둔다. 외국어 학습자는 모어 학습자와는 달리 이해 어휘량이 적기 때문에 한정된 어휘로 단어의 뜻매김을 하지 않을 경우 사용자가 사전을 이용하는 데 어려움이 있다. 학습자가 알고 있는 언어로 설명하면 단 한 마디로 가능한 것을 목표 언어로만 뜻매김하여 오랜 시간과 노력을 들여 단어 의미를 이해하게 할 이유가 없기 때문이다. 물론 단일 언어 사전이 갖는 강점도 있기 때문에 두 가지 교육용 사전 즉, 단일 언어 사전과 이중(다

---

9) 예를 들면 '잉어'를 뜻하는 'carp'를 'a type of large FRESHWATER fish that lives in lakes, pools, and slow-moving rivers and is believed to live a long time'이라고 뜻풀이한 영영 사전(LDOCE)으로는 무엇인지 모른다. 그러나 '잉어'라는 한국어로 대조하면 더 이상의 설명이 없이 분명하게 의미가 파악되는 것이다. 마찬가지로 '진달래'를 뜻하는 'azalea'도 'a type of bush with bright usu, strong-smelling flowers'라는 뜻풀이보다는 '진달래'가 훨씬 분명하고 빠른 이해를 줄 수 있다.

10) Hartmann(2001)은 Bilingual dictionary, Bilingualised dictionary, Interlingual dictionary:, Monolingual dictionary, Learner's dictionary, Multilingual dictionary, Polyglot dictionary, Pedagogical dictionary 등에 대하여 기술하고 있다.

중) 언어 사전이 존재하는 것이다.11) 이들 두 가지 사전의 문제점을 절충한 사전으로 단일 언어 사전에 다른 한 언어로 보충해 주는 사전(bilingualised dictionary. 예: 한한영 사전, 영영한 사전)도 있으나 엄격한 의미로는 단일 언어 사전이 아니기 때문에 본고에서는 세분하지 않고 이중(다중) 언어 사전으로 처리하였다.

나. 한국어 교육용 사전 편찬의 과제

대다수의 '외국어로서의 한국어' 학습자는 '한영 사전·영한 사전, 한중 사전·중한 사전'과 같은 이중 언어 사전을 사용하여 한국어를 배우고 사용한다. 그런데 우리 나라에서 발간된 이 이중 언어 사전은 국어를 상용하는 우리 나라 사람들을 위하여 만든, 다시 말하면 한국어를 학습하거나 사용하기 위한 것이 아니라 한국어를 아는 사람들이 다른 외국어를 학습하거나 사용하기 위한 것이다. 예를 들면 우리 나라의 '영한 사전'은 우리 나라 사람들에게 우리가 모르는 영어를 국어로, '한영 사전'은 우리가 아는 국어를 영어로 설명한 것이다. 따라서 전자는 '영어의 뜻'을 알기 위하여, 후자는 우리말을 '영어로 옮기기' 위하여 사용한다. 그러나 외국어로서의 한국어 학습자는 우리와

---

11) 외국어를 학습하는데 외국어 단일 언어 사전으로는 완전하지 못하며 이 불완전함은 이중 언어 사전을 이용하여 보완할 수 있는 것이다. 이중 언어 사전인 L1/L2 사전의 경우, 사전 편찬자는 L1 화자가 L2로 텍스트를 생산할 수 있도록 하기 위해 L1/L2 사전을 편찬한다. 그러나 이 경우 L1 화자가 이 사전을 이용하여 L2로 텍스트를 생산했을 경우 이를 L2 화자가 분석해보면 의미가 통하기는 하겠지만 불완전하다. Tomaszczyk은 폴란드인 영어 학습자를 위한 Polish-English 사전을 이용하여 학습자들이 생산한 영어 텍스트를 영어 모어 화자에게 분석하게 한 결과 그 텍스트는 영어다운 영어(English look English)가 아닌 폴란드식 영어(Polish-English)였다는 것을 확인하였다 (Tomaszczyk, 1983: 42). 우리가 한영 사전을 가지고 영작을 하는 경우도 영어 화자가 보면 한국식 영어(Korean-English)가 될 수 있다. 우리는 동시에 두 가지 사전을 이용하여 L1/L2 사전 (이중 언어 사전)으로는 L1 단어에 해당하는 L2 단어를 알고, 단일 언어 사전(예: 영영 사전)으로는 L2 단어에 대한 통사 정보나 정확한 정의(definitions)에 관한 정보를 얻음으로써 보다 완전한 단어 정보를 얻게 된다(Tomaszczyk, 1983: 48 참조).

반대로 사용하게 된다. 즉, 전자는 '한국어로 옮기기' 위하여 후자는 '한국어의 뜻을 알기 위하여 사용하는 것이다.[12]

이 때 우리 나라 사람과 한국어 학습자가 사용하는 이중 언어 사전은 같을 수 있는지, 같아야 되는지, 달라야 한다면 어떻게 달라야 하는지를 밝힐 필요가 있다.

사용 목적이 다르고, 사용자의 (제일)언어가 다르면 그 뜻매김 방법은 달라야 할 것처럼 보인다. 만일 달라야 하는 것이라면 어떻게 달라야 하는가를 밝힐 필요가 있다. 그래야만 한국어 학습자가 이중 언어 사전을 적절하게 이용하여 한국어를 배울 수 있을 것이다. 언어가 다르면 한 언어에는 있는 단어가 다른 언어에는 없거나 그 반대의 경우가 있을 수 있다. L2 언어에는 있지만 L1 언어에는 없는 단어의 경우 L1에 이 단어 항목을 만들어 넣어야 하고, L1 단어에는 있지만 L2 언어에는 없는 단어는 L2에 이 단어 항목을 만들어 넣어야 한다(Tomaszczyk, 1983: 50). 문화가 다른 언어간의 교수·학습을 위한 이중 언어 사전은 문화의 대조 분석이 뒤따라야 한다.[13]

따라서 한국어 학습자가 적절하게 이용할 수 있는 한국어 관련 이중 언어 사전을 뜻매김하는 데 필요한 기본 문제가 무엇인지를 밝히고 이를 해결하는 방법을 모색하는 것이 필요하다.

---

12) 한국어 학습자에게는 영한 사전이 목표 언어로 생산(표현)하기 위한 사전(Productive dictionary, L1/L2)이고, 한영 사전이 목표 언어를 수용(이해)하기 위한 사전(Receptive dictionary(L2/L1)이다.

13) 예를 들면 일반적, 보편적, 비문화적인 어휘 항목(lexical items)이라도 문화에 연관되어 있기 때문에 우리는 L1이나 L2 단일 언어 사전으로는 목표 언어의 문화를 나타내는 텍스트를 생산하거나 번역할 수 없다. 결국 문화간 의사 소통은 일방적인 것이 아니다. 따라서 외국어 교육에 사용되는 일반적인 사전들은 이중 언어 사전(L1/L2)이어야 하고 이런 어휘에 대한 연구는 문화의 대조 분석이 따라야 한다(Tomaszczyk(1983: 43), 권순희(1996) 참조).

4. 정리

이제까지 국어 교육과 한국어 교육에서 사용되는 언어의 공통점과 차이점을 밝히고 이를 언어 교육에서 필수적으로 사용하는 교육 보조 자료인 '교육용 사전'을 예로 고찰하였다. 이는 다음과 같다.

1) 국어 교육과 한국어 교육은 교육의 대상인 언어가 (한)국어로서 대상언어는 같다고 할 수 있다. 그러나 교육의 목표와 방법 등 여러 면에서 공통점 못지 않게 다른 점이 많다.
2) 언어 교육은 언어를 통하여 이루어진다. 국어 교육은 단일 언어로 교육이 이루어지나 외국어 교육에서 단일 언어나 이중(다중) 언어가 사용된다. 우리 나라의 한국어 교육에서는 대부분 이중 언어를 사용하고 있다.
3) 잘 표현된 말과 글은 적절한 어휘 사용 없이는 불가능하다. 그렇기 때문에 어휘력은 언어사용에서 중요하고, 어휘력을 길러주는 어휘 교육은 언어 교육에서 중요한 것이다. 어휘력을 길러주기 위한 어휘의 정보를 제공할 수 있는 교육용 사전의 중요성 또한 크다.
4) 국어 교육의 학습자는 일상 생활에 큰 불편 없는 어휘력을 소유하고 있을 뿐만 아니라 표현 어휘보다 이해 어휘의 양이 훨씬 많다. 그러나 외국어로서의 한국어 학습자는 초기 학습자의 경우 표현 어휘량의 크기가 이해 어휘량의 크기와 큰 차이가 없다. 그래서 외국인을 위한 교육용 사전은 뜻매김에 사용되는 어휘가 기초적인 것이어야 한다. 이는 한국어 교육 현장에서도 적용되어야 한다.
5) 한국어 교육을 위한 교육용 사전은 한국어만으로 편찬한 단일 언어 사전과 학습자의 모어와 한국어를 사용한 이중 언어 사전으로 나뉜다. 이때 단일 언어 사전으로 해결할 수 없는 부분을 이중 언어 사전을 이용

해 해결할 수 있다. 이는 한국어 교육에서 한국어만을 사용하는 경우의 단점을 이중 언어(학습자의 사용 언어와 목표 언어)를 사용하여 교육함으로써 보완할 수 있는 것이다. 이는 사전의 사용법에서도 찾아 볼 수 있다.

모어 학습자가 사용하는 모어만으로 이루어진 단일 언어 사전은 외국어 학습자를 위한 목표어 단일 언어 사전과 같을 수는 없다. 외국어로서의 한국어 학습자를 위한 한국어 단일 언어 사전은 국어 모어 화자를 위한 국어 교육 단일 언어 사전과 같아서는 안 된다. 영어 사전에서는 이 둘이 구분되어 출간되고 있으며, 이는 외국어 학습자의 어휘력과 모어 학습자의 어휘력의 차이, 이용 목적 등이 다르기 때문이다. 사용자가 다르고 사용 목적이 다르다면 학습자를 위한 교육용 자료는 다를 수밖에 없는 것이다. 따라서 우리 나라에서도 외국어로서의 한국어 교육용 단일 언어 사전 개발의 필요성이 커지고 있다.

대다수의 '외국어로서의 한국어' 학습자는 이중 언어 사전을 사용하여 한국어를 배우고 사용한다. 그런데 우리 나라에서 발간된 이 이중 언어 사전은 국어를 상용하는 우리 나라 사람들을 위하여 만든 것이 대부분이며 한국어를 학습하기 위한 것이 아니다. 사용 목적이 다르고, 사용자의 (제일) 언어가 다르면 그 기술 방법은 달라야 할 것이다.

국어 교육과 한국어 교육에서 사용하는 언어도 사전 편찬에서와 같이 언어 사용의 차이가 고려되어야 한다. 그래야만 한국어 학습자가 이중 언어 사전을 적절하게 이용하여 한국어를 배울 수 있을 것이다. 따라서 한국어 학습자가 적절하게 이용할 수 있는 한국어 관련 이중 언어 사전을 편찬하는 데 필요한 기본 문제가 무엇인지를 밝히고 이를 해결하는 방법을 모색하는 것이 필요하다.

3장

중국인 한국어 학습자를 위한 한국어 교육용 사전

이충우

1. 도입

본 연구는 중국어를 모어로 하는 한국어 학습자(이하 '중국인 한국어 학습자'라 한다)가 사용할 한국어 교육용 사전의 뜻매김을 어떻게 하는 것이 보다 효율적인가를 밝히기 위한 것이다. 이를 위하여 '외국어로서의 한국어 교육용 이중 언어 사전', '중국인 한국어 학습자용 한국어 교육용 사전'에 관한 문제를 고찰하여 해결 방안을 찾는다. 또한 중국인 한국어 학습자가 한국어 어휘를 학습하는 과정에서 겪을 수 있는 문제를 L1과 L2의 관계에서 두 언어의 비교 대조를 통한 학습으로 해결할 수 있는지 알아본다.

본고에서 '비교'라는 용어를 사용하는 이유는 한국어 한자 어휘와 중국어 어휘가 같은 한자로 만들어진—같은 기원에서 각기 다른 발전을 한 어휘로 보기 때문이며, 한자 어휘가 아닌 한국 고유 한자 어휘와 중국어에만 있는 어휘는 계보적, 시간적, 지리적 요소에 관계가 없다고 보아 '대조'라는 용어를 사용하며 이들을 함께 다룰 때는 '비교 대조'라는 용어를 사용한다.[1] 또한 '중국어'와 '한국어'는 '언어'를, '중국어 어휘'와 '한국어 한자 어휘'는 '어휘'

를 구분하기 위하여 사용한다.

대다수의 '외국어로서의 한국어' 학습자는 '한영 사전·영한 사전, 한중 사전·중한 사전'과 같은 이중 언어 사전을 사용하여 한국어를 배우고 사용한다. 한국의 이중 언어 사전에는 '외국어로서의 한국어 학습 사전'과 한국어를 상용하는 한국인을 위하여 만든, 한국어 모어 화자가 '다른 외국어를 학습하거나 사용하기 위한 사전'이 있다. 이들 사전을 사용하는 목적이 다르고, 사전 사용자의 (제일) 언어가 다르면 표제어의 뜻매김이 달라야 할 것처럼 보인다. 만일 달라야 하는 것이라면 어떻게 달라야 하는가를 밝힐 필요가 있다. 그래야만 한국어 학습자가 이중 언어 사전을 적절하게 이용하여 한국어를 배울 수 있을 것이다.

한국어 한자 어휘와 중국어 어휘의 관련성은 중국인 한국어 학습자에게 한국어를 설명할 때 아주 중요한 문제일 수 있다. 따라서 본 연구는 중국어 어휘와 한국어 한자 어휘의 비교 대조 연구 결과를 이용해 '중국인을 위한 한국어 교육용 사전의 효율적인 뜻매김 방안'을 제시할 수 있을 것이라는 데서 출발한다.

---

1) 다음에서 비교, 대조, 대비의 차이를 볼 수 있다.
  (1) 비교(比較): 서로 견주어 봄. 둘 이상의 사물을 견주어 그 관계를 고찰하는 일. comparative. 取兩種以上的事物, 較量其優劣, 或辨別其異同
  (2) 대비(對比): 서로 맞대어 비교함, 또는 그 비교. contrastive. 以兩種殊異的事物對立, 如黑如白, 大與小, 使其特徵更加明顯, 叫做對比
  (3) 대조(對照): 둘 이상의 대상을 맞대어 봄. 서로 반대적으로 대비됨, 또는 그러한 대비. contrastive. 互相對比照應
  우리는 위 (1), (2), (3)의 표제어나 중국어 뜻매김의 어휘는 우리에게 한국어 한자 어휘와 중국어 어휘가 거의 형성소(한자), 의미에서 같다는 것을 알 수 있게 한다. 따라서 같은 한자어 형성소로 이루어진 대부분의 한국어 한자 어휘와 중국어 어휘는 '대비 또는 대조'보다는 '비교'를 하는 것이 타당해 보인다. 물론 중국어의 의성어나 음차어와 한국어의 고유 어휘나 고유 한자 어휘는 '대조'를 하는 것이 타당할 것이다. 언어학에서 사용하는 '비교'나 '대조'의 용법과 한·중·일 한자어 관련 '비교·대조'의 차이에 대하여는 후일 상술할 것이다.

2. 한국어 교육용 사전의 사용 언어

가. 사용 언어와 뜻매김

사전에 사용되는 언어는 단일 언어의 경우와 둘 이상의 언어가 사용되는 경우로 나눌 수 있다. 모어 교육(국어 교육)에서 사용하는 사전은 단일 언어 사전이다. 이는 국어 표제어를 국어로 뜻매김하는 것으로 국어만 사용하여 국어 사전을 편찬하는 것이다. 학습자는 모어인 국어에 대해 문법, 음운 등을 많이 알고 있으며 이해 어휘량이 많기 때문에 뜻매김된 어휘에 별 어려움이 없이 사전을 이용할 수 있다. 그러나 외국어로서의 한국어 학습자를 위한 한국어 교육용 사전의 경우에는 학습자의 한국어에 대한 이해 어휘량이 적기 때문에 사전에서 뜻매김되는 어휘를 학습자가 이해하기 쉬운 기초 어휘로 한정해야 한다.

어휘력이 낮을수록 사전에 의존할 수 없는 이유는 사전의 표제어에 대한 뜻매김 어휘를 이해하기 어렵기 때문이다. 모어 화자라면 당연히 알 수 있는 사전 뜻매김 어휘를 외국어 학습자는 모를 수 있기 때문에 한국어 교육용 사전은 한정된 어휘로 뜻매김하여 이용자가 사전을 사용하는 것이 가능하도록 해야 한다. 이에 대한 것으로는 Longman 사전의 예에서 볼 수 있다. 우리도 이와 같은 연구가 이루어져 뜻매김할 어휘를 선정할 필요가 있다.

또한 외국어로서의 한국어 교육용 사전의 편찬은 외국인 학습자의 특성을 고려하여야 하는데 이 경우 외국인은 모어 화자보다 언어 능력 면에서 열세에 처해 있다. 모어 화자가 사전을 이용할 때에는 음운이나 문법은 많이 알고 있으며 기본적인 어휘력도 갖추고 있지만 대부분의 외국인 학습자는 음운, 문법, 어휘 중 어느 것도 잘 알지 못하는 상태에서 사전을 이용한다.

외국어 학습자에게 학습 자료가 되는 목표어(외국어)로만 이루어진 단일 언어 사전은 단일 언어를 사용하는 외국어 교수법의 이론에 근거한 것이다.

그런데 이 경우 목표 언어로만 뜻매김된 사전의 내용을 이해하기에는 많은 한계가 있다. 대다수의 외국어 학습자는 극히 제한된 어휘력을 가지고 있을 뿐이나 단어를 설명한 목표어의 뜻매김은 학습자에게 더 많은 사전 찾기를 요구하고 끝내는 명확하지 않은 이해와 의미의 혼란을 가져다 줄 뿐이다.

그래서 우리는 외국어 교육용 사전으로 이중 언어 사전을 이용한다. 사전 사용자의 사전 사용에 대한 한 조사(Tomaszczyk, 1979: 449명 조사)에 의하면 외국어 학습의 초보자뿐만 아니라 외국어 교사나 교수들조차 목표어 단일 언어 사전을 사용할 수 있음에도 불구하고 거의 이중 언어 사전에 의존하고 있었다(Tomaszczyk, 1983: 46).

두 가지 이상의 언어가 사용되는 경우는 1) 한 언어 표제어를 다른 한 언어로 뜻매김(예: 중한 사전, 한중 사전), 2) 한 언어를 두 가지 언어로 뜻매김하거나{主 언어로 뜻매김하고 副 언어로 보충 뜻매김(예: 한한중 사전에서 단어의 의미를 한국어로 뜻매김하고 중국어로 보충 뜻매김하는 경우)하거나 두 언어를 같은 수준으로 뜻매김(두 언어로 동등한 수준으로 뜻매김)}하는 이중 언어 사전과 여러 언어를 사용하여 뜻매김하는 다중 언어 사전으로 나눌 수 있다.

나. 이중 언어 사전

외국어 교수법에서 목표 언어만을 사용하는 단일 언어 사용 교수법 이외에 이중 언어 사용 교수법이 있듯이 언어 교육용 사전은 사용 언어에 따라 단일 언어 사전과 이중(다중) 언어 사전이 있다.

이중 언어를 사용하여 편찬된 사전은 사전의 목적이 어휘에 대한 정보를 제공하는 것이고 그 정보를 알기 위해서는 사용자가 알고 있는 언어로 설명되어야 한다는 데 바탕을 둔다. 외국어 학습자는 모어 학습자와는 달리 이해 어휘량이 적기 때문에 한정된 어휘로 단어의 뜻매김을 하지 않을 경우 사용자가 사전을 이용하기에는 어려움이 있다. 학습자가 알고 있는 언어로 설명하면 단 한 마디로 가능한 것을 목표 언어로만 뜻매김하여 오랜 시간과 노력을 들여 단어 의미를 이해하게 할 이유가 없기 때문이다. 물론 단일 언어 사전이 갖는 강점도 있기 때문에 두 가지 교육용 사전 즉, 단일 언어 사전과 이중(다중) 언어 사전이 존재하는 것이다. 이들 두 가지 사전의 문제점을 절충한 사전으로 단일 언어 사전에 다른 한 언어로 보충해 주는 사전(bilingualised dictionary. 예: 한한중 사전, 중중한 사전)도 있으나 엄격한 의미로는 이중 언어 사전이다.

언어가 다르면 한 언어에는 있는 단어가 다른 언어에는 없거나 그 반대의 경우가 있을 수 있다. 이중 언어 사전의 경우 L2 언어에는 있지만 L1 언어에는 없는 단어의 경우 L1에 이 단어 항목을 만들어 넣어야 하고, L1 단어에는 있지만 L2 언어에는 없는 단어는 L2에 이 단어 항목을 만들어 넣어야 한다 (Tomaszczyk, 1983: 50). 따라서 문화가 다른 언어의 교수·학습을 위한 이중 언어 사전은 문화의 대조 분석이 뒤따라야 한다.

3. 중국인용 한국어 교육용 사전

가. 중국어 어휘와 한국어 한자 어휘의 관련성

1) 한국어 한자 어휘

아래 [표 1]은 일상생활에 자주 쓰이는 한자 어휘로 이들은 다른 한자 어휘와 결합하여 많은 한자 복합어를 생성한다.

[표 1] 漢字 語根과 複合語(이충우, 1994: 65)

어근	국어연		사전	어근	국어연		사전	어근	국어연		사전
	1	2			1	2			1	2	
經營	48	11	32	大學	81	17	26	資本	66	15	56
經濟	128	22	93	文化	118	29	53	政策	82	7	3
科學	50	8	27	問題	50	9	13	政治	115	27	49
關係	59	8	21	思想	46	6	7	制度	76	5	6
教育	74	22	67	社會	146	21	146	株式	91	4	15
國家	71	7	60	産業	53	7	56	地方	46	15	61
國際	72	7	333	生活	51	17	50	行政	118	26	69
企業	86	30	32	外交	61	11	29	會社	81	15	10
技術	67	9	24								

· 국어연(1985, 조사자료집 1)과 신기철 · 신용철(1986)을 분석함.
· 국어연 1: 해당 한자 어휘가 나타난 어근(어두 한자별 한자어 및 출처의 모든 어근)임
  (예: 經營─ 1) 經營改善, 2)企業經營 등 모두).
· 국어연 2: '漢字別 漢字語 모음'에 나타난 어근임
  (예: 經營─ 經營科, 經營權, 經營大, 經營人 등임).
· 사전(신기철 · 신용철, 1986): 대표 語根이 어두에서 결합된 경우

[표 1]의 25어와 복합어를 이루는 어는 국어연 1에서 1936어로 평균 77 (77.44)어이며, 국어연 2에서는 355어로 평균 14(14.20)어이다. 또한 사전에 어두 표제어로 나온 어휘는 1,338어로 평균 56(53.52)어이다. 따라서 이들 복합어를 많이 이루는 어휘를 알면 이들의 합성어의 의미를 유추하기 쉽다. 그런데 이들 중 중국어 한자 어휘와 다르게 쓰이는 "회사(중국한자어 '公司')"를 제외한 나머지는 모두 동형 동의(同形同意, 같은 한자와 같은 의미) 한·중 어휘이다. 株式은 일본어계 한자 어휘이지만 한·중·일 삼국 모두 쓰이는 동형 동의 어휘이다. 이와 같이 주요 한국어 한자 어휘와 중국어 어휘가 동형동의로 쓰이는 것이 많다는 것은 중국인에 대한 한국어 어휘 교육에서

한자 어휘를 이용한 중국인 한국어 어휘 교육 방법을 개발할 필요가 있음을
나타내는 것이다.

이들을 사전에 수록된 표제어와 이의 복합어의 수로 보면 [표 2]와 같다.

[표 2] 사전 표제어와 이의 복합어 수(이충우, 1994: 56)

經濟(93/22), 共同(74/6), 空中(56/1), 敎育(67/22), 國家(60/7), 國民(77/6), 國
際(333/7), 軍事(46/9), 機械(52/6), 勞動(80/4), 獨立(46/5), 動物(49/5), 文化
(53/29), 放射(59/5), 社會(146/21), 産業(56/7), 酸化(60/3), 生産(59/14), 生活
(50/51), 世界(66/11), 植物(61/3), 信用(21/3), 言語(47/4), 營業(47/4), 完全
(46/2), 外國(49/9), 宇宙(49/6), 原子(67/5), 二重(62/3), 人間(56/12), 一般
(51/7), 自己(56/2), 自動(75/6), 自然(124/20), 自由(102/9), 資本(56/15), 電氣
(147/3), 政治(49/27), 精神(70/8), 第一(53/6), 中間(46/5), 中央(60/6), 地方
(61/15), 直接(47/0), 特別(80/5), 航空(75/7), 行政(69/26), 化學(59/5), 回轉
(63/3)

* 사전표제어(신기철 · 신용철, 1986/국어연, 1985)

위의 53(사전 표제어 수 46 이상)어를 보면 사전에 나타난 복합어는 총
3,634어가 복합되어 1어에 68(68.56)어의 복합어가 나타나고, 국어연-2는 '한
자별 한자어 모음 총어휘'로 총 어휘 454어가 나타나 평균 8(8.56)어가 나타
난다. 이들은 복합어를 이루는 주요 어근이라 할 수 있는데 절대적인 것은
아니다. 사전과 사용 실태 조사서가 절대적이 아니기 때문이다. 그러나 복합
어로 사용된 경우가 많았고 사전 수록된 어휘가 많다는 것은 이들의 중요성
을 인정할 수 있게 한다.

이들 가운데 '言語'는 '語言, 話'로, '中間'은 '不大不小'가 중국어 어휘이
며 나머지는 한국어의 의미와 용법이 중국어에서도 같다. '二重'은 '兩重, 雙
重'이 중국어이지만 '二重 國籍'이란 단어를 사용하기 때문에 한국어의 쓰임
과 같다고 볼 수 있다.

이로 미루어 한국어 한자 어휘와 중국어 어휘의 비교 대조 연구는 중국인

한국어 학습자를 위한 한국어 교육 방법을 개발하는 데에 도움이 되며 특히 어휘 교육, 사전 개발에 그 필요성이 크다 하겠다.

2) 한·중 한자 어휘의 비교 대조와 한국어 교육[2]

(1) 비교 대조 조사의 필요성

한국어 기초 어휘에서의 고유 어휘의 비율은 전문 어휘보다 높지만 전문 어휘에서는 한자 어휘의 비율이 고유 어휘보다 높다. 한자 어휘는 고유 어휘로 대치가 힘든 경우가 많으며 경어나 완곡어로 쓰이기도 하고, 특히 전문어로 많이 사용되기 때문에 국어 어휘에서의 중요성은 매우 크다. 이들 한자어는 중국의 백화문에서 온 '多少(얼마나), 報道(알리다), 十分(가장, 잘), 自由

---

2) 성원경(1977)은 '한·중 현용 한자 어휘'를 비교하여 1) 중국 고전에 근거를 두고 있는 한자 어휘 중에는 현재 중국에서 사용되지 않을 뿐 아니라 오히려 외래어 취급을 하는 경우, 2) 한자는 같으나 의미는 전혀 다른 경우(예: 東西), 3) 표현이 다른 경우(예: 감기 : 着凉, 感冒, 吹風), 4) 어순의 차이(예: 實證 : 證實), 5) 고사성어의 차이(예: 四分五裂 : 八花九裂)에 대하여 고찰하였으며, 우리의 순수 고유어라고 하는 말 중에도 어원을 살피면 한자로 표기할 수 있고, 복합어 중에도 일부가 한자로 된 것이 많다고 하였다.

김영춘(1997)은 한국어, 일본어, 중국어에서 같은 한자로 이루어진 한자 어휘이지만, 의미가 다른 경우, 외국어를 공부할 때에 틀리기 쉽기 때문에 많은 주의가 필요하다고 하였다.

程崇義(1987)는 한국어 한자 어휘는 보다 보수성·고정성이 강하고 중국어 어휘는 보다 발전성이 있어 둘 사이에 다양한 차이가 있으며, 이로써 기원이 같은 한자어가 한국어에서는 아직 상용하고 있으나 중국어에서는 사라진 현상을 설명할 수 있을 것이라고 하였다.

김병운(1999)은 중국인에게 한국어 한자 어휘를 가르칠 때에 한국어 어휘에 대응되는 중국어 어휘를 제시하되 두 어휘 사이에 의미 면의 차이점 유무를 확인하고 설명해야 한다고 하였다.

崔金丹(2001)은 한·중 어휘를 同形同素對等語, 異形不完全同素對等語, 同形同素異義語, 逆順同素對等語로 분류 대비한 연구로 이에 의하면 한·중 대비 대상 어휘에서 同形同素對等語 유형은 71.79%나 차지한다(14).

한자어 교수에서 한중 동형 이의어의 경우, 중국 학생은 중국어 어휘와 한국어 한자 어휘의 일대다 대응을 일대일 대응으로 간주하기 때문에 어휘 사용에서 오류가 많다면서 한국어와 중국어는 어휘 구조는 물론 의미 구조도 서로 다름을 명기시켜야 한다고 하였다.

이들 이외에 한중 어휘 비교 연구인 강보유(2002), 유영기(2000)와 한자어 교육을 위한 한자 교육의 문제를 다룬 손연자(1986), 정승혜(1997), 김중섭(1997), 임숙주(1997), 강현화(2001), 강보유(2002) 등이 있다.

(제 마음대로 하다), 點檢(살피다), 從前(예전부터), 合當(마땅하다)'과 같은 한자 어휘와 중국 고전에서 들어 온 한자 어휘(예: 妻子, 上下, 父母, 立身, 百姓 富貴 <孝經>), 불교계 한자 어휘, 일본계 한자 어휘, 한국 고유 한자 어휘 등이 있다. 이중 중국어 어휘와 한국어 한자 어휘는 어떻게 같고 어떻게 다른가에 대한 비교 대조를 통하여 한국어 어휘의 뜻매김을 하는 것은 중국인 한국어 학습자가 한국어 한자 어휘를 학습할 때 도움을 줄 수 있을 것이다. 따라서 한·중 한자 어휘의 비교 대조 조사는 한국어 어휘 교육을 위한 방법을 찾아내거나 한국어 교육용 사전에서 뜻매김하는 데 중요한 자료가 된다는 데서 그 필요성을 찾을 수 있다.

(2) 고빈도 한국어 한자 어휘에 대응하는 중국어 어휘의 분석

우리는 언어 교육에서 대상 언어의 수많은 어휘를 모두 교육할 수는 없기 때문에 보다 중요하다고 생각되는 일부 어휘를 선정하여 교육하고 있다. 이를 어휘의 선정 또는 어휘의 통제라 하는데 중국인을 위한 한국어 어휘 교육에서 어휘 통제하기 위해서는 통제 대상 어휘를 선정하는 기준이 있어야 한다. 객관적 선정 기준에서 제일 중요한 것은 빈도와 분포가 얼마나 높고 넓은가이다. 따라서 우리는 자주 사용되는 고빈도 어휘를 어휘 선정의 첫째 기준으로 꼽는다.

그렇다면 고빈도 한국 한자 어휘에 대응하는 중국어 어휘의 분석은 우리가 중국인을 위한 한국어 교육용 사전의 뜻매김에 어떻게 중국어 어휘를 이용할 것인가에 대한 실마리를 제공해 줄 수 있을 것이다. 따라서 고빈도 한국 어휘에 해당하는 중국어 어휘를 (1) 동형 동의어, (2) 동형 이의어, (3) 동형 유의어 (4) 역순어(같은 형성소로 이루어졌으나 순서가 바뀐 어휘) 등에 대한 조사가 이루어져야 한다.

나. 중국인 한국어 학습자용 한국어 교육용 사전의 뜻매김

'한국어 교육용 이중 언어 사전의 필요성'이 일반적인 필요성이라면, '중국인 한국어 학습자용 한국어 교육용 사전의 효율적인 뜻매김 방안 제시의 필요성'은 보다 특수한 필요성이라 할 수 있다. 중국인 한국어 학습자에게 필요한 이중 언어 사전으로서의 한국어 교육용 사전은 중국인 한국어 학습자의 한국어 학습 목적과 학습 환경, 양국 언어 차이가 고려되어야 하는 것으로서 앞의 일반적 한국어 교육용 사전의 필요성 이외에 중국인의 한국어 학습과 관련된 특별한 필요성을 고려한 것이어야 한다. 이런 면에서 한국어 교육용 사전의 표제어에 대한 뜻매김에서 한국어로 뜻매김하는 것과는 별도로 한국어 고빈도 한자 어휘와 동형동의인 중국어 어휘로도 뜻매김한다면 사전 이용자(중국인 한국어 학습자)에게 보다 분명하게 한국어 어휘 정보를 제공할 수 있을 것이다. 이는 한한중 이중 언어 사전으로서의 중국인을 위한 한국어 교육용 사전을 개발하는 기초 연구로서 매우 필요하다 하겠다.

4. 정리

중국인 한국어 학습자가 한국어를 학습할 때 이용하게 되는 한국어 교육용 사전의 뜻매김을 어떻게 할 것인가는 사전을 이용한 어휘 교육 방법에서 매우 중요하다. 본고는 중국어 어휘와 한국어 한자 어휘가 같은 한자 형성소로 이루어지고, 같은 의미를 가진 것이 많다는 데서 이를 이용한 중국인용 한국어 교육용 사전의 편찬에서 고려해야 할 문제를 제시하였다. 다른 언어 사용자와 달리 중국어 사용자나 일본어 사용자가 한국어를 배울 때 한국 한자 어휘를 이해하는 것이 쉬울 수 있다는 데서 출발한 이 가설은 구체적인 '사전

이용 어휘 교육 방법'의 개발과 현장 실험을 통한 검증을 필요로 한다. 또한 동형이의 한자어계 처리 문제, 다의어 처리 문제 등에 대한 많은 연구가 필요할 것이다.

4장

언어문화교육에서의 화용 내용

노경래

1. 도입

본 연구는 한국어 학습자가 한국어의 발화 방식에 대한 문화적 특성을 이
해하고 의사소통하는 것이 중요하다고 보아 한국어의 발화 방식에 대한 문화
적 특성을 이해하기 위한 한국 언어문화교육의 내용으로서의 한국어 화용 항
목 중에서 외국어로서의 한국어교육에 대한 초급 어휘를 선정하여 기술하는
것을 목적으로 한다.

한국어의 발상과 표현이 녹아있는 언어문화에 대한 내용을 화용론적으로
접근한 연구로서, 이는 언어문화 내용 연구로 언어교육에 필요한 문화가 발
상에 영향을 미쳐 표현으로 나타난 언어문화(이충우, 2010: 395)이며, 문화가
반영된 발상의 근원에 대한 내용1)을 포함한 화용 항목을 기술하는 것이다.

---

1) 이충우(2010: 395~396)에 따르면 발상과 표현의 관련성을 고려하면 발상에 영향을 미치는 문화가
   언어교육에 필요하고, 특히 그 중에도 언어문화가 언어교육에 필요할 것이라는 생각을 할 수
   있게 된다. 문화가 반영된 발상의 근원은 ① 종교 경전, 민간전승, 고래로부터의 생각, ② 실생활
   바탕, 풍속, 습관, 생활환경, ③ 지시의 차이, ④ 사물의 보편성 바탕, ⑤ 수입된 말(번역의 차이),
   ⑥ 게임과 오락, ⑦ 음식, ⑧ 이미지의 다양성 등이다.

화용 항목 기술 내용은 한국어교육에 반영될 수 있으며, 한국어교육에서 이러한 화용 교수를 통하여 언어문화교육을 실행하는 것은 언어의 실제 사용과의 관련성을 높이는 것이다. 이러한 연구는 한국어 학습자의 언어 사용 능력을 신장하여 의사소통능력을 향상시키려는 목적을 달성하는 데 도움이 될 것이다.

외국어교육에서 언어문화, 화용을 교수·학습하는 것에 대한 연구는 국내외에서 다양하게 이루어졌다.2) 이에 비해 한국어와 관련된 연구는 미미하며, 이 연구 분야에 대한 이해도 또한 부족한 것이 사실이다.

외국어 교육에서 언어문화를 교육하거나, 언어문화로서 화용을 다루는 연구는 다음과 같다.

Hall, E. T.(1959)은 '침묵의 언어(The Silent Language)'에서 '문화는 의사소통이고, 의사소통은 문화다(1959: 191, 정태진 역, 1983: 253)'라 하였다. 이는 의사소통을 문화로 보아 문화적인 요소가 의사소통에 직접적으로 관련됨을 밝힌 것이다. 1980년대 이후 사회언어학과 언어인류학이 연구 분야에 확대되었으며, 주요 연구로는 Ron and Suzanne Scollon의 "Narrative, Literacy and Face in Interculture Communication(Scollon and Scollon, 1981)"은 영국계 미국인과 아타바스카인(Athabaskans) 사이의 서로 다른 출신(nature)과 가치(value)가 문자 기술(literacy) 구술(orality) 연습에 미치는 영향에 관한 것이다. Hymes(1974)의 연구는 민족학적 의사소통(ethnography communication)에 관한 것이고, Tannen's(1984)는 대화에서 나타나는 문화간 차이에 관한 것이다(Kramsch Claire, 2001: 201-3).

이후 연구로 Blum-Kulka, House, and Kasper(1989)는 언어 간 화용론(inter-

---

2) 본 연구의 주제어인 '언어교수에서의 언어문화', '언어교수에서의 화용 문화', '언어교수에서의 화용론', '언어교수에서의 언어 문화'를 구글 학술 검색(http://scholar.google.co.kr)에서 영어로 검색하면, 'linguistic culture in language teaching'이 약 51만 개, 'pragmatic culture in language teaching'이 약 17만 5천개, 'pragmatics in language teaching'이 50,300개, 'language culture in language teaching'이 189만 개나 된다(2010년 6월 9일).

language pragmatics)이 언어 간 음운, 형태, 통사적 지식에 대한 연구나 두 언어의 화용에 대한 비교 대조 연구에 머물러 있다는 것을 소개하고 있다(Sawyer Mark, 1992: 91). Olshtain and Blum-Kulka(1985), Trosborg(1986) 등의 연구는 학습보다는 의사소통에 중점을 두고 있으며, Kasper and Dahl(1991)은 보다 넓고 다양하게 L1과 L2로 대표되는 두 언어 간의 화용론에 대해 연구하면서 다양한 수준에 대해 연구를 하였으나 아직은 L2 화용론의 습득에 대해 제대로 초점을 둔 연구는 부족한 상태이다(Sawyer Mark, 1992: 92). 또한, Greenberg의 Linguistics and Ethnology(언어학과 인류학)는 언어체계의 의미부분의 기술은 문화적 사실에 관련시켜야만 가능하다는 것을 지적했으며(김방한·신익성·이현복 외, 1995: 267), Malinowski, B.는 "우리가 말의 의미를 분명히 지적하고 싶으면 그 말의 전체 환경과 문화적 맥락을 알아야 된다(김방한·신익성·이현복 외, 1995: 268)."고 하였다. 이는 말이 문화가 투영된 언어의 의미를 언어문화적으로 접근해야 한다는 것을 의미한다.

본 연구가 관련되는 한국 문화 교육의 연구는 다음과 같다.

강승혜(2003)는 한국어교육 분야에서 문화교육 연구는 1980년대 말부터 발표되기 시작하였고(이상억, 1987; 조욱경, 1987; 박영순, 1987 등), 1990년대 중반 이후에 활발히 수행되었으며(성광수, 1995; 손호민, 1995; 민현식, 1996; 김정숙, 1997; 백봉자, 1997; 조항록, 1998 등), 양적으로 보면 2000년 이후 한국어교육연구 분야에서 활발히 연구되고 있는 연구 영역 중의 하나이다.

박영순(1989)은 한국어교육에서 다루어져야 할 문화 교육의 내용이 전통적으로 상징하는 독특한 양식이나 주제 그리고 그것이 존재하는 어휘에 관심을 둠과 동시에 속담이나 관용어, 언어예절 등 사회 현상과 관련된 언어문화 또한 포함되어야 한다고 제시한 것에 의의가 있다. 안경화(2001)는 속담, 김영아(2001)는 광고의 텍스트와 이미지, 윤여탁(2002)은 의사소통 능력의 신장과 언어 생활과 일상 생활, 조현용(2003)은 직접적인 교육(언어예절, 어원, 관용표현)과 간접적인 교육(독해, 대화지문, 토론주제, 역할극), 민현식(2004ㄱ)은 국어 문화 교육의 내용으로 '문자문화, 역사언어문화, 매체언어문화, 대중언어문화, 영상언어문화, 의사소통문화, 방언문화, 국제 한국어 문화'를 제시하고 있다.

언어 교육에서도 언중의 언어에 대한 심리와 문화가 반영된 언어를 얼마나 적절하게 사용하는가를 고려한 언어문화가 필요하다. 이를 반영한 언어문화를 위해서는 문화적인 발상과 표현을 알고 언중의 언어문화를 바르게 이해하며 언중의 사회·문화적 상황 맥락을 고려한 적절한 언어 사용 방법에 대하여 알아보아야 한다. 선행 연구 중 본고에서 중점을 둔 언어문화와 관련하여 핵심적으로 다룬 내용(항목)은 다음과 같다.

박갑수(1999)에서는 '언어 문화'라는 문화로 대표되는 언어에 의해 형성된 문화와 언어적 배경으로서의 문화로 제시하였다. 김정숙(1997)은 언어 중심의 문화통합교육 방안으로 '의사소통 모델/언어문화 통합 모델'을 제시하였다. 이와 관련된 한국어교육에서 필요한 문화 항목으로 "① 일상생활 양식과 관련된 문화 요소로 인사하기, 감사 표시하기, 사과하기 등과 같은 행동 양식 ② 속담, 관용어, 문화적 지식어 등의 문화적 특질을 가지고 있는 언어적 요소 ③ 화법과 경어법 ④ 한국의 정치, 경제, 역사, 사회, 문화 전반을 이해하는 데 필요한 주요 역사적 사건 및 기관, 지리적 기념물 등과 정치 경제적 요소, ⑤ 문학, 음악, 미술, 건축, 체육, 대중예술 전반에서 활동하고 있는 작가 및 그들의 작품 등"을 제시한 바 있다. 김정숙(1992)은 단계별로 다루어야 할 문화적 내용을 1단계로 "① 한국을 이해하고 한국에서 생활하는 데 필요한 기본적인 사항을 익히게 한다(인사, 방문, 식사, 예절 등). ② 일상생활과 밀접한 한국 문화와 사회 제도를 가르친다(명칭, 국경일, 아리랑 노래 등)."를 제시하였다. 여기에서의 문화 내용이 언어문화와 일치한다고 할 수는 없다. 그러나 김정숙(1992)의 단계별 문화적 내용을 토대로 김정숙(1997)이 문화교육을 문화 전반에 대한 것으로 설정하였으나, 언어문화에 대한 관점을 포함하여 문화 교육을 의사소통능력의 향상 방안을 중심으로 새롭게 논의하였다는 점에 의의가 있다. 성기철(1998)은 사회문화적 목표로 ① 언어와 관련한 문화적 특성 이해, ② 사회·문화적 배경과 언어 표현의 이해, ③ 언중의 정서와 언어 표현 이해 등을 제시하였고, 또한 성기철(2001)에서는 포괄적, 상생 상보 관계, 한국어에는 한자어, 계급사회, 유교적 사고가 지배하였기 때문에 대우법이 발달할 수 있었다고 보았다. 언어도 결국 의사소통의 제일의적 도구가 되는 데서 문화적 의미가 크다. '문화가 의사사통이요, 의사소통이 문화'라고 한 Hall, E. T.(1959)의 말을 인용하였다. 이석주(2002)는 언어 내용에 대하여 ① 언어 예절 목록으로 겸손하게 말하기, 부탁하기와 거절하기, 칭찬에 답하기, 모임에서 말하기, 신상에 관한 질문하기, 대화하는 태도, 아래-윗사람 사이의 대화, 말의 속도, 말참견·말 끊기, 금기적 표현 ② 언어 내용 목록으로 대우법, 호칭과 지칭어, 색채어, 존재와 소유, 나와 우리, 복수 표현, 중복 형태 사용, 형용어 발달, 단어 의미 범주의 차이 등을 제시하였다. 이 연구는 본 연구에서 다루는 '언어문화로서의 화용'과 많이 관련된다. 김중섭(2005)은 한국어교육에서의 문화 교육은 한국어 학습에 직접적으로 도움이 되거나 한국어 자체와 관련되는 부분에 관심이 모아져야 할 것을 주장한 바 있다.

이와 같이 제시한 언어문화 내용은 본고가 제시하는 언어문화와 맥을 같이하는 것으로 언어를 사용하는 데에 실제적인 형식과 언어의 기능에 수행될수 있는 항목들이며, 언어를 사용하는 데에 참여하는 화자와 청자, 발화 상황, 언어 사용 목적에 다른 전략 등을 연구하는 데 유용한 자료가 될 것으로 본다. 무엇보다 주목할 것은 한국어교육에서 필요한 문화교육은 언어문화교육이 제시되는 것이 바람직하며, 그에 따른 연구와 보급은 시급한 실정이다. 한국어교육에서 기대되는 문화에 대한 교육은 언어문화를 배제한 문화교육이이루어질 수는 없다. 한국어교육은 언어교육이며 문화교육 또한 언어교육에 바탕을 두어야 함은 자명한 사실이다.

한국어교육은 의사소통 능력의 신장을 목적으로 한다. 본 연구는 이에 의사소통을 위한 한국어교육의 한국 언어문화 내용 체계를 마련하고자 한다. 내용 체계 전개에 대한 설명을 위해 제시될 것은 의사소통을 전제로 한 언어 사용으로 구성된 표현과 문법 이론에 문화적인 배경이 발상을 이끈다는 전제이며 언어문화 내용의 어휘 항목 선정은 의사소통의 차원을 고려하여 언어문화에 바탕을 둔 화용 내용을 선정하여 제시하고 기술한다.

2. 한국어교육과 언어문화

한국어교육은 언어교육이어야 한다. 언어교육에는 언어문화가 필요하다.

언어의 기원설로 바벨탑 이야기(창세기 11장 1-9절)를 거론하는 것은 해당 종교를 인정하든 그렇지 않든 회자되어 온 것이 사실이다.

단일 언어(441, 463장)

온 땅의 구음이 하나이요 언어가 하나이었더라. 이에 그들이 동방으로 옮기다가 시날평지를 만나 거기 거하고 서로 말하되 자, 벽돌로 돌을 대신하며 역청으로 진흙을 대신하고 또 말하되 자, 성과 대를 쌓아 대 꼭대기를 하늘에 닿게 하여 우리 이름을 내고 온 지면에 흩어짐을 면하자 하였더니 여호와께서 인생들의 쌓는 성과 대를 보시려고 강림하셨더라. 여호와께서 가라사대 이 무리가 한 족속이요 언어도 하나이므로 이같이 시작하였으니 이후로는 그 경영하는 일을 금지할 수 없으리로다.

언어의 혼잡

자, 우리가 내려가서 거기서 그들의 언어를 혼잡케 하여 그들로 서로 알아듣지 못하게 하자 하시고 여호와께서 거기서 그들을 온 지면에 흩으신 고로 그들이 성 쌓기를 그쳤더라. 그러므로 그 이름을 바벨이라 하니 이는 여호와께서 거기서 온 땅의 언어를 혼잡케 하셨음이라 여호와께서 거기서 그들을 온 지면에 흩으셨더라.

이 기원설은 언어의 자의성을 논하기 전에 우선하여 언어를 인정한 것이고, 언어학자가 아니어도 언어사용자라면 이 관련설의 진위여부에 관계없이 언어의 자의성을 부인하지는 못한다. 3,500여 가지의 언어가 음성, 어휘, 문법, 표현 등에서 차이가 있으니 언어의 의미와 형식이 필연적 관계의 결합이 아님을 인정하기란 쉬운 일이다. 즉 언어란 언어 사용자인 사회구성원들이 임의적으로 정해 놓은 것이므로 그 특징으로 자의성을 손꼽는다.

언어가 자의성을 지녔다고 하여 사회성을 배제하고 개인이 임의적으로 정한 언어를 사용한다면 소통하기란 어려워진다. 페터 빅셀의 소설인 『책상은 책상이다』에서 어떤 나이 많은 남자는 침대를 사진이라고 부르고, 책상은 양탄자라고 부르는 등 새로운 언어를 꿈꾸었다. 그러다 결국 그 남자는 사람들이 하는 말을 이해할 수 없게 되었고 사람들도 그를 더 이상 이해할 수 없게 되었다. 그래서 그는 그때부터 말을 하지 않았고 침묵했고 자신하고만 이야기했고 더 이상 인사조차도 하지 않게 되었다.

즉, 생각이나 느낌을 언어로 나타내기 위해서는 사회적 체계 속에서 이루어져야 한다. 언어 사용은 사회적 상황의 반영은 물론이고 관련 문화를 포함하여 고려된 언어 사용을 요구하는 것이다.

여기서 본고는 언어 사용자는 사회구성원이며 그들 간의 언어적 소통을 요구한다는 것이고 그 구성원 간의 언어적 소통에는 그들만의 언어문화가 존재한다는 사실이다. 언어문화에 대한 연구는 이충우(2010)에 상술한 바 있다.

언어문화 능력이란 외국인 학습자들이 학습언어에 내포되어 있는 문화적 요소를 이해하는 능력을 말한다. 보로비요프(B. B. Воробьев)에 따르면 언어문화 능력은 일정한 민족 언어에 구현되어 있는 문화에 대한 지식의 체계이며(Воробьев 1997: 56), 외국어 교육의 궁극적 목표, 즉 해당 외국어를 모국어로 사용하는 원어민과의 자유로운 의사소통을 위한 의사소통 능력의 형성과 향상을 위한 구성요소이다(권영, 2009: 3-4).

언어 교육에서 의사소통 능력 못지않게 문화 교육의 중요성이 강조되고 있다. 따라서 문화 관련 사항들은 한국어교육과정의 목적이나 목표 설정, 교육 내용 구성, 교재 개발 등 한국어교육 과정을 구성하는 데에 적극적으로 반영되고 있다.

'21세기 외국어 교육의 국가 기준(National Standards for Foreign Language Learning in the 21st Century, 1999)'에 나타난 미국에서 외국어 교육의 목적으로 제시한 기준인 5Cs의 외국어 학습 기준은 1)의사소통(Communication)은 영어 외의 언어, 즉 구어·문어로 이해하고 표현할 수 있는 소통 수단, 2)문화(Culture)는 다른 문화를 이해하고 연구한 것을 표현할 수 있는 통로, 3)연계(Connection)는 다른 언어문화에 대한 지식의 연계 강화, 4)비교(Comparison)로 다른 언어문화의 대조 이해, 5)공동체(Community)로 다언어문화 공동체 행사에 적극 참여하고 평생 학습으로 수용하는 것을 통합적 목적을 설정하고 있다(민현식, 2008:282-3).

이는 한국어교육이 언어교육이며 언어문화와 함께하는 교육이 이루어져야 함을 강조한 것이다.

이충우(2010)에서는 한국어교육에서 다루어야 할 문화를 '언어문화(Linguistic Culture)'라고 하였으며3), 언어교육에서 다루는 언어에도 문화적인 언어와 비문화적인 언어가 있다는 점과 문화적인 언어에도 문화적인 면이 적거나 많다는 문제를 고려하여 언어교육에서의 교육 문제, 언어문화교육에서의 문화 문제를 접근해야 한다고 밝히며 다음과 같이 표로 제시하였다.

형태론과 통사론은 문화적 요소보다 언어적 요소가 더 크고, 화용론과 어휘론, 의미론은 언어와 문화가 거의 동등한 부분으로 다루었다. 어휘와 의미, 화용의 문제는 결코 문화를 떠나서 설명하기가 어려운 부분이다. 물론 어휘,

---

3) 이충우(2010: 389)에서 제시한 언어문화는 언어 문화(Language and culture)가 아닌 언어문화 (Linguistic culture)이며 이 둘을 구분하기 위하여 '언어 문화'가 아닌 '언어문화'로 표기하였다. 본고도 이러한 기준에 따른다.

의미 부분에서 기본적 의미는 언어적 요소가 크고 파생의미, 맥락의미로 쓰이는 어휘와 의미는 문화적 요소가 더 클 것이다. 나아가 은유는 문화적 이해 없이 사용이 불가능하다. 문학과 매체언어는 어휘, 의미, 화용과 같은 정도로 다룰 수 있을 것이나 함께 다루지 않고 한 단계 더 문화적으로 접근한다고 보았다. 이는 언어보다 문학이 더 문화적 경향을 갖고 있다고 본 것이다.

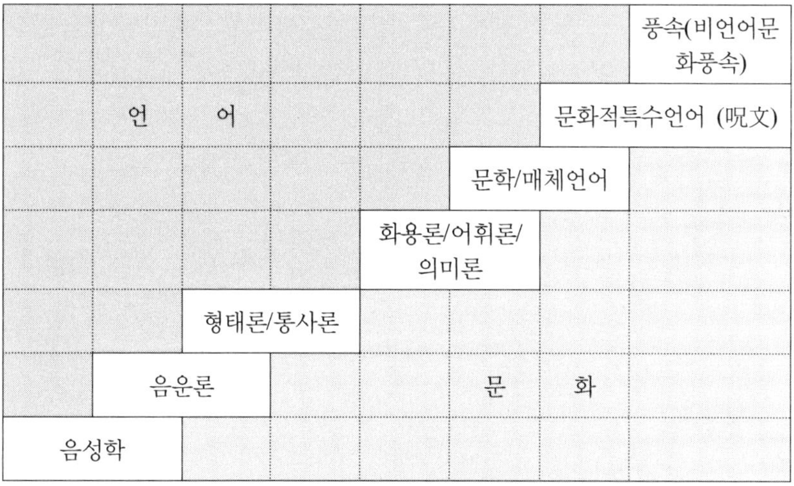

						풍속(비언어문화풍속)
	언　어					문화적특수언어 (呪文)
					문학/매체언어	
				화용론/어휘론/의미론		
		형태론/통사론				
	음운론			문　화		
음성학						

〈그림 1〉 언어와 문화의 관련 정도(이충우, 2010: 393)

본고는 앞선 이충우(2010)에서 제시한 언어와 문화의 관련 정도를 고려하여 화용론, 어휘론, 의미론으로 한정하여 이를 중심으로 언어문화를 기술하고자 한다. 다만, 언어문화를 화용론, 어휘론, 의미론으로 한정하는 이유는 이들이 본고가 연구하고자 하는 주제와 깊이 관련되기 때문일 뿐이며, 이를 제외한 문학이나 매체언어를 비롯한 다른 사항들이 언어나 문화가 배제되어 있다는 것은 아니다.

본 연구의 한국어 언어문화 개념은, 언어에서 문화의 공통된 요소를 발견하는 것으로서 한국어에서 문화적 요소를 발견해 내는 것이다. 즉, 이에 해당하는 것은 한국어의 발상과 표현을 찾는 길이 될 것이며, 그 내용 연구는 언어 속에 녹아있는 지극히 한국적인 요소가 무엇이며, 한국적인 요소들이 어떤 매개체로 어떻게 작용하여 표현하느냐를 추출해 내는 작업이다. 여기서 발견된 언어문화가 언어 교육적 상황에 놓이게 되면 그것은 당연히 교육의 관점으로 돌아가야 한다. 본 연구는 이렇듯이 언어문화 내용을 언어 내적으로 한정하여 다룰 것이다. 그리고 언어문화 내용을 다룰 때 방대한 요소에서 극히 부분적인 일부만을 예시하게 될 것이며, 그 일부만이 언어 교육적 상황에서 설명될 것이다. 한국어 언어문화가 한국어교육에 활용되기 위해서는 학습자가 실제적인 원활한 의사소통 능력을 신장시킬 수 있도록 함을 목적으로 기술하도록 한다.

한국어교육에 필요한 문화 교육에 대한 관점도 언어문화에 초점을 두고 있으며, 언어 교육에서 다루어져야할 문화 교육에 대한 이해는 아래 이충우(2010: 389-392)의 언어문화 양상[4]에서 자세히 다루어 설명한 바 있다.
첫째, [언어문화 양상 1] 언어와 문화가 서로 관련되지 않은 독립적인 양상을 띠는 유형의 연구들을 정리하여 언어문화와의 접근성을 알아보고자 한다.

[4]

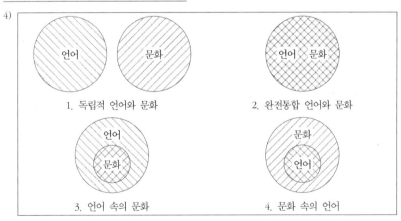

〈그림 2〉 언어문화의 양상(이충우 2010: 390)

이 경우 언어와 문화는 독립적인 언어와 독립적인 문화로서 언어 문화(language and culture)는 대학의 언어와 문화라는 강좌에서 언어학과 문학을 별도로 기술하고 있는 것과 비슷하다. 인간의 사고와 발상, 문화가 불가분리이고 인간의 사고가 표현된 것이 언어라는 논리에서 이 이론은 설득력을 가진다. 그러나 이러한 주장은 "언어는 곧 문화이다"라는 표현이 지나치게 포괄적이고 언어적 문제를 제대로 볼 수 없게 만들 수 있다.

둘째, [언어문화 양상 2] 언어와 문화의 완전 통합으로 언어가 곧 문화이고 문화가 곧 언어라는 광의적인 해석이나, 이 모두를 언어문화로 규정하지는 않으며 여기서 제공되는 사고와 발상 부분의 표현을 언어문화에 통합하는 접근을 모색해 보고자 한다.

셋째, [언어문화 양상 3] 언어와 문화를 협의의 틀에서 볼 경우 언어 중심에서 문화와 관련된 부분을 보는 것으로 언어의 기호학적 해석을 화용적 측면으로 이끄는 데 유용한 부분을 파악하여 언어문화로 접근하는 틀을 마련해보고자 한다. 이 입장에서는 언어예절, 관용적 표현 등 문화가 투영된 언어를 언어 중의 한 부분으로 다룬다.

넷째, [언어문화 양상 4] 문화 속의 언어로서 모든 인류의 정신 작용과 관련된 것을 문화라 한다면 언어 활동이 이루어지는 사회 속에서의 의사소통에 관심을 두는 연구를 정리하여 사회언어학적 요소를 담은 언어문화를 접근하는 방법을 알아보고자 한다. 문화 교육에서 문화 중심적 언어(cultural language)를 교육하는 현상을 들 수 있을 것이다. 또한 교육은 언어교육보다 문화교육이 우선이고 문화 교육 속에서 언어교육이 존재하는 것이 된다.

위와 같은 여러 양상의 언어와 문화의 관계는 언어문화와 언어문화교육이 보다 더 다양하게 내용을 확대할 수 있음을 보여준다. 다만 본고는 이러한 언어문화 현상 속에서 언어교육으로서의 언어문화교육, 언어와 관련된 언어문화교육, 문화가 반영된 언어문화교육, 언어와 문화가 관련된 경우에 한하여, 언어교육이라는 전제 아래 언어교육으로서의 언어를 다루기 때문에 논의가 한정될 수밖에 없음을 밝힌다.

이충우(2010)의 발상과 표현에 관한 것은 사회문화의 영향을 받은 발상이 바로 언어 표현에 나타나는 것이라고 보았기 때문에 언어문화로서 화용 항목에 해당하는 것들이 언어문화로서의 화용 항목이라고 할 수 있다는 것이다.

사물을 분별하고 판단하여 앎에 해당하는 인식(認識)은 심리학에서는 인지(認知)라고 하여 어떤 사실을 인정하여 앎에 해당한다. 즉, 자극을 받아들이고, 저장하고, 인출하는 일련의 정신 과정. 지각, 기억, 상상, 개념, 판단, 추리를 포함하여 무엇을 안다는 것을 나타내는 포괄적인 용어로 쓴다. 그러나 이렇게 인지하고 있는 내용은 문화권마다 차이를 가지고 있다. 따라서 그런 내용이 언어에도 작용하며, 언어에 대한 '표현과 이해'도 언어문화를 따른다고 할 수 있다.

따라서 본고가 제시하는 언어교육으로서의 문화 즉, 언어문화는 다음과 같은 맥락을 가진다.

① 언어 교육에서 언중의 언어에 대한 심리와 문화가 반영된 언어 사용의 적절성을 고려한 언어문화가 필요하다.
② 언중의 사회·문화적 상황 맥락을 고려한 적절한 언어 사용법을 제시한다.
③ 이를 통하여 표현의 적절성 여부를 결정하여 언어 사용을 할 수 있다. 외국어교육에서 외국어를 모어로 하는 사람과 같은 사고를 할 수 있어야 적절한 외국어 화자가 될 수 있다면, 외국어에 나타난 발상과 표현의 배경을 이해하는 것이 중요하다. 외국어 화자가 표현한 언어가 모어 화자의 이해 과정에서 어떤 연상을 가져오는가에 따라 표현의 적절성 여부가 결정된다.

3. 언어문화교육과 화용론

화용론(話用論, Pragmatics)은 그리스어의 'practikos(actions, conditions for actions)'에서 온 용어로서 언어의 사용 원리를 연구하는 학문이다. 화용론이 연구하는 언어의 사용은 사회적인 상황맥락을 전제로 한다. 구체적으로 말하면, 화용론이란 언어 사용에 동원되는 형식 및 언어 기능, 언어 사용에 참여하는 화자와 청자, 발화 상황 및 언어 사용 목적에 따른 전략 등을 연구 대상으로 하는 학문이다. 즉, 언어의 맥락 요소뿐만 아니라 사회적, 문화적 맥락을 고려한 언어 사용을 연구하는 학문이다.

한국어교육에서는 주로 한국어 학습자가 숙달도가 높은 단계에 이르렀다고 인정하려면 제2언어를 습득하거나 외국어를 습득하게 된 것처럼 언어 유창성이 강조되기도 한다. 이러한 언어 유창성을 갖추기 위한 조건으로 목표 언어의 문법적 정확성, 원어민과 같은 발음, 검증되지 않은 목표 언어와 문화적 규범, 최근에는 사회언어학적 능력을 갖추게 하는 등 개인의 동기와 태도의 역할에 주목한다. 그러나 여기에 무엇보다 중요한 것은 학습자가 대화에 놓인 상황과 맥락을 고려하여 의도한 대로 표현할 수 있도록 언어를 구사하여야 하며, 이는 사회적 정체성을 포함한 언어문화 요소와 관련된 화용론적 능력이 강조된 언어 구사 능력이 발휘되지 않을 수 없다. 언어 사용에서 요구되는 형식과 언어 기능은 한국어의 개별성이 내재한 언어문화를 포함하는 부분이다. 그리고 언어 사용에 참여하는 화자와 청자, 그들과의 교류 관계, 언어 사용에 작용하는 발화 상황과 발화 의도나 목적에 따른 전략 등도 한국어를 사용하는 언중의 관습, 종교, 생활 환경에 따른 사고와 심리가 작용하여 언어 구사에 적용되는 사고방식에 영향을 미친다. 즉 이것은 실제적인 언어 사용에 대한 관심이며, 언어 사용자들과의 관계에 대한 해석의 문제에 귀착되므로 화용론에서 연구된다.

의사소통 상황에서 표현의 차이는 얼마나 영향을 미치는가? 아마도 표현의 차이로 오해를 사거나 핀잔을 듣거나 문제가 발생하여 소통에 장애를 가져왔을 때도 있는가 하면, 표현의 긍정적인 효과로 여러 가지 원만한 해결점을 찾은 경우도 있을 것이다. 예를 들어 교실 수업에서 교사가 학생에게 읽기를 지시하면서 '이번엔 스티브가 좀 읽을까요?'라고 했을 때의 학생 반응은 어떠했는가? 내 문제 해결을 위해서 친구에게 도와 달라고 하면서 '너도 바쁠텐데 어떻게 내가 도와 달라고 말하겠어. 괜찮아.'라는 말을 한 후 친구의 반응은 어떠하였는가? 등은 목표 언어 달성을 위한 관심사이다.

이때 한국어에 내재한 언어문화를 이해하며 발상을 이끌어 낸다면 한국어 학습자가 납득하기 어려운 그러한 이해와 표현에 대한 궁금증은 해결될 것이다. 언어 체계는 복잡성을 띠고 있으며 그 언어를 통하여 의사소통을 성공적으로 이끈다는 것은 특히 한국어 학습자에게는 수월하지 않은 일이다. 그런 관점에서 언어 사용에서 정확성을 고집하던 부분에서 효과성을 내세우는 문제로 전환되고 있는 것이다. 즉, 언어 활동이 어휘와 문법의 정통성으로 수행되던 것에서 벗어나, 표현과 이해로 수행될 수 있게 기호적 의미 해석이 필요한지 발화 상황에 적절한 의미 해석이 요구되는지에 대한 화용적 지식이 필요하다. 따라서 한국어의 숙달도 있는 의사소통 활동은 언어 활동으로서 표현과 이해 학습이 가능한 화용적 지식의 교수가 이루어져야 한다.

이에 따른 한국어교육의 내용은 언어 활동이 적극적으로 연계되어야 하며, 그 내용은 언어문화에 바탕을 두는 것이 바람직하다. 한국어교육의 내용 구조는 한국어 학습자 수요의 다양성을 반영하여 그에 적합한 내용 구조로 기술하는 것이 필요하다.

화용론적 시각으로 언어문화의 관점을 두는 것은 언어문화를 문화가 반영된 발상에 근원하는 것은 물론이고, 의사소통의 적절성과 효용성을 위한 상황과 맥락적 변인으로 인식한 것으로 실제적인 언어사용에도 주목한다는 사실이다.

기존의 한국어교육은 의사소통에 주안점을 두면서 정확한 문법을 구사할 수 있어야하는 규범성이라는 과제 방식을 강조하여 왔다. 그러나 화용론적 시각으로 바라보면, 이러한 언어의 정확성 중심을 논하는 의사소통 방식의 틀을 넘어서는 단계에 다다르게 된다. 즉, 화용론적 관점의 의사소통은 기존의 언어 사용의 한계를 넘어서는 소통 방식을 기대하는 것이다. 이 화용론적 접근은 언어문화 내용이 언어사용의 실제성에 근거한 것이며, 그러한 언어문화 내용이 이해되어 의사소통에 즉각적으로 반응하여 적용하고 표현될 수 있도록 하는 데 기여할 수 있을 것으로 기대한다. 이 언어문화 내용에 대한 기술은 앞서 이충우(2010)에서 제시한 바와 같이 의미와 어휘가 주를 이루며, 언어문화 내용에 대한 화용적 접근의 구체적인 내용에 대한 기술은 화용 의미에 대한 부분이 주로 해당되며5) 그와 같은 내용이 제시된다.

4. 언어문화교육에서의 화용의 선정과 어휘 기술

가. 언어문화교육에서 화용

의사소통 능력의 숙달을 위한 교육의 일환으로 언어문화교육으로서의 화용 내용 선정은 언어교육의 입장에서 바라봐야 한다. 큰 틀에서는 언어교육

---

5) 화용에 대한 의미의 문제는 이미 주시경의 국어문법에서도 인식하고 있음을 확인할 수 있다. 주시경은 문장의 의미를 파악하는 방법으로 '말'·'일'·'마음'을 서로 관련시킬 것을 주장하고 있다. '말'이란 문장을 구성하고 있는 각 성분 내지 언어기호를 뜻하고, '일'은 현실적으로 존재하는 대상을 지시하며, '마음'은 화자나 문장해석자의 태도를 가리킨다.
문장과 품사의 의미를 설명할 때 현실적 대상의 의미와 화자의 마음을 고려하고 있는데, 이는 의미론과 화용론을 존중하는 의미해석의 원리를 따르고 있음을 의미한다(출처: 국어국문학자료사전, 이응백·김원경·김선풍 교수 감수, 한국사전연구사). 인용: 구분-국어 문법서, 저자-주시경(周時經), 창작연대-1910, 출판사-박문서관.
http://terms.naver.com/entry.nhn?docId=691196 (네이버 지식사전 검색)

의 목적, 대상, 학습자 요구, 지도·학습 방법 등을 고려한 언어문화가 필요하다. 언어문화는 문화와 언어가 만나는 언어 속의 문화이다. 따라서 발상과 표현이 투영된 문화인 언어문화를 대상으로 하는 화용 내용의 기술이 필요하다. 언어문화의 화용 항목에 대한 내용 선정 기준은 언중이 현재 사용하는 언어로서 언어의 실제성이 반영되어야 하며, 언어 사용에서 규범성을 지닌 것을 어떠한 방법으로 어느 정도 용인하고 적절하게 발화하여 적정성을 유지할 것인가, 즉 적절성을 고려해야 하며 어떤 문화에서도 발견되는 언어 보편성 역시 고려되어야 할 것이다.

[표 1] 언어문화 기반 언어 기능

인지 요소	형식 요소	화용 항목 요소	사용 요소
발상과 표현	어휘, 의미, 화용	인사하기, 호칭하기, 지칭하기, 경어법, 감사하기, 거절하기 등	의사소통 맥락, 장면

그러나 본고는 [표 1]에 제시된 바와 같이 언어문화 기반 언어 기능은 문법 기반 언어 기능과 차별화되어야 한다고 본다. 언어문화와 관련된 언어 기능은 언어문화라는 특수성에 기인하여야 하기 때문이다. 그 구성 요소는 언어문화에 대한 1) 발상과 표현이 전제된 '인지' 요소, 2) 어휘, 의미, 화용에 따른 것은 문법적 '형식' 요소, 3) 인사하기, 호칭하기, 대우법 사용하기, 간접표현하기, 감사하기, 질문하기, 주장하기 등의 '언어 기술 및 표현' 요소에 해당하는 의사소통을 위한 '화용' 요소, 4) 의사소통 맥락, 장면에서의 '사용' 요소이다. 네 가지 요소들이 조합하는 언어문화 기반 지식 방법론은 사회문화적 특성으로 언어공동체가 지니는 규범적 기능과 언어 형식이 화용적으로 용인된 특성을 지니는 적합성 면을 내포하고 있으며, 발상과 표현에 기인한 언어문화 공동체가 갖는 보편적이거나 개별적인 기능이 있으며, 언어가 사용되는 시대를 반영한 언어 실제적 기능을 기반으로 전개된다. 따라서 언어문화

는 발상과 표현이 전제된 것으로 목표어에 부합된 인지적 요소를 언어 사용에 필요한 형식인 어휘, 의미, 화용에 담아 언어 기술 요소들이 작용하는 화자와 청자 그리고 발화 상황 및 언어 사용 목적에 따른 전략과 사회언어학적 현상을 고려하여 맥락적인 의사소통이 이루어지도록 언어 기능을 발휘하게 한다.

나. 언어문화교육에서의 화용 선정

화용 내용 선정 기준은 언어문화 측면과 화용적 측면에서 각 보편성, 적합성, 실제성에 둔다. 화용론이 언어문화와 얼마나 일치하는가, 어떠한 측면에서 일치하는가를 고려한다면 화용론에서 언어문화를 다루어야 할 부분을 상정할 수 있다.

먼저 언어문화 측면에서의 보편성은 대부분의 언어에 보편적으로 존재하는 언어적 · 문화적 지식이나 양상을 띠는 것을 말한다. 어느 언어에나 문장의 형식이 존재하며 대화에는 언어예절을 지켜서 말하는 것을 선호하며, 모든 언어문화에는 자연 환경이나 종교 · 관습과 그에 따른 생활상이 반영된다는 것이다.

화용론적 측면에서의 보편성은 논의의 대상이 보편적인 언어원리를 따르는지와 그렇지 않은지에 대한 보편성을 기준으로 하여 각 내용의 개별성이나 특수성을 다루고자 함이다. 문화가 지닌 양상은 인간의 사고와 판단에도 영향을 미쳐 언어로 표현하게 된다. 이를 포함한 자연 환경, 종교, 관습 등이 반영된 언어문화는 문화 간 의사사통으로 해석될 수 있으며 보편성과 개별성이 공존한다. 언어문화를 해석하는 것은 문화의 특수성만 드러낸 것이 성립된다기보다는 보편성을 토대로 문화의 특수성도 접근하게 되는 것이다. '특정 언어공동체'가 존재한다는 것은 이미 여러 각기 다른 언어공동체가 모인

'언어공동체'라는 보편적인 전체를 지닌 곳에서 각 언어공동체의 개별성을 인정한 것이다. 따라서 범주화된 보편성을 전제한 것으로부터 개별성 또한 인정된 것이다.

둘째, 언어가 적합성을 지녔다는 것은 사회문화의 규범적 의의나 관습과 같은 발상과 표현이 존재한다는 것이다. 화용 내용에서 적합성의 언어문화 측면을 고려하면, 사회문화적 관습과 같은 발상과 표현을 지닌 언어문화가 존재한 것을 내용으로 선정한다. 한국어의 담화는 이것저것 근거를 늘어놓다가 마지막에 핵심적인 표현으로 마무리하는 경향이 지배적이다. 이에 반해 서구 언어에서는 주제 또는 구상하는 바를 먼저 드러낸다. 그 다음에 근거를 나열한다. 한국 사람은 자신의 생각을 직접적으로 드러내기 보다는 겸허하게 우회적으로 표현한다. 이를 두고 서양 사람들은 변죽을 울린다고 여긴다. 이러한 부분이 한국어 학습자에게는 숙달도 높은 언어 구사를 하는 데 어려움을 가져오기도 한다.

화용 내용 선정 기준에서의 적합성은 발상과 표현이 전제한 언어문화가 존재한다는 것으로 언어 형식을 화용론적으로 해석한 적합성을 화용 내용 항목의 선정 기준에 포함한다는 것이다. 화용론은 언어의 형식과 언어 기능적 맥락 요소에 사회적·문화적 맥락을 고려한 언어 사용을 연구하는 학문이므로 언어 사용의 본질과 의미를 밝히는 데 적합한 이론이다. 즉, 적합성의 화용적 측면은 언어 사용이 언어 형식에 치우치지 않고 언어문화가 적용되어 용인되는 적합성을 전제로 한다는 것이다. 예를 들면 언어사용자가 '시원하다'를 언어상황에 적합하게 구사하는 등의 경우와 의사소통에서 경어법, 호칭하기, 지칭하기, 인사하기, 겸양이나 공손법 등의 언어 기능과 표현을 적합하게 사용할 수 있도록 화용 내용을 선정함이 이에 해당한다.

셋째, 화용 내용 선정 기준에서 실제성에 대한 언어문화적 측면은, 현재 통용되고 있는 언어문화를 반영한다는 것이다. 교실 수업에서 학습자가 필요로 하는 실제성은 어법이나 어의, 언어 구조를 습득하는 것처럼 인위적인 언어

표지 자체만을 학습하는 것이 아니라 언어문화에 대한 화용 내용을 학습하는 것이다. 이렇게 언어문화가 제공된다면, 교실 수업에서 소통에 대한 화용 내용은 학습자 모국어의 언어문화에 대한 선행 지식을 유도해 낼 수 있고, 목표어인 한국어 언어문화에 대한 학습을 함으로써 현실성 있는 학습, 실제 언어 사용에 접근하여 숙달도 높은 소통이 이루어지게 한다.

이는 문화가 담긴 내용의 실재를 부인하는 것이 아니라 현실 상황이 고려된 언어문화를 상정한 것이다.

[표 2]는 언어문화 내용에 대한 화용 항목 중에서 본 연구에서 제시할 화용 내용의 항목을 선정하기 위한 절차를 제시한 것이다. 이것은 등급별(1급 해당)로 교육 항목을 선장하고 목록화한 것이며 1급 교육목표와 내용을 중심으로 한 것으로 본 연구에서 설정한 화용 내용 항목 선정 기준인 보편성, 적합성, 실제성, 언어문화 기반 화용 기능 및 표현, 학습 단계, 사용 빈도, 문화 차이를 고려하여 선정하였으며 그 결과 중에서 인사하기, 지칭하기, 호칭하기, 경어법을 우선 기술하기로 한다.

언어문화교육에서의 화용 내용 항목은 [표 2]와 같다. [표 2]의 초급(1급)에서의 주제 영역은 대부분 문법적인 표현들이 주를 이룬다. 따라서 본 장에서는 수사학적 내용 중심보다는 언어문화에 따른 화용 내용을 중심으로 기술할 것이며 그 기술할 항목은 우선적으로 제시하여야 할 언어문화 화용 항목이다.

[표 2] 언어문화교육의 화용 내용 항목(한국어 초급)

영역	화제(주제)	과제 및 활동	화용 항목(중점 내용)
주제 영역	인사	처음 만난 사람과 인사하기	인사하기(처음 만났을 때 인사말)
	자기소개	자신과 타인 소개하기, 자신의 관심사(일상적 영역 등)	지칭하기·호칭하기(이름), 경어법

영역	화제(주제)	과제 및 활동	화용 항목(중점 내용)
	개인정보	나라, 입국 시기, 한국어 학습 정도에 대한 정보 얻기, 경험, 능력	경험 표현, 능력 표현
	가족소개	친구 집 방문 시 인사하기	지칭하기·호칭하기(가족관계 어휘), 소개하기(인사 예절), 인사하기, 경어법(화자와 청자의 관계: 상대 높임(진지, 말씀 등 어휘와 -께서 등 어미), 자기 낮춤(저, 드리다))
	전화	전화하기, 전화로 약속 정하기, 약속 취소, 전화 잘못 건 상황에 적절한 표현 구사하기	전화 예절(익은 말 표현), 약속하기, 취소하기
	주말 계획, 취미	주말 계획 말하기	요청하기, 거절하기, 이유 말하기
	시간		수(시간(기간) 세기), 약속하기, 거절하기
	날짜, 주말		계획하기
	하루일과	하루일과 말하기	주어 생략, 시제(반복적 습관)
	길 찾기	길 묻기	부탁하기, 요청하기, 질문하기-답변하기
	교통 수단	대중교통 이용하기, 택시 타기, 교통편 알아내기	익은 말 표현, 겸손, 겸양표현(-겠-)
	사물, 동작, 위치, 장소		어휘, 방향, -오다/가다
	숫자, 돈		수량세기(고유어·한자어의 쓰임), 수 의미, 어림수세기
	직업	자기소개 관련	목적 말하기, 소개하기 순서 알기, 사회적 관계, 지칭하기-호칭하기, 경어법, (비)격식체

영역		화제(주제)	과제 및 활동	화용 항목(중점 내용)
		물건 사기, 쇼핑	시장에서 물건사기 (물건 값 깎고 묻기)	질문하기, 요청하기, 허락하기
		날씨, 계절	계절/날씨/날씨 비교/ 계절 활동 말하기	능력 말하기, 추측 말하기, 정도 표현
		가족		지칭하기-호칭하기, 경어법, 소개 하기
		신체증상, 병		특수한 상황 언어 표현, 부정형-금 지 표현
		식당	식당에서 음식 주문 하기	제안하기-제안에 응하기
		우체국	우체국 이용하기	익은 말 표현, 수치-단위
		학교생활	사물이름/집 위치 말 하기	지시어(이, 그, 저)
		공식적인 자리(회의나 뉴스)	문어체	문어 표현(격식체)
		일반 대화	구어체	구어 표현(비격식체)
화행 기능		감사, 약속, 요청, 부탁, 명령, 금지, 허가, 능력	감사하기, 친구와 약 속하기, 요청하기, 부탁하기, 명령하기, 금지하기, 허가 구하 기, 능력 표현하기	감사 및 사과 표현, 요청 표현, 명령 표현 등의 전통적 표현 방법 및 간 접 표현, 금기, 경어법
텍스트			대화문, 독후감상문, 짧은 서술문, 일상대 화, 픽토그램	구어-문어, 감사 및 사과 표현, 거절 표현, 앞-뒤, 한자어-고유어, 나 위 주:상대위주
		실생활 자료	명함, 메뉴, 광고지, 표지, 영수증, 노래	사회적 관계(화법 전략), 경어법, 화 용의미(비유-은유, 환유, 대유 등)
문화 영역	문화 지식	식생활 문화 이해	-언어문화 배경지식 -화용의 배경지식	-전통적 일상생활환경, 자연, 종교, 관습(밥, 국, 떡 관련 관용표현 및 익은 말) -은유: (농경생활과 관련된 식생활 문 화 영향)속담, 익은 말 표현, 관용어

영역		화제(주제)	과제 및 활동	화용 항목(중점 내용)
(기본적 일상생활)	문화 실행	기본적인 예절	인사법, 식사예절, 사회적 관계 이해 (나이에 대한 이해)	경어법, 인사와 관련된 익은 말 표현, 이름, 호칭어-지칭어, 나이계산
	문화 관점	식생활 문화	비교, 대조 관점 이해 (언어문화 이해를 바탕으로)	자국 문화와의 공통점 및 차이점을 이해하기(언어문화 바탕으로 한 화용론적 해석)

다. 화용 항목의 내용 기술

교육과정을 반영한 언어문화와 관련된 화용 내용 항목을 선정하고 그에 따른 화용 내용을 기술하였다. 이는 한국어교육에서의 문화인 언어문화에 대한 이해와 이를 대화 상황에 적용함으로써 의사소통능력을 향상 시킬 수 있는 방안의 하나로 제시될 수 있다.

한국어교육 현장에서 다루어질 언어문화 내용을 지도·학습할 때 유효한 항목과 그 기술 내용을 제시하였다. 앞서 교육과정 1급에 해당하는 언어문화 화용 내용을 선별한 것은 선정 이유에 준거를 두고 선정한 것으로 본고는 그 중 인사하기, 호칭·지칭하기, 경어법 세 가지 화용 항목에 대한 내용을 분석 기술하였으며 그 구체적인 내용은 다음과 같다.

언어로 의사소통이 일어나고 있는 상황은 다양하다. 대화에서 언어문화를 반영하는 기본적이고 주요한 몇 가지만 들면 연령, 사회적 직위, 가족 간의 관계 등이 있고 또한 화자와 청자의 개별 요소까지 고려하여 소통하게 된다. 그런데 화용의 구성 요소에 해당하는 화자와 청자의 개별 요소만 보아도 사회계층과 관계된 사회적 지위나 위치, 폭넓은 연령층, 성별, 교육 정도, 인종, 성격, 대화 상황, 직업, 대화체와 성격, 대화의 목적, 화제에 대한 이해도와 관심도, 화자와의 관계, 개인적인 집중도 및 성격 등 화자의 변이는 다양하다.

여기에 언어문화 요소를 고려한다면 의사소통이 벌어지는 상황은 더욱 다양한 상황을 고려하여 잘 해석하여야 한다. 이와 같이 대화는 화자와 청자의 조건과 사회문화적 규범과 관습 등의 발상과 표현을 지닌 언어문화에 따라 표현 방법을 달리하는 언어 사용 양상을 보인다. 따라서 화용적 해석을 모든 측면을 고려하여 낱낱이 기술하는 것은 본고에서는 다루지 않는다.

1) 인사하기

언어문화의 대표적인 항목인 인사하기는 의사소통을 위한 필수적인 요소이다. 인사는 처음 만나거나 헤어질 때, 감사하거나 사과할 때, 특정한 때에도 사용하게 되며 각 표현 방식은 다양하며 상황에 따라 적합한 방식을 취하여야 한다. 그러므로 한국어 인사말에도 만날 때에 하는 인사, 식사 예절에 필요한 인사, 다양한 곳에 방문 시 인사 등 한국어가 지닌 특징을 담아 표현하는 특별한 언어문화가 있다.

(1) 쓰임

언어에 따라 인종에 따라 인사말은 다르며, 의례적인 인사말의 경우가 많다. 인사말은 사실을 묻는 것이라기보다 의례적인 말이기 때문에 인사말에 답하는 경우도 특이하다. 예를 들어 '안녕하십니까?'란 인사말에 '안녕하지 못해요.'라고 말하기보다는 '예, 안녕하시지요?'처럼 상대방에서 인사말을 전하는 것이 보통이기 때문이다. 이외에도 '안녕히 가세요, 어서 오세요, 처음 뵙겠습니다, 만나서 반갑습니다, 맛있게 드세요, 잘 먹겠습니다' 등의 인사말은 한국어 교재에서 고빈도 상투어에 속하며 '인사'의 기능으로 거의 정착된 것에 해당된다. 이 인사말은 의사소통 능력과 화용적 능력을 구성하는 중요한 부분이다.

(2) 발상과 표현을 통한 언어문화 반영

폴란드인은 '안녕하십니까?', 유대인은 '평화를(shalom)!', 그리스인은 '기쁨을(rejoice)!', 한국인이나 중국인의 예전 인사는 '조반 드셨어요?'[6], 요즘 인사는 '안녕하십니까?'라고 한다. 문화가 달라지면서 영어식 표현인 '좋은 아침!'이나 '좋은 하루 되세요!'라는 인사말이 한국어에서도 쓰이기 시작하고 있다.

물론 한국어에 나타나는 인사말은 다양하다. '어디 가세요?'는 어디로 가고 있는 사람에게 인사로 묻는 말이며, 이에 대한 답으로 '응, 잘 지내나?', '운동하러 가네.' 등 다양한 답이 가능하다. 인사말은 구태여 사실대로 해석하여 답하는 것이 아니라 의례적인 답변으로 가능하게 되어 있어 특이한 언어문화로 볼 수 있다(노경래, 2009).

앞서 제시한 것처럼 '인사'는 대화 시작 중에서도 공식적이고 의례적인 방식이며, 발상과 표현을 포함하는 언어문화가 내재함을 알 수 있다. 따라서 외국어로서의 한국어 학습자는 화용적 지식에 연계한 언어문화를 학습하여 자연스러운 의사소통 능력을 발휘할 수 있어야 한다.

(3) 언어문화에 따른 화용 내용의 기술적 측면

한국어 인사 표현을 보면, 어르신께서는 친구들끼리의 인사표현으로 "안녕?"하고 인사하지는 않으신다. 또, 한국은 아직 인종에 따라 말이 달라지는 예가 거의 없으나 다민족 국가에서는 인종도 언어에 영향을 미친다.

한국어 학습자는 한국어의 다양한 인사말에 적절한 인사표현을 어떻게 하여야 하는지, 상대방에게 인사한 표현이 바르게 한 것인지에 대하여 확신을 가지기 어렵다고 한다. 따라서 인사말은 언어문화를 통하여 구체적으로 학습

---

6) 폴.임 엮음(1993), 책속의 책 상, 뉴라이프스타일(언어: 449-176) 참조.

할 필요가 있다.

인사 표현은 상황에 따라 다양하게 전개된다. 모국어 화자가 아닌 경우 이 다양한 상황에서의 인사 표현을 적합하게 구사한다는 것은 쉽지 않은 일이다. 따라서 개별 인사 표현에 따른 화용 지식을 숙지하는 것이 바람직하다.

① 발상과 표현에 따른 의례적인 인사

인사말에 대한 의례적인 표현들을 화용론에서 접근하면 다음과 같다.

[표 3] 발상과 표현이 내재한 의례적인 인사말의 화용 예시

발상과 표현	언표행위	언표내적행위
누구에게나 자명한 공통의 지식을 확인하기	오늘은 날씨가 무척 쌀쌀하지요?	일상적인 대화에서의 인사말
사회·문화적 맥락을 이해하기	잘 먹겠습니다. 잘 먹었습니다.	식사하기 전후의 감사의 인사말
평안, 복, 건강을 기원하기	안녕하십니까? (건강하게) 오래오래 사세요. (새해) 복 많이 받으세요.	일상적인 인사말 어르신께 드리는 인사말 새해 인사말

"오늘은 날씨가 무척 쌀쌀하지요?"는 일상적인 대화에서 사용하거나 때로는 공식적인 자리에서도 자연스러움을 유도하기 위하여 쓰는 표현이기도 하다. 이처럼 날씨와 같이 누구에게나 자명한 공통의 지식을 확인하게끔 하여 인사 표현을 하기도 한다. 이와 같은 발상이 담긴 것을 이해하고 언표행위가 발화되었다는 사실을 알고 상황을 고려한 적합한 인사를 나눈다면 대화는 성공적으로 이끌 수 있다.

② 의례적인 인사의 친교적 기능

또한 화용의 측면에서, 의례적인 인사는 친교적 기능을 가지는 함축적 의

미를 지니고 있다. 만날 때 인사말에도 각별한 의미를 두기도 한다. 어떠한 발화 의도를 가지고 인사를 하느냐에 따라 함축적 의미를 담고 있어 친교적 기능을 하는 등 그 수반 행위는 효력이 크다.

상대의 안부나 건강을 표현하는 인사말은 언어 보편적이다.

다음은 친교적 기능의 인사이다.

[표 4] 친교적 기능의 인사 1

* 건강에 관한 표현의 인사말

발화 행위	발화 수반 행위
안녕하십니까?, 편히 주무셨습니까?	늘 만나는 사람의 관계에서 인사
잘 있었니?, 어떻게 지내십니까?	자주 만나는 관계가 아닌 경우의 인사

[표 5] 친교적 기능의 인사 2

* 상대가 한 일이나 하고 있는 일을 묻는 형식으로 된 인사말

발화 행위	발화 상황
편히 주무셨습니까?, 일어났니?	상대가 일어나는 때
아침 먹었니?	상대가 아침 먹을 때쯤
아침 드십니까?, 아침 먹니?	상대가 실제 아침을 먹고 있는 중

③ 언어 사용의 영역에 따른 인사말

모든 언어에는 상황에 따라 언어를 달리 사용하는 현상이 있고, 화자와 청자를 대변하는 여러 가지 언어 영역이 있다. 인사하기에 대한 언어 사용의 영역을 구분하면, 화용의 사회언어학적 이론에 따라 다음과 같이 제시된다.

아래와 같이 때에 맞는 정형화된 인사표현을 익혀두어 적합하게 사용하면 원만한 인간관계도 유지하게 된다. 이에 따른 바른 표현은 국립국어원의 『표준언어예절』(2012)에 자세히 수록되어 있으며 그 인사 표현에 대한 차례를 정리하면 다음과 같다.

① 가족들 사이에서와 같이 친밀한 경우의 인사표현

   아침 인사 / 저녁인사 / 만나고 헤어질 때 인사

② 격식을 갖출 장소 및 글에서의 의례적인 인사표현

   문상 인사말: 상중 / 문중에서: 인사할 때, 호칭, 사회적 관계 / 송년인사, 신년인

   사 –덕담, 연하장: / 특별한 생일(나이)의 이름 / 생일 축하의 말 / 결혼 / 출산 /

   정년 퇴임 / 문병 / 손님을 맞을 때의 인사말 / 손님을 보낼 때의 인사말 / 손님의

   인사말

③ 기타 상황 및 맥락에서의 말

   건배할 때의 말

• 가족들 사이에서와 같이 친밀한 경우의 인사표현

[표 6] 매일 만나는 사이의 때에 따른 다양한 인사

상황	발화행위	발화수반행위
아침·저녁으로 하는 인사말	'안녕하세요?'	- 아침·점심·저녁 시간에 상관없이 하는 인사, 처음 만나는 사이, 자주 만나는 사람 사이, 오랜만에 만나는 사이, 윗사람-아랫사람 등의 관계에 사용함. - 답변: '안녕하세요?'와 같이 다시 묻는 방식으로 인사에 답한다.
	'안녕'	- '안녕!'은 작별 인사로서 만남의 인사는 아닐진데 만날 때 인사로 사용하고 있다. - '좋은 아침!'은 직역어인데도 불구하고 흔한 인사말이 됨
	밤새 안녕하십니까/ 안녕히 주무셨습니까?/ 잘 잤니?	- 집안 어른, 손윗사람이나 손님과 한집에서 하는 아침 인사 - 동년배나 손아래사람에게 하는 아침 인사
	안녕히 주무세요/ 잘 자/잘 자라/ 잘 자거라	- 집안 어른, 손윗사람이나 손님과 한집에서 잠을 잘 때의 인사 - 동년배나 손아래사람에게 잠 잘 때의 인사

상황	발화행위	발화수반행위
식사 때를 전후해서 (식사 전인 경우)	진지 잡수셨습니까?/ 조반 잡수셨습니까?/ 점심 잡수셨습니까?/ 식사하셨어요?/ 조반 드셨어요?/ 요기는 하셨는지요?/ 점심 진지 드셨어요?/ 밥 먹었어?/ 아침 먹었어?/ 아침밥 먹었어?	- 식사 때를 전후하여 하는 인사. - 답변: 다시 묻는 방식으로 인사에 답하거나, 그런 답에 서로 식사 전이라는 것을 알게 되면 같이 식사 할 것을 제안함
일반적인 경우	'어디 가세요?'	- 의례적으로 묻는 인사 표현으로 굳이 답을 하여 'ㅇㅇ에 갑니다'로 구체적으로 대답하지 않아도 되는 것

　　미국 사람을 비롯한 서구 사람은 특히 남성은 개성을 존중하고, 동양 사람은 보통 가족이나 씨족 관계를 중시하는 경향이 있다. 한국 사람은 처음 만나는 사람에게도 이름이 무엇인지 물어보는 대화에서 특히, 어르신들은 어디 성씨인지 또는 본은 어디인지, 파는 어느 파냐, 몇 대손이냐, 부모님은 무엇을 하느냐, 자네 하는 일은 무엇인지까지도 질문을 하신다. 타문화를 가진 사람들과의 의사소통 상황에서는 납득할 수 없다거나 무례하다는 생각마저 들 수도 있다. 한국 사람들은 위와 같은 대화를 통하여 어르신들은 어른으로서의 처우를 바르게 한 대화를 한 것이라고 여기고, 아랫사람이나 화자의 입장에서는 자신의 가문이나 집안에 대한 대우를 받았다고 여기는 경향이 있다. 이렇게 서로 존중하고 배려하는 대화가 오갔다고 여긴다. 이러한 것을 시작으로 의사소통을 위한 관계 구도 잡기로 구체적인 소통을 할 수 있게 된다.

　　한국어 인사로 또래나 아랫사람 사이에서 "안녕?"이라고 인사를 주고받는다고 해서 할아버지나 할머니와 같은 어르신들 사이에서도 "안녕?"이라는 인사가 오가지는 않는다. "안녕하십니까?", "그간 안녕하셨는지요?", "동안 별고 없으셨는지요?" 등의 인사 표현을 한다.

식사 시간 즈음에 만나는 사람에게 인사를 하는 표현에는 '진지(/점심) 드셨습니까?', '식사 해야지?', '밥 먹으러 안 가니?' 이런 물음에 대한 대답이 기호적 해석으로 밥을 먹었는지 안 먹었는지가 궁금하여 묻는 것인지 화용적 의미를 가지고 발화한 것인지 알아 차려야 한다. 그리고 당연히 점심시간이니까 밥은 먹어야 하는데도 불구하고 '식사 해야지?'하고 당연한 사실을 묻는 것에 대해서도 왜 그런 표현으로 의례적인 인사를 하는지 한국어 학습자는 이해하기 어려울 것이다. 또 그냥 '밥 먹으러 가자'고 직설적으로 하면 될 것을 '밥 먹으로 안 가니?'라고 의문문의 형태로 물어보는 것 그리고 '안' 부정까지 사용해서 의문문으로 발화하는 간접화행은 그리 단순한 문제만은 아닐 것이다.

또한 오랜만에 만난 사람에게는 '언제 밥 한 번 먹읍시다.'로 만남에서 반가운 표현을 한다. 사실, 한국어 모어 청자에게도 화자의 진지한 의도를 알기에는 충분하지 않을 때가 있다. 그러나 상황 맥락에 의해서 그리고 심적 태도에 비추어 보아 화자의 의도를 파악하곤 한다. 이것이 한국어 학습자에게는 수첩을 꺼내어 만날 날짜와 장소 그리고 시간을 정하게 되는 오류를 발생시킬 요소가 된다. 화자의 의도를 파악하는 데 커다란 부담이 되는 것이 사실이다. 그렇지만 이러한 의문점은 한국 언어문화를 이해하고 화용론으로 풀면 충분히 해석이 가능해진다.

한국어는 다른 사람의 입장을 고려하여 배려하고 발화한다고 말한다. 이렇듯이 인사말에도 상대 중심 문화를 엿볼 수 있다. 우리는 몇 마디 안 되는 짧은 인사말 속에서도, 서로 신뢰하느냐 어느 정도 신뢰할 것이냐, 어느 정도 친숙한 관계를 가질 것이냐 등을 결정하여 대화의 분위기를 이끈다. 인사말은 이러한 친교적 기능을 담당하므로 인간관계에서도 중요한 역할을 한다.

한국어 인사말은 주로 상대의 일에 관해 묻는 형식이다.

• 격식을 갖출 장소 및 글에서의 의례적인 인사표현

한국인의 인사법은 예절을 엄격히 따진다. 인사는 어떠한 상황과 장소에서 하는지, 어떤 목적으로 하는지, 언제 하는지, 누구에게 하는지를 고려하여 적합하게 사용하여야 한다. 즉, 인사는 '사람이 마땅히 해야 할 일'을 뜻하므로 경사 때 인사말이든 애사 때 인사말이든 장면과 격식에 맞게 하여야 한다.

전화 인사는 다음과 같다.

'㉠ 전화를 받을 때의 말 ㉡ 전화를 걸 때의 말 ㉢ 전화를 끊을 때의 말 ㉣ 자기 자신을 직접 소개할 때의 말 ㉤ 중간에서 다른 사람을 소개할 때의 말'이 있다. 전화를 할 때에도 사회적 관계를 드러내는 인사말을 적절하게 사용하여 성공적인 대화를 이끌어야 한다.

전화 받는 말에 사람 이름으로 '○○입니다.'라고 말하지 않고 지역이나 동네 명으로 '○○동입니다.'라면서 전화를 받는다. 또 전화를 걸면서 먼저 말을 걸 때도 '거기 ○○동이지요?'라고 먼저 물은 후에 '○○ 좀 바꿔 주시겠습니까?'로 통화하고자 하는 사람을 찾는다. 이는 언어문화권이 다른 나라의 학습자에게는 의문을 가지고 익혀야 할 사항이다.

2) 호칭 · 지칭하기

다양한 관계의 사람들 사이에서 대화를 할 때 호칭과 지칭은 소통을 위한 중요한 기능이다. 호칭과 지칭으로 그 사람의 사회적 위치와 대화를 위한 상황과 맥락까지도 파악할 수 있는 요소로 작용한다.

호칭어는 이름 호칭어, 직함 호칭어, 친척 호칭어, 대명사 호칭어, 통칭적 호칭어로 나눌 수 있다. 사회언어학적 측면에서 고려할 때 이는 문화의 영향에 따른 언어 사용의 발상과 표현이 녹아 있는 부분이다. 따라서 이에 대한 연구는 필요하다.

외국인들에게 한국의 문화에 대해 얼마나 알고 있는지에 대해 질문하면 언어문화에 대한 보편적인 대답은 예절을 지켜야 하고 부르는 말과 가리키는 말이 다르다고 말한다. 이 대답은 한국 언어문화의 대표적인 예는 언어 예절과 관련된 경어법과 호칭어-지칭어가 속한다는 것이다. 예절이라고 하면 여러 곳에서 두루 쓰인다. 인사 예절만 살펴보더라도 가정이나 이웃 또는 직장에서 그리고 상황에 맞는 적절한 인사말을 구사할 때 예절을 지켜야 한다고 알고 있다. 부르는 말에서도 가정, 이웃, 직장에서 서로 다르게 호칭하여야 한다.

이러한 흐름에서 언어문화 내용을 제시하면 아래와 같다.

[표 7] 결혼한 40대 중년 여성에 대한 호칭의 경우

가족이나 친척, 친지 간〉 에미야/어멈아/애야(←시어머니, 시아버지), 엄마/어머니(←자녀), 여보/자기(야)(←남편), 언니(←아가씨), 제수씨(←시아주버니), 동서(←동서 간), 고모(←오빠나 남동생 조카), 이모(←언니나 여동생 조카), 언니(←여동생), 누나(←남동생) 등 회사에서〉 ○선생(님), ○○○선생님, ○○○과장님(/직함에 따라), ○과장님(/직함에 따라) 동년배나 선후배 간〉 ○○야, 야, ○○엄마, ○○선배(님), 언니 등 낯선 사람〉 아주머니, 아줌마, 언니, 저기/여기(요), 자네 등 기타 사회적 관계〉 ○○씨, ○○○어머니, ○○○씨(팀장 등) 부인 등

(1) 사회적 관계에서 호칭 · 지칭하기

이충우(2010)에서는 호칭과 지칭하는 말에 대한 부분을 다음과 같이 (1)성별, 계급과 직함 (2)직업을 나타내는 말 (3)동기(同氣)를 나타내는 말을 제시하고 있다.

성별, 계급과 직함과 관련된 호칭, 지칭은 발상과 표현이 관련된다. ○○○

씨보다는 ㅇㅇㅇ선생님이 존칭인 것처럼 여기고, 과장님, ㅇㅇㅇ선생님, ㅇ과장님, ㅇ과장의 순으로 역 존칭으로 인정되는 것처럼 여긴다. 국어 교육에서 이러한 호칭, 지칭의 문제가 왜 중요한가를 수직적 문화, 직함을 중요하게 생각하던 입신양명 사상의 문화에서 온 것이라고 말할 수도 있을 것이다. 이러한 언어의 사용에 대한 연구는 더 깊이 이루어져야 하겠지만 바로 이러한 언어에 나타나는 문화의 영향에 따른 언어 사용의 발상과 표현 관련 연구는 필요한 것이다.

동기(同氣)를 나타내는 말에 대하여는, 문화가 언어에 나타난 언어문화의 대표적인 예는 친척 명칭에서 찾아볼 수 있다. '동기'를 나타내는 말의 예로 대부분의 사람들은 영어는 남녀를 구분하는 'brother, sister'로, 국어는 남녀·연령을 나타내는 '형제자매'로 나타낸다고 한다. 그러나 우리는 형제자매를 통칭하는 '동기'가 있고 남녀 구별 없이 '언니'와 '아우'를 사용하였다. 따라서 우리나라의 동기 호칭에서 손위 동기를 부르는 말로 사용하는 '언니'를 대부분의 사람들은 '언니'가 동생인 여성이 손위의 여성을 호칭하거나 지칭할 때 사용하는 여성에게만 해당하는 것으로 혼동한다. 이 이유를 한자어가 고유어보다 경어에 해당한다고 여기는 발상에서 온 것으로 풀이할 수 있을 것이다. 여성들도 나이가 들었을 경우 '언니, 아우'가 아닌 '형님, 동생'으로 호칭하거나 지칭하기 때문이다. 처형, 처제, 형부, 매제의 경우, 여성 동서끼리 '형님, 동생'이라고 하는 경우에서 '형제'가 남성에게만 사용하는 명칭이 아님을 알 수 있다(이충우, 2010: 399).[7]

(2) 호칭어 '당신'

한국어교육에서 2인칭 '당신'과 '댁'에 관한 호칭은 상황을 고려하여 학습

---

7) 언니: 형(兄(형))'을 친근하게 부르는 말(한글학회, 1965, 새한글사전, 정양사/홍자출판사/이희승, 1961, 국어대사전, 민중서관)

하여야 할 대상이다.

수평적인 사회구조에서의 호칭어는 이름으로 호칭어를 대신할 수 있으니 일부분을 제외하고는 호칭어를 선택하는 일이 그다지 어려움이 없을 것이다. 그러나 한국어와 같은 수직적인 사회구조를 지닌 경우는 대인관계를 고려한 적절한 호칭어와 지칭어를 사용하여야 하며 그것은 다른 언어와 차별성을 지니는 특수한 현상이라 할 수 있다.

'당신'은 3인칭 대명사로 '해라'체로 상대할 대상을 지칭하다가 극존칭으로 지칭하기도 하고 2인칭 대명사의 기능을 하기도 하며, 친근한 사이에서 상대방을 대우하여 부르기도 하고 친근하지 않은 사이에서 상대방을 공식적으로 지칭하기도 하여 그 기능이 일관적이지 못하다. 최근에는 2인칭 대명사로 너, 자기, 자네 등이 빈번히 활용되어 당신은 특정한 상황에서의 의도적 표현으로 사용하는 경우가 잦다. 영어권 학습자나 중국어권 학습자들은 2인칭의 대응표현을 굳이 사용하려한다. 특히 중국인 학습자는 2인칭 대명사로 '당신'을 사용하는 경우가 빈번하며 그 쓰임에서 문장 중 생략되어야 할 부분에 '당신'을 사용하거나, 부적절한 호칭어의 대용어로 적용하는 사례가 있어 화용적 실패를 가져오는 경우가 많다. 또한 호칭어와 지칭어를 사회언어학적으로 접근하면 당신도 너, 자기, 자네 등에 대해서도 연계하여 활용 방법을 규명할 수 있으므로 이에 대한 개별적인 화용 지식이 학습자에게 교육한다면 효율적인 학습 효과를 누릴 수 있을 것이다. 더불어 2인칭 대명사 전체를 다루는 연구가 필요하다.

(3) 낯선 사람과의 관계에서의 호칭어

최근에는 언어가 사용되는 현실을 반영하여 실제성을 기하려는 노력이 보인다. 하지만 교재의 지문에서 대화로 제공하는 것에 그치고 있어, 그에 따른 화용적 지식을 제시하지 못하고 있다. 따라서 초급 단계에서 낯선 사람과의 관계에서 부르는 것으로 '실례합니다', '여보세요' 이외에도 '저기요, 여기요, 있잖아요'와 같이 널리 쓰이는 호칭도 제시하고 그에 따른 구체적인 화용적 지식을 제공해 주어야 한다. 또한 낯선 사람과의 관계에 대한 호칭에 해당될 수 있는 가족이나 친척 호칭이 사회에서 쓰이는 '아버님, 어머님, 아줌마, 아저씨, 아가씨, 언니, 누나 등'의 호칭에 대해서도 화용적 지식과 아울러 교실 환경에서 제공하여야 한다.

(4) 직장에서 전화로 자기를 밝힐 때 하는 말

[표 8] 직장에서의 전화하기 지칭

상사가 아래 직원에게	사장입니다. 총무부 ○부장입니다.
아래 직원이 상사에게	총무부장입니다. / 총무부 ○부장입니다. 총무부장 ○○○입니다. / 총무부 ○○○입니다.
다른 회사 사람에게	○○[회사명] 상무이사입니다. / 총무부 ○부장입니다. / 총무부장 ○○○입니다. / 총무부 ○○○입니다.

국립국어원(2011), 표준언어예절, 국립국어원

전화로 의사소통을 할 때는 대화하는 사람들 사이에서 몸짓이나 표정과 같은 비언어적 의사사통을 수반하여 대화를 이끌지 못한다. 따라서 자기 신분을 밝히는 등의 소통을 위한 맥락적 요소를 분명히 드러내야 한다. 전화에서 지칭을 사용하여 자신의 신분을 밝혀 사회적 관계에서의 소통을 원활히 할 수 있다.

(5) 기타

한국어 호칭에는 흥미로운 부분이 많고 그 부르는 말의 의미를 곰곰이 살펴보면 이보다 명쾌한 해석이 어디 있겠는가하여 참으로 과학적이라는 생각에 저절로 감탄하게 된다. 그럼, 한국어 호칭어에는 어떠한 언어문화가 담겨있는지 엿보기로 하자.

'너다리댁 어여 와요.' 시댁에 큰일을 치러야 할 때면 어김없이 열일을 젖혀놓고 달려오시는 분이 계신데 그분은 바로 시어머니께서 부르시는 '너다리댁'이시다. 여기서 '너다리'란 너다리(널다리) 마을을 뜻한다. 호칭으로 마을이름이나 지명에 댁을 붙인 후 사용하는데 이러한 것은 그 사람을 알아볼 수있게 하는 참 명쾌한 부분이다. 또한 명절에 다들 모여 즐거운 시간을 보낼때 감기에 걸려 기침이라도 하면 시어머니께서는 손주와 며느리를 지극히 사랑한 나머지 '어디 감기가, 배다리 이 통천 댁으로 가거라.'라며 감기를 쫓아내어 주신다. 물론 그 댁과 우리 집은 차로도 20분은 걸리는 거리이고 300년이 넘는 시대의 공간적 거리로 봐서도 감기를 옮길 리는 없다. 이때의 '배다리[8] 이 통천 댁'은 배다리를 놓아야 건너갈 수 있는 선교장[9] 댁을 말한다. 이때에도 앞서 설명한 바와 같이 '이'는 이 씨 집안을 이르며 '통천'은 통천지역을 말한다. 지칭으로 마을이름이나 지명에 댁을 붙인 후 사용하는 경우가 있다.

3) 경어법

경어법은 대우법, 존대법, 겸양법, 높임법, 화계(話階, speech level) 등으로불린다. 경어법은 한국어에 나타나는 특수한 현상이기 때문에 외국어로서의

---

8) '배다리'는 국립국어원 표준국어대사전에 따르면 다음과 같다.
「1」작은 배를 한 줄로 여러 척 띄워 놓고 그 위에 널판을 건너질러 깐 다리. 늑선교03(船橋)
「1」・선창06(船艙)「2」・주교02(舟橋)・주량01(舟梁)「1」.
「2」교각을 세우지 않고 널판을 걸쳐 놓은 나무다리.
9) '선교장'은 두산백과에 따르면 다음과 같다.
강원도 강릉시 운정동. 강릉 지방의 명문인 이내번(李乃蕃)이 처음으로 살기 시작하여 대대로 후손들이 거처하는 집. 중요민속자료 제5호.

한국어학습자에게는 매우 중요하다. 경어법을 자신의 모어와 비교하기 어렵기 때문이다. 그러나 모든 언어에는 상대에 따라 정중하게 표현하는 방법이 있고, 한국어의 경어법처럼은 아니더라도 표현의 층위가 존재한다. 외국어로서의 한국어 학습자가 한국인을 만나 대화할 때 경어법을 잘 사용하지 못하면, 외국인이라서 한국어능력이 부족하다고 상대방이 생각하고 언짢아하지는 않을 수 있지만, 경어법을 적절히 사용하는 외국인을 만나는 한국인은 그에게 호감을 가질 수 있고, 한국어능력을 높이 평가할 것이다.

한국어 경어법에는 '존경법'과 '공손법'이 있으며 이는 잘 발달되어 있다. 경어법을 사용하기 위해서는 한국의 가족과 사회에서의 문화적 배경을 이해할 수 있어야 한다. 즉, 한국어 경어법에는 장유유서의 문화[10]와 수직적 인간관계의 구도가 보편화되어 작용하고 있다는 것이다. 한국에는 '장유유서' 문화가 있다. 장유유서란 유학에서 사람이 지켜야 할 다섯 가지 도리인 오륜 중의 하나로 어른과 아이 사이의 도리는 엄격한 차례가 있고 복종해야 할 질서가 있음을 말한다. 하여 이러한 도리는 언어 사용에도 작용한다.

또한 한국에는 수직적 인간관계가 보편화되어 있다. 서양문화권에서는 개인주의적이고 수평적 인간관계가 대부분이지만 동양문화권에서는 집단주의적이고 수직적 인간관계를 지니고 있다. 수직적 인간관계는 한국의 가족관계 구도나 사회적 관계에서 주로 나타나는데, 한국어 경어법에도 적용되고 있다. 물론 현대에는 가족 평등을 지향하고 회사에서도 직함에 대한 호칭을 파기하는 등 수평적 인간관계를 지향하고 있으나 언어를 구사하는 부분에서는 전통적 방식이 지배적이라고 할 수 있다. 한국어 경어법을 사용하는 데 있어서 장유유서를 이해하고 수직적 인간관계를 고려하여야 하는 것은 높임의 대상을 파악하는 데 핵심적이다.

---

10) 나이를 중시하는 문화를 나타내는 '젓갈도 선후배가 있다.'나 '오뉴월 하룻볕이 얼마냐?'와 같은 표현에서 우리 국어는 장유유서를 중요시하는 문화를 엿볼 수 있는데 이렇게 문화가 언어에 나타난 언어문화의 대표적인 예는 친척 명칭에서 찾아 볼 수 있다(이충우, 2010:399).

남을 높여서 말할 때, 높여야 할 대상이나 낮춰야 할 대상이 분명하게 드러
난다면 높임법을 사용할 때 주저함이 없을 것이다. 높임법의 표기를 높임이
나 낮춤의 대상이 드러나도록 분류한 것으로 이해하여 주체높임법(주체존대
법), 상대높임법(상대존대법)으로 또는 필요에 따라서 객체높임법(객체존대
법), 자기낮춤법이라는 용어를 써서 나타내면 이해가 빠를 것이다.

같은 사람이라 하더라도 공적인 상황과 사적인 상황에서 사용하는 어휘에
차이를 보이며, 격식체와 비격식체로 이야기를 할 때 사용하는 어휘가 다르
다. 또 화자와 청자의 여러 가지 관계를 고려하여 어휘를 선택하게 된다. 이
러한 화용상의 특징에 대한 정보는 발화 상황에 대한 구체적인 정보가 필요
없는 문어와 달리 구어에서는 발화 상대나 발화 상황에 대한 이해를 높일 수
있도록 도와준다. 그러므로 이러한 화자와 청자의 관계나 나이, 성별, 지위,
문맥 상황 등에 대한 화용론적인 정보는 의사소통에서 고려해야 할 사항이
다. 교재에서는 본문을 제시할 때 함께 제공되어야 할 중요한 정보라 하겠다.

어느 언어에나 언어예절에는 공손법(politeness)이 따르기 마련이다. 공손법
은 간접화법으로 공손성이나 정중성을 나타낼 수도 있으며, 그중에서 경어법
이 공손법의 가장 큰 언어 장치가 되고 있다.

① 상대높임법

상대높임법은 말하는 이가 특정한 종결어미를 씀으로써 말 듣는 이를 높이
거나 낮추어 말하는 법을 말한다. 의례적으로 말할 때는 나이나 직업, 직위,
항렬이 경어의 우선 순위로 작용한다. 이에 따라 학자들마다 견해가 다르기
는 하지만, 보편적으로 종결어미에 쓰이는 높임의 정도도 아주높임, 예사높
임, 예사낮춤, 아주낮춤으로 등급이 있다.

그러나 동일한 화자와 청자 사이에 이루어지는 대화에서도 등급의 결정이
동일하지 않을 때도 있다. "출장 다녀오셨습니까?, 일은 성사가 잘되셨나요?,
원래 능력이 좋으시지?"의 예가 그러하다. 아마 화자가 청자보다 사회적 지

위가 높은 경우이고 화자의 나이가 청자보다 많거나 같은 경우에 하는 대화로 파악된다. 따라서 맥락이 좌우하는 화용적 지식이 요구되는 의사소통 상황이다.

② 친소관계

상대적 높임법에는 특정 인물에게 개인의 의식이 반영되어 듣는 이를 높이는 기능이 있다. 공식적인 환경이나 격식을 갖추어야 할 환경에서는 아무리 가까운 사이라도 경어를 사용해야 하지만 비격식적인 환경에서는 친한 경우 경어법을 지위, 나이 등에 구애받지 않으면서 친구처럼 평교간의 언어를 사용한다. 또한 친한 사람이 아닌 경우는 상대방을 고려하여 나이가 젊거나 지위가 낮은 상대라도 경어를 사용한다.

③ 의사소통 상황

경어법을 사용할 때도 의사소통 상황을 고려하여야 한다. 대화 장면이 공식적인 자리인지 비공식적인 자리인지, 대화의 맥락이 공손한 태도를 드러내야 하는지 낮춤의 표현을 하여야 하는지를 고려하여 격식을 갖추어야 할 때와 그렇지 않을 때를 파악하여 경어를 사용하여야 한다. 이러한 상황에서는 상대높임법의 등급이 변함없이 적용되는 것만은 아니다.

신문이나 잡지 혹은 소설에서는 중립체를 사용하고, 신문 사설이나 구호(口號)에서는 하라체를 사용한다. 이때의 하라의 명령형은 높임과 낮춤이 중화된 뜻으로 '해라, 먹어라, 보아라, …'가 아닌 '하라, 먹으라, 보라, …'이다. 이외에도 광고문에 쓰이는 하라체와 합쇼체의 혼합으로 쓰여 '-시라'의 형태가 있다.

④ 성인 간의 관계

성인에게는 경어법을 사용하여야 한다. 성인 사이에 대화할 때는 대화 상대자가 나이 어린 성인이라도 보편적으로 경어를 사용한다. 그러나 상대방이 아랫사람에 속하는 가족인 경우, 군대 조직과 같은 계급 조직에서 상급자가 하급자에게 공식적으로 말하는 경우, 친한 후배에게 사적으로 말하는 경우 등은 경어를 사용하지 않는다. 특히 군대에서 격식적인 상황에서 반말을 할 수 있는 경우가 비격식적인 대화에서는 존대를 쓸 수도 있는 상황이 된다. 즉, 하급자가 성인인 경우 공식적인 자리에서는 경어를 사용하지 않다가, 비공식적인 경우가 되면 상대인 하급자를 성인으로 대우하여 경어를 사용하는 것이다.

5. 정리

본 연구는 한국어 학습자에게 한국 언어문화능력을 신장시키기 위한 화용 항목을 선정하고 그 내용을 기술하는 것을 목적으로 한다. 즉, 한국어 의사소통 능력을 신장시키기 위해 한국어교육에 필요한 한국 언어문화교육 내용 중에서 화용 항목을 선정하고 이를 체계적으로 교육할 내용을 기술한 것이 연구의 주된 내용이다. 한국 언어문화를 교육하는 데 필요한 내용은 여러 가지가 있지만 본 연구에서는 그 중에서도 한국인의 문화적 발상이 투영된 화용을 교수하여야 한다는 입장이다.

이를 한국어교육에 활용하면 한국어를 보다 효과적으로 교수하고 학습할 수 있으므로 본 연구 결과는 한국어교육의 교수·학습 자료로서 활용 가치가 있다. 또한 한국 언어문화교육에 대한 연구로서 언어문화에 대한 이해를 돕고, 한국 언어문화 연구에 기초 자료로 활용된다. 특히 한국어 화용론을 기술하고 그 화용 항목의 체계화에 활용할 수 있다. 그리고 한국어교육뿐만 아니라 국어교육에서도 활용할 수 있다. 국어교육에서 화용론의 문제, 언어문화

교육의 문제를 연구하는 기반 자료로 활용할 수 있으며, 특히 국어 표현 교육에 참고 자료가 될 수 있다. 이와 같은 이유로 본 연구의 결과가 국어교육, 외국어로서의 한국어교육, 기타 언어교육의 연구 자료로 활용될 수 있기를 기대한다.

그러나 본 연구의 의도를 충분히 도출하기에는 제한점이 따른다. 먼저 언어문화의 특성 상 언어문화 내용으로서의 화용 항목을 극히 일부만을 예로 기술하였다. 다음으로, 화용 항목은 매우 포괄적인 것이므로 전체적인 부분을 범주화하고 세부 내용의 모형을 제시하는 데 그쳤다. 또한 본 연구의 교육 내용을 한국어교육의 교실 현장에 직접 적용하여 현장실습을 통한 수업을 이끈 결과를 실증적으로 제시하지 못하였으며, 모든 연구 내용이 계량적으로 기술되지 못하였다. 이는 해당 연구의 과제와 발전 가능성을 동시에 안고 있는 것으로 보고 연구자가 앞으로 해당 분야를 더한층 깊이 연구하여 발전시켜 나가기를 바란다.

5장

한국어 어휘교육을 위한 등급별 다의어 의미항목 선정
-신체관련 다의명사 '눈'을 중심으로-

윤혜경
....

1. 도입

어휘교육은 학습자의 어휘력을 신장시키기 위한 교육으로서, 교육의 내용·목표가 되는 어휘를 교수·학습하는 것이다. 어휘력은 어휘에 대한 총체적인 지식으로서 형태와 의미, 용법에 관한 지식, 정확하고 적절하게 사용하는 능력 등을 말한다. 어휘력은 양적능력과 질적능력으로 이루어지는데, 질적능력은 다시 어휘소의 의미에 대한 이해와 어휘소 사이의 연관성에 대한 이해[1]로

---

[1] 김광해(2003a)에서 어휘소는 어휘론의 연구대상이 되는 어휘를 형성하고 있는 하나하나의 요소를 말하는데, '최소의 유의미적 단위로서 정의 내리기 힘든 단어'보다는 분명하고 형태소와는 다른 개념으로 사용된다고 하였다. 어휘력이란 '단어들의 집합인 어휘를 이해하거나 구사하는 일에 관한 언어사용자의 능력'이며, 어휘력을 표리(表裏) 관계를 이루는 '양적 능력'과 '질적 능력'으로 나눠 설명하고 있다. 김광해에 의한 어휘력의 구조는 다음과 같다.
  (1) 양적 능력 : 어휘량
  (2) 질적 능력
    가. 어휘소의 의미에 대한 이해
      가) 단일 어휘소의 의미(단어의 의미, 다의)
      나) 관용적 어휘소의 의미(숙어, 속담, 사자성어 등)
      다) 단어의 다의성에 대한 이해

이루어진다. 한국어교육에서 진정한 의미의 어휘력이란 한국어교육의 목적을 실현할 수 있는 것으로 '한국사회의 언어와 문화를 수용하여 정확하고 유창한 의사소통과 정보전달 기능을 수행하는 능력 함양[2]'에 부합하는 것이어야 한다. 진정한 의미의 어휘력을 갖추기 위해서 어휘의 양적능력과 함께 질적능력을 신장시켜야 하고, 그러기 위해서는 체계적인 어휘교육이 필요하다. 외국인 학습자를 위한 한국어의 체계적인 어휘교육은 등급별 어휘교육의 목표에 따라 학습자의 어휘발달 수준에 맞게 교육용 어휘를 선정하고, 이를 반영한 교육과정의 설계와 교재의 편찬, 어휘지도에 관한 다양한 방법의 개발에 의해 이루어질 것이다.

그러나 최근 새로 개정된 한국어 교재의 내용을 보면 어휘영역이 따로 구분되어 있지 않거나 어휘영역이 구분되어 있더라도 교재가 문법과 기능 위주로 구성되어 있기 때문에 질적 어휘력을 향상시킬 수 있는 어휘들 간의 의미관계는 그다지 긴밀하게 제시하지 못하였다. 특히 다의어의 경우 의미확장 순서나 의미항목 사용빈도, 학습자의 어휘발달 수준 등에 대한 별다른 고민 없이 다루어져 체계적, 효율적, 단계적으로 제시하지 못하고 있다.

새로운 의미에 모든 어휘를 새로 만들 수 없기 때문에 다의어의 역할은 매우 중요하다고 하겠다. 특히 외국인 학습자를 대상으로 하는 한국어교육에서 어려운 새 어휘를 가르치는 것보다 다양한 다의어의 쓰임을 가르치는 것이 오히려 학습에 효과적이라고 할 수 있다. 이충우(1997)는 한국어교육에서 기본어휘 학습에 관하여 언급하고 있는데 기본어휘의 경우 다의적인 성격을 갖는 경우가 많아 다양한 의미와 용법을 알기 위해서는 고급단계에서도 기본어휘의 교육이 필요하다고 하였다. 초급에서 제시되었던 어휘일지라도 중급이

나. 어휘소 사이의 연관성에 대한 이해
　　가) 유의·반의 관계
　　나) 공기 관계
2) 김영미(2006: 29)에서 인용함.

나 고급단계에서 의미확장이 이루어진다면 그 어휘의 정보를 밝혀서 학습자들이 각 어휘가 가지는 다양한 의미를 어떻게 사용하는지 알 수 있도록 하여 좀 더 자연스러운 한국어를 구사할 수 있도록 해야 한다.

그러기 위해서 한국어 어휘교육은 다른 언어영역을 지도하는 데 필요한 어휘로서의 간접적 어휘교육이 아니라 어휘 자체를 교육하기 위해 문법과 기능을 활용하는 직접적 어휘교육이 이루어져야 한다. 특히 중급 이상부터 본격적으로 다루어야 할 다의어교육은 어휘의 교육과정 설계에서부터 개별단어에 대한 체계적인 다의어 지도전략이 있어야 할 것이다. 또한 그 구체적인 지침이 교육과정 상에 단계적으로 명시되어야 하며, 그에 따른 교재가 편찬되어 정규 수업 시간 내에 직접 다의어교육을 할 수 있는 시간이 배정되어야 한다.

그러나 그 이전에 선결해야 할 문제는 '단계에 따라 어떤 다의어의 어느 의미부터 가르칠 것인가'이다. 이를 해결하기 위하여 먼저 다의어교육에 필요한 교육용 다의어를 선정하고, 개별 다의어에 대한 구체적인 연구가 있어야 하며, 그 연구의 성과에 의해 등급별 어휘교육 목표에 부합하는 등급별 다의어 의미항목을 선정하는 등의 구체적인 노력이 필요할 것이다.

본 연구는 이러한 문제점을 해결하기 위한 일환으로, 외국인 학습자를 대상으로 한 한국어 다의어교육의 한 방안으로 등급별 다의어 의미항목의 선정기준을 제시하고 등급별 다의어 의미항목을 선정하여 체계적, 효율적, 단계적인 다의어교육을 위한 실제적인 모습을 보임으로써 다의어교육의 교육과정 설계나 교재편찬 및 효과적인 다의어교육 방법에 도움을 주고, 외국인 학습자들의 질적 어휘력을 향상시켜 보다 자연스럽고 원활한 의사소통의 능력을 기르는데 그 목적이 있다.

이를 위하여 먼저 2장에서는 다의어의 의미확장이 어떻게 이루어지고 있는지 알아보고, 3장에서는 효율적인 다의어교육이 되기 위하여 '눈'의 사용빈도를 살펴 의미확장 순서와 사용빈도 순위가 일치하는지 알아보고, 효율성이 큰 '눈'의 의미항목은 무엇인지 알아본다. 4장에서는 위의 논의와 조사 결과를 토대로 외국인 학습자를 대상으로 하는 한국어교육에서의 등급별 다의어 '눈'의 의미항목 선정기준을 제시하여 등급별 다의어 '눈'의 의미를 범주화하고, 등급별 다의어 '눈'의 의미항목을 선정할 것이다. 그리고 이를 반영한 다의어교육 방법이 개발되어야 함을 전제로 다의어교육과 관련한 교육과정의 설계, 교재편찬, 다의어 지도 순서에 대해 본 연구자의 견해를 제시해 보고자 한다.

이에 본 연구에서는 외국인 학습자를 위한 한국어교육에서의 질적 어휘력을 신장시키기 위해 직접적 어휘교육의 한 방안으로 다의어를 교육함에 있어, 한국어교육을 위한 초급 수준의 기초어휘에 속하는 것으로 사용빈도가 높고, 의미확장 범위가 넓으며, 실제 언어생활에서의 활용 가능성이 큰 신체 관련 다의명사 '눈'을 연구대상 어휘로 선정한다. 또한, 사용빈도 분석을 위하여 문어자료는 서상규(2014) 「한국어기본어휘의미빈도사전」, 구어자료는 조지연(2004)의 <영화 시나리오>3)를 기반자료로 사용활용하고자 한다.

2. 다의어의 의미확장

일반적으로 다의성이 큰 어휘는 기초어휘이면서 사용빈도가 높은 기본어휘들이 많다.4) 본 연구에서는 외국인 학습자를 위한 한국어교육에서의 질적

---

3) 조지연(2004)의 2000년부터 2004년까지 4년 동안의 연간 흥행기록 1위에서 10위를 기록한 영화 시나리오를 말한다. 본 논문의 23쪽 참조.

4) 이충우(1992)는 '어휘는 의미를 지니고 있는 어근, 접사와 어미, 단어 등이 다 해당되는 것으로 의미를 지니고 있는 전체 어휘소의 집합을 나타내는 말이다'라고 하면서 어휘를 어휘교육과 관련하여 기초어휘, 기본어휘, 학습용 기본어휘, 교육용 어휘로 나누고 있다. 그 내용은 다음과 같다.

(1) 기초어휘: 사용빈도보다는 한정된 소수의 어휘자료(어휘소)에 의해서 가장 기본이 되는 일상생활 각 영역에서의 필요가 충족될 수 있도록 계획적으로 선정된 것으로 이것만으로 하나의 체계를 형성할 수 있도록 선정한다는 점에서 기본어휘와 다르다.

(2) 기본어휘: 일상생활에서 가장 일반적으로 사용하고 사용빈도가 높은 어휘 가운데는 모든 사람에게 공통 되는 것이 상당수 있다. 이 공통어휘 중, 그 사회의 구성원으로서 정상적인 기본생활을

어휘력을 신장시키기 위해 직접적 어휘교육의 한 방안으로 다의어를 교육함에 있어 한국어교육을 위한 초급수준의 기초어휘에 속하는 것으로 사용빈도가 높고, 의미확장 범위가 넓으며, 실제 언어생활에서의 활용 가능성이 큰 신체 관련 다의명사 '눈'을 연구대상 어휘로 선정하였다. '눈'을 선정한 이유는 첫째, 신체관련 어휘는 사람의 몸을 구성하는 신체기관의 명칭으로 다른 어휘보다 일찍 습득하게 되며, 잘 변하지 않는 특성을 지닌 기초어휘이기 때문이다. 둘째, '눈'은 사용빈도가 가장 높고, 의미확장 범위도 넓기 때문이다. 서상규(2000)5)에서 제시한 신체관련 외부 어휘의 빈도순위를 살펴보면 다음과 같다.

[표 1] 신체관련 다의명사의 빈도순위

빈도순위	어휘수	빈도수	사용률
9	귀	189	0.0101%
1	눈	1127	0.0605%
7	다리	316	0.0170%
4	머리	604	0.0324%
10	목	144	0.0077%
8	발	237	0.0127%
5	배	548	0.0294%
3	손	982	0.0527%
11	어깨	140	0.0075%
2	얼굴	983	0.0528%

하는 데 필요하다고 간주되는 것을 말한다.
(3) 학습용 기본어휘: 기본어휘를 일상생활 기본어휘라 볼 때, 학습에 필요한 어휘를 말한다.
(4) 교육용 어휘: 학습의 내용·목표가 되는 어휘. 학습용 기본어휘보다 좀더 폭이 넓다.
5) 서상규(2000)의 〈한국어교육 기초어휘 의미빈도 사전의 개발〉 사업 보고서는 한국어 세계화 추진을 위한 기반 구축 사업의 일환으로 개발 중인 과제로 "한국어교육 기초어휘" 1,087개를 「연세한국어사전」(1998)의 의미항목 의미풀이를 기준 삼아, 어휘의 의미 각각의 '실제 쓰임'을 통계적으로 분석한 자료이다. 이 빈도는 한국어교육용 말뭉치 100만 어절을 분석하여 추출된 것이다.

빈도순위	어휘수	빈도수	사용률
6	입	478	0.0257%
12	팔	131	0.0070%

셋째, 다의명사는 다의동사에 비해 다의적 성질이 적으며 형태가 안정적이어서 각 의미항목의 사전적 풀이를 분석하고, 의미확장을 고려하여 범주화하기가 용이하기 때문이다.

이 장에서는 신체관련 다의명사 '눈'을 중심으로 다의어의 의미확장이 어떻게 이루어지는지 살피고자 한다. 그러기 위해서 먼저 다의어의 개념과 사전에서의 '눈'의 풀이를 알아보고, '눈'의 의미확장에 대해서 살펴보며, 각 의미항목별 사용빈도를 분석해 보고자 한다.

가. 다의어의 개념

다의어의 개념을 규정하기 위해서는 단의어와 동음이의어와의 관계를 명확히 할 필요가 있다. 다의어와 동음이의어는 일반적으로 의미의 관련성이나 의미핵의 존재 여부로 구분한다지만 다의어와 동음이의어를 구분하는 것은 매우 모호하고 주관적이기까지 하다. 이에 본 연구자는 다의의 개념규정에 대한 문제점을 밝혀 다의어를 단의어와 동음이의어를 구분해 보고자 한다. 먼저 다의의 개념에 대한 논의를 간략히 살펴보면 다음과 같다.[6]

첫째, 다의를 하나의 낱말이 둘 이상의 의미를 갖는 것으로 보는 견해이다.[7] 이러한 개념규정은 Bréal(1887), Ullmann (1957, 1962)의 다의의 개념규정에서 크게 벗어나지 않는다. 이를 좀 더 자세하게 나타내면 하나의 동일한

---

6) 배도용(2001)에서 인용함.

7) 이희승(1955), 이숭녕(1962), 이을환, 이용주(1964), 심재기 외(1984), 박지홍(1987) ,박영순(1996) 등 참조.

낱말형식이 둘 이상의 여러 의미를 갖는 것으로 그림으로 나타내면 다음과
같다.

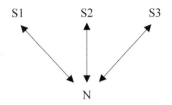

(단, N=name, S=sense, 화살표는 그 관계가 상호적이고 가역적임을 나타낸다.)

위의 그림에서 N과 S사이의 관계가 두 개의 다른 형식 곧 다의와 동음이의
를 취할 수 있음을 가리킨다. 따라서 위의 개념규정은 다의와 동음이의를 모
두 가리킬 수 있다는 점에서 모호하다.

둘째, 다의를 한 소리에 분명히 다르면서, 그러나 분명히 관련이 있는, 둘
이상의 뜻이 맞붙어 있는 것으로 보는 견해이다.[8] 이것은 두 가지로 생각할
수 있다. 하나는 같은 한 소리에 분명히 다르면서 둘 이상의 뜻이 맞붙어 있는
것으로 보는 것과 다른 하나는 같은 한 소리에 분명히 관련이 있는 둘 이상의
뜻이 맞붙어 있는 것으로 보는 것이다. 앞의 것은 동음이의이고 뒤의 것은 다
의를 가리킨다. 하나의 개념 안에 두 가지 개념이 섞여 있음을 알 수 있다.

셋째, 다의를 하나의 낱말이 둘 이상의, 다르면서 어원적으로 관련 있는 의
미를 가지는 것으로 보는 견해이다.[9] 이것은 다의의 범위에 동음이의를 제외
하고 있음을 분명히 하고 있으나 어원적 관련성은 배제하고 있지 않음을 알
수 있다. 다의는 공시적인 현상의 연구에 해당하므로 통시적인 고려는 배제
되어야 한다고 할 때, 이러한 개념규정은 공시적인 현상의 연구에서 벗어나
는 문제점을 안고 있다.

---

8) 허 웅(1968, 1992) 참조.

9) 천시권·김종택(1971) 참조.

넷째, 다의를 하나의 어휘항목이 둘 이상의 관련된 의의를 지닌 것으로 보는 견해이다.10) 어휘를 여러 낱말이 모인 낱말의 무리로 볼 때, 하나의 낱말에 지나지 않는 다의어를 하나의 어휘항목으로 나타내는 것은 적절하지 못한 표현이다.

이에 배도용(2001)은 기존의 다의의 정의에 대한 문제점을 밝히고, 다의는 의미 사이에 관련성이 있을 때 성립되며, 다의는 하나의 낱말이 일련의 관련된 여러 의미를 가진 것11)이라고 정의내리고 있다. 이것은 여러 의미가 갖는다는 점에서 단의와 구별되고 여러 의미가 서로 관련된다는 점에서 동음이의와 구별된다고 하였다. 또한 다의어를 중심의미에서 주변의미로 나누었다. 중심의미는 인지적으로 원형적이고 논리적으로 지시물의 근원을 이루는 실체적인 것이며, 문맥적으로 제약을 받지 않는 의미이다. 이와 달리 주변의미는 인지적으로 비원형적이고 논리적으로 표상적인 것이며, 문맥적으로 제약이 따르는 의미이다. 본 연구는 배도용(2001)의 개념을 받아들여 본고의 대상 낱말인 '눈'에 적용하여 단의어와 동음이의어를 구별하였다.12)

(1) 아들 하나에 딸 둘이다.
(2) 가. 그 가련한 형상은 눈 뜨고는 못 볼 일이었지.
　　　나. 저는 키는 크지만 눈이 나쁘니까 중간쯤에 앉고 싶어요.
(3) 모질게 추운 겨울 날씨여서 산에는 온통 흰 눈이 덮여 있었다.

---

10) 임지룡(1997) 참조.

11) 배도용(2001)의 다의의 성립 조건은 다음과 같다.
　　첫째, 다의와 동음이의와의 관계를 분명하게 하는 것이다.
　　둘째, 음성적 유연성을 배제하는 것이다.
　　셋째, 어원적인 관련성을 배제하는 것이다.
　　넷째, 다의는 여러 낱말이 모여 이루어진 무리가 아니라는 점에서 하나의 낱말을 대상으로 하는 것이다.

12) 다의는 단의와의 형식과 의미의 '대응' 여부에서, 다의와 동음이의는 의미 사이의 '관련' 여부에서 구별된다. 따라서 다의는 형식적으로 낱말과 의미 사이에 일 대 일 대응을 이루지 못하고 의미적으로 의미 사이에 관련성이 있을 때 성립한다.

(1)에서 '아들'과 '딸'은 남자와 여자인 자식을 나타내는 단의어이다. 하나의 낱말에 하나의 의미가 붙은 것으로 낱말과 의미 사이에 일 대 일 대응을 이룬다고 할 수 있다. 반면에 (2)와 (3)은 하나의 낱말에 여러 의미가 붙은 것이므로 낱말과 의미 사이에 일 대 일 대응을 이루지 않고 있다.

(2가)에서 '눈'은 (사람이나 동물의) 얼굴에 있는, 물체를 보는 기관을 가리키는 말인데, (2나)에서는 (물건의 모양을) 분간하는 능력으로 쓰였다. 이것은 서로 어떤 사물을 본다는 점에서 관련이 있다. 그러나 (3)의 '눈'은 공중에 있는 물기가 얼어서 땅 위에 떨어지는 하얀 솜 모양의 작은 얼음 조각을 가리킨다. 이는 (2)의 '눈'과 관련이 있어 보이지 않는다. 본다는 것과 얼음조각은 분명히 다르기 때문이다. 그러므로 (2가)와 (2나)는 다의어이고 (2)와 (3)의 관계는 동음이의어이다.

그렇다면 외국인 학습자들에게 '한국어의 다의어와 동음이의어 변별은 어떻게 이루어지고 있는가?'를 알아보기 위해 중국인 학습자 초급 20명, 중급 40명을 대상으로 '쓰다'라는 단어만을 제시하고 문장을 만들어 보게 하였다. 그들은 '아무 문장이나 만들어도 돼요?'라고 질문하였다. 괜찮다고 하자 '이름을 쓰다, 돈을 쓰다, 안경을 쓰다, 입맛이 쓰다, 볼펜을 쓰다, 돈을 쓰다, 모자를 쓰다, 쓰기 숙제를 하다. 약이 쓰다, 일기를 쓰다, 시간을 쓰다, 소설을 쓰다, 우산을 쓰다, 음식이 쓰다' 등의 문장을 만들었다. 이들은 동음이의어와 다의어의 구분 없이 문장을 만들었다. 이유는 그러한 상황에 노출되었기 때문으로 생각된다. 다음으로 본 연구자는 학습자들이 알고 있는 '쓰다'의 의미를 토대로 다시 설문지를 작성하고, 동음이의어를 구분하고 있는지를 확인하였다. "'이름을 쓰다'와 '모자를 쓰다' '약이 쓰다'에 사용된 '쓰다'는 같은 단어인가?" 에 대해서 한 명을 제외한 모든 학생들이 다른 단어라고 답하였다. 이는 학습자들이 동음이의어에 대한 스키마를 이미 가지고 있으며, 소리는 같지만 뜻이 다른 별개의 어휘로 받아들이고 있다는 것을 알 수 있다. 그러므로 본 연구자는 초급단계에서 어휘의 중심의미를 학습할 때, 이미 배운 사용

빈도가 높은 동음이의어는 같이 제시하여 실제 언어생활에서 동음이의어로 일으킬 수 있는 혼란을 방지해야 할 필요가 있다고 생각한다. 예를 들면, '눈(目)'과 '눈(雪)'같은 경우이다.

본 연구는 다의어에 대한 연구이므로 '눈'의 동음이의어를 배제한 다의관계에 있는 의미항목만을 그 연구대상으로 한다.

나. 사전에서의 의미항목의 선정

사전은 해당언어에 대한 연구 성과가 집약되어 나타난 결과물인 동시에 그 언어에 관한 정보를 필요로 하는 모든 사람들에게 유용한 정보를 제공하는 언어정보의 원천이다. 그러므로 사전에서 다의어의 여러 의미를 어떻게 처리하고 있는지 살펴보는 것은 매우 유용한 일일 것이다. 본 연구에서는 1990년 이후 발간된 국어사전 가운데 한글학회(1992) 「우리말큰사전」[13], 연세대학교 언어정보개발연구원(2006) 편「연세한국어사전」[14], 국립국어원(1999) 「표준국어대사전」[15], 사회과학원 언어연구소 편(1992) 「조선말대사전」[16]의 신체 관련 다의명사 '눈'의 의미를 살펴보겠다.

1) 「우리말」

① 사람이나 동물의 보는 감각을 일으키는 기관.
　　(ㅂ)눈을 크게 뜨고 본다.
② =시력
③ 보고 판단하는 힘

---

13) 이하 「우리말」이라고 한다.
14) 이하 「연세」라고 한다.
15) 이하 「표준」이라고 한다.
16) 이하 「조선말」이라고 한다.

(ㅂ)눈이 높다. 사람을 보는 눈이 있다.

④ =눈길

(ㅂ)눈이 마주치다. 그 광경에 장사꾼들의 눈이 집중되었다.

⑤ 보는 생각이나 태도.

(ㅂ)세상을 나쁜 눈으로만 보지 마라. 그의 눈에서 이것이 못마땅하게 느껴졌다.

⑥ 바둑판 따위의 가로줄이나 세로줄이 만나는 점. 바둑판에서는 바둑을 놓는 자리이다.

2) 「연세」

① ㉠ (사람이나 동물의) 얼굴에 있는, 물체를 보는 기관.

¶왕도 눈을 지그시 감고 가만히 귀를 기울이고 있었다. 그 가련한 형상은 눈 뜨고는 못 볼 일이었지.

㉡ 눈동자.

¶마리는 한국 아이들보다 코가 크고 눈이 파란아이다.

㉢ 눈알

¶눈이 시뻘겋게 충혈된 중년 신사가 우리의 논쟁에 끼여들었다.

② (물건의 모양을) 분간하는 능력.

¶저는 키는 크지만 눈이 나쁘니까 중간쯤에 앉고 싶어요.

③ (사물을 보고) 판단하는 능력, 방법, 태도.

¶그들은 벌써 세상을 보는 눈이 나와는 다른 것이다.

④ 시선, 눈길.

¶갑자기 천장이 쩌렁 울리는 소리에 나는 다시 병실 안으로 눈을 돌렸다.

⑤ 물체를 보고 판단할 수 있는 범위.

¶흰 눈에 허옇게 뒤덮인 널바우가 눈에 들어왔다.

⑥ 사물을 보고 판단하는 기준.

¶우리 부친은 그분의 눈에 들어서 하인의 신분으로 일본으로 따라갔습니다.

3) 「표준」

① 빛의 자극을 받아 물체를 볼 수 있는 감각기관. 척추동물의 경우 안구, 시신경 따위로 되어있어, 외계에서 들어오는 빛은 각막, 눈동자, 수정체를 지나 유리 체를 거쳐 망막에 이르는데, 그 사이에 굴광체에 의하여 굴절되어 망막에 상을 맺는다 =목자(目子).

　　❩눈이 맑다. 눈이 초롱초롱하다. 눈을 뜨다. 눈을 감다. 눈을 부라리다. 눈을 흘기다.

② =시력.

　　❩눈이 좋다. 눈이 밝다. 눈이 나빠 안경을 쓰다.

③ 사물을 보고 판단하는 힘.

　　❩그는 보는 눈이 정확하다.

④ ('눈으로'의 형식으로 쓰여) 무엇을 보는 표정이나 태도.

　　❩동경의 눈으로 바라보다. 의심의 눈으로 바라보다.

⑤ 사람들의 눈길.

　　❩다른 사람의 눈을 의식하다. 사람들의 눈이 무서운 줄 알아라.

⑥ 태풍에서 중심을 이루는 부분.

⑦ [북]자동차나 트렉터 따위의 앞 조명들을 비유적으로 이르는 말.

　　❩자동차의 눈이 탈곡장을 환히 비치었다.

⑧ [북]감시하는 사람을 비유적으로 이르는 말.

4) 「조선말」

① 감각기관의 하나. 구체적인 물체와 형상을 보는 기능을 한다.

　　‖ 맑은 두 눈.

　　| 속눈썹이 길고 쌍까풀이진 눈은 새별처럼 빛났다.

② 감각기관으로서의 눈이 사물을 보는 능력.

　　‖ 눈이 좋다.

③ 사람이 사물을 분석하고 판단하고 관찰하는 능력.

‖계급적인 눈을 뜨다. 예리한 눈으로 사물의 본질을 꿰뚫어 보다.

④ (주로 규정어 아래에 쓰이어) 무엇을 보는 관점이나 대하는 태도.

‖동경의 눈. 증오의 눈

｜주체의 눈으로 모든 문제를 관찰하였다.

⑤ (자동차나 뜨락또르 같은) 기계의 앞 조명 등을 비겨 이르는 말.

｜자동차의 눈이 탈곡장을 환히 비치었다.

⑥ (감시하거나 경계하는 경우에) 〈사람〉을 비겨 이르는 말.

‖사방에 맨 눈이다. 보이지 않는 눈을 박다.

이상을 살펴보면, 중심의미는 각 사전에서 공통적으로 의미항목 ①로 다루었다. 그러나 「연세」에서는 의미항목 ①에 하위항목 ㉠, ㉡, ㉢을 두어 「우리말」, 「표준」, 「조선말」과 차이를 보이고 있다. 이는 외국인 학습자를 대상으로 하는 한국어교육이라는 관점에서 보면 '(사람이나 동물의) 얼굴에 있는, 물체를 보는 기관, 눈동자, 눈알'의 구분은 너무 지나치게 세분화되어 있고 의미 차이가 거의 없기 때문에 오히려 학습자에게 혼란을 가중시킬 위험이 있어 보인다. 그러므로 '눈'의 중심의미는 의미항목 ① '사람이나 동물에 있는 감각 기관'으로 하는 것이 바람직하다. 주변의미는 「연세」를 중심으로 살펴보겠다.

첫째, 「연세」의 의미항목 ② '(물건의 모양을) 분간하는 능력'과 관련된 의미이다. 이 의미와 관련하여 각 사전에서는 공통적으로 의미항목 ②로 다루고 있다. 「우리말」과 「표준」에서는 '시력', 「조선말」에서는 '감각기관으로서의 눈이 사물을 보는 능력'의 의미로 다루었다. 외국인 학습자를 대상으로 하는 한국어교육이라는 관점에서 쉬운 단어를 선택하여 의미항목 ②는 '사물을 보는 능력 = 시력'으로 한다.

둘째, 「연세」의 의미항목 ③ '(사물을 보고) 판단하는 능력, 방법, 태도'와 관련된 의미이다. 이와 관련하여 「우리말」에서는 의미항목 ③에 '보고 판단하는 힘', 의미항목 ⑤에 '보는 생각이나 태도'의 의미로, 「표준」에서는 의미항목 ③에 '사물을 보고 판단하는 힘', 의미항목 ④에 '무엇을 보는 표정이나 태도'의 의미로, 「조선말」에서는 의미항목 ③에서 '사람이 사물을 분석하고 판단하고 관찰하는 능력', 의미항목 ④에서 '무엇을 보는 관점이나 대하는 태도'의 의미로 다루었다. 여기서는 두 개 이상의 사전에서 공통으로 나타난 의미를 사용하여 의미항목 ③에 '사물을 보고 판단하는 힘, 능력, 태도'로 한다.

셋째, 「연세」의 의미항목 ④ '시선, 눈길'과 관련된 의미이다. 이와 관련하여 「우리말」에서는 의미항목 ④에 '≒눈길', 「표준」에서는 의미 항목 ⑤에서 '사람들의 눈길'로 다루었으나 「조선말」에서는 발견되지 않는다. 여기서는 「연세」의 의미를 그대로 받아들여 의미항목 ④ '시선, 눈길'로 한다.

넷째, 「연세」의 의미항목 ⑤와 ⑥은 다른 사전에는 없는 의미이다. 하지만 의미항목 ③ '사물을 보고 판단하는 힘, 능력, 태도'와 의미적 연관성이 있으면서도 의미적 차이점이 있으며, 문법적 관계가 달리 나타난다고 판단되어 그대로 받아들이기로 한다.17) 의미항목 ⑤는 '물체를 보고 판단할 수 있는 범위', 의미항목 ⑥은 '사물을 보고 판단하는 기준'이다.

다섯째, 「연세」나 「우리말」에는 없는 의미로 「표준」의 의미항목 ⑧ '[북]감시하는 사람을 비유적으로 이르는 말'과 「조선말」의 의미항목 ⑥ '(감시하거나 경계하는 경우에) <사람>을 비겨 이르는 말'의 의미가 있다. 이것은 '눈이 많다'와 같은 표현에서 고려해 볼 수 있듯이 엄밀하게 따져보면 시선이나 눈길로 이해되므로 의미항목 ④ '시선, 눈길'에 포함시켜 논의하기로 하였다.

여섯째, 「연세」에는 없는 의미로 「우리말」의 의미항목 ⑥ '바둑판 따위의 가로줄이나 세로줄이 만나는 점', 「표준」의 의미항목 ⑥ '태풍에서 중심을 이루는 부분'과 의미항목 ⑦ '[북]자동차나 트렉터 따위의 앞 조명들을 비유적으로 이르는 말', 「조선말」의 의미항목 ⑤ '(자동차나 뜨락또르 같은) 기계의

---

17) 항목 ⑥ '사물을 보고 판단하는 기준'의 의미를 나타내는 '눈'은 사람을 나타내는 명사의 수식을 받으며 조사 '에'와 결합하여 '-의 눈에' 형식으로만 쓰이고, 서술어 '들다, 나다'와 연어 관계를 맺는다.

앞 조명 등을 비겨 이르는 말'의 의미가 있다. 이들을 '눈'의 다의로 인정한다면 그와 비슷한 '그물의 눈', '식물의 눈', '저울의 눈', '주사위의 눈' 등도 '눈'의 다의로 인정해야 할 것이다. 그러나 '그물의 눈', '식물의 눈', '저울의 눈', '주사위의 눈'은 이들 네 사전에서 모두 동음이의어로 처리하고 있는데, 본고에서는 의미적 유연성이 남아있다고 생각하여 일단 이들 모두를 논의의 대상에 포함시키기로 한다.

각 사전에 제시된 의미를 살펴본 결과, 각 사전에서 중심의미는 인간의 신체와 관련된 의미인 반면, 중심의미에서 파생된 주변의미들은 각 사전별로 등재된 의미의 순서도 다를 뿐더러 사전마다 같은 의미에 속하는 의미들과 다른 사전에는 없는 의미들을 발견할 수 있었다. 위의 논의를 토대로 연구대상 다의어 '눈'의 의미항목을 정리하면 다음과 같다.

① 사람이나 동물의 얼굴에 있는 감각 기관.
② 사물을 보는 능력 = 시력.
③ 사물을 보고 판단하는 힘, 능력, 태도.
④ 시선, 눈길.
⑤ 물체를 보고 판단할 수 있는 범위.
⑥ 사물을 보고 판단하는 기준.
⑦ 자동차나 트렉터 따위의 앞 조명들을 비유적으로 이르는 말.
⑧ 바둑판 따위의 가로줄이나 세로줄이 만나는 점.
⑨ 태풍에서 중심을 이루는 부분.
⑩ 주사위의 면에 값을 표시한 점.
⑪ 저울에 다는 물건의 무게를 나타내는 금이나 점.
⑫ 자라서 꽃이나 줄기나 잎이 될 식물의 싹, 또는 그 싹이 돋을 자리.
⑬ 그물이나 체의 구멍.

사전을 살펴 다의어 '눈'의 의미가 어떻게 처리되고 있는지 알아보고, 이를 토대로 연구대상 다의어 '눈'의 의미항목들을 제시하였다.

앞에 제시한 '눈'의 의미항목을 토대로 다음 장에서는 다의명사 '눈'의 의미확장을 살펴 중심의미가 어떻게 주변의미로 확장되어 가는지 알아본다. 의미확장은 유사성과 인접성의 인지지각 측면에서 살피고, 필요한 경우 문법적 결합관계와 연어관계까지 포함한다.

다. '눈'의 의미확장

한국어에 대한 직관이 없이 학습에 의존할 수밖에 없는 외국인 학습자를 대상으로 한 한국어교육에서 다의어의 여러 의미는 체계적으로 제시되어야 한다. 또 기존의 사전에는 다의어의 의미항목이 지나치게 세분화되어 있고, 의미항목들 간의 의미 차이가 거의 없는 경우도 있기 때문에 의미적 연관성이 있는 의미항목들을 묶어서 범주화하고, 등급별로 분류하여 단계적으로 제시되어야 한다. 이를 위하여 다의명사 '눈'의 중심의미가 어떻게 주변의미로 확장되어 가는지 살펴보고자 한다.

의미확장은 의미확장의 원리와 방법 및 기제, 방향을 포함하는 복합적인 성격을 띤다.[18]

의미확장의 원리는 한 낱말이 가리키는 지시대상이 실체나 그 실체의 표상일 가능성으로 해서 발생하는 것이다. 즉 의미의 확장은 중심의미인 실체로써 주변의미인 표상을 가리킬 수 있기 때문에 일어나는 것으로 볼 수 있다.

의미확장의 방법은 어떤 낱말의 의미를 이루는 국면구조 가운데 어떤 국면이 국면의 바뀜에 의해서 이루어진다.[19] 국면의 바뀜에 의해 확장된 의미는

---

18) 의미확장 이론은 배도용(2001)과 임지룡(1997)를 참조하였다.

19) 배도용(2001)에 따르면, 낱말의 의미를 이루는 각각의 면을 국면이라고 하고, 각각의 국면은 다시 형태면, 구성면, 기능면으로 이루어져 있으며, 여러 국면 사이의 관계 체계를 '국면구조'라고 한다. 여기서 국면구조를 이루는 형태면(FORMAL)은 해당 낱말이 가리키는 또는 그것과 관련된 지시물의 형태에 관한 정보를 말하는데, 이것은 다른 지시물과 해당 낱말이 가리키는 지시물을 구분하는 데 필요하다. 구성면(CONSTITUTIVE)은 해당 낱말이 가리키는 지시물과 그 지시물을 구성하고

대치와 첨가20)의 두 유형으로 나타난다.

의미확장의 기제에는 인접성과 유사성이 있다. 임지룡(1997)에 의하면, 인간은 인접성과 유사성의 인지능력에 의해서 기존 낱말의 의미를 확장해 나간다고 하면서 '인접성 인지능력'이란 시간과 공간적으로 인접해 있는 대상을 관련시키는 능력, 곧 '환유'로써 기존 낱말의 대상범위를 넓히는 일이며, '유사한 인지능력'이란 대상과 대상 간의 유사성을 파악하는 능력인 '은유'로써 기존 낱말의 대상범위를 넓히는 것이다. 유사성은 두 개의 개념영역을 위치, 형태, 구성, 기능 측면에서 비교와 동일시를 통해 연상작용을 일으키는 것이다.

의미확장의 방향은 일반적으로 구체적인 것에서부터 추상적인 것으로 진행된다. 배도용(2001)은 개념영역의 일반적 확장 방향을 사람 > 대상 > 공간 > 소유 > 시간 > 질로 나타내고 있다.21) 이는 개념이 비유적으로 확장될 경우 '사람'을 중심으로 '대상', '공간', '소유', '시간', '질'의 순서로 구체적인 것에서 추상적인 것으로 개념영역이 확장되는 것이다. 임지룡(1997)은 '사람', '구체성', '공간', '물리적', '일반성' 등의 중심의미에서 의미확장이 일어나는

있는 부분 간의 관계에 대한 정보를, 기능면(TELIC)은 해당 낱말이 가리키는 지시물의 목적이나 기능에 대한 정보를 가리킨다. '눈'의 국면구조는 다음과 같다. 국면구조는 실체에 해당하므로 중심의미가 된다.
(1) 형태면: 사람의 얼굴에서 코를 기준으로 양옆으로 나눠져 있으며 타원형의 꼴을 하고 있다.
(2) 구성면: 눈알, 눈동자, 눈초리, 눈시울, 눈꺼풀, 눈썹, …
(3) 기능면: 사물의 모양을 분간하는 능력이 있다.
20) 대치의 방법은 한 낱말의 의를 이루는 여러 국면 가운데 어느 한 국면이 바뀜으로 해서 의미가 다른 의미로 대치되는 경우이며, 첨가의 방법은 한 낱말의 의미를 이루는 여러 국면 가운데 어느 한 국면이 국면의 바뀜으로 해서 새로운 의미가 첨가되는 경우이다.
21)   [표 2] 배도용(2001)의 의미확장의 개념영역별 분류

개념영역	뜻풀이	의미적 특성	통어적 특성	형태적 특성
사람	누구	생물·인간	-이/가: 임자말	자립성
대상	무엇	무생물	-을/를: 부림말	자립성
공간	어디	공간적 관계	-에(서): 어찌말	자립성
소유	얼마나	소유적 관계	(-의)-에: 어찌말	자립성
시간	언제	시간적 관계	-에: 어찌말	자립성·의존성
질	어떻게	상태·질	(어찌말)	의존성

것으로 다음과 같이 의미확장 양상을 나누었다.

　첫째, 사람 → 짐승 → 생물 → 무생물의 확장
　둘째, 구체성 → 추상성의 확장
　셋째, 공간 → 시간 → 추상의 확장
　넷째, 물리적 → 사회적 → 심리적 확장
　다섯째, 일반성 → 비유성 → 관용성의 확장

　지금까지 다의어 의미확장의 원리와 방법 및 기제, 방향에 대하여 알아보았다. 본 연구에서는 이러한 이론을 바탕으로 '눈'의 의미확장을 '눈'의 국면구조를 중심으로 유사성과 인접성의 인지지각 측면에서 살피고, 필요한 경우 문법적 결합관계와 연어관계까지 포함하여 살펴본다.[22]

1) 눈의 국면구조

① 형태면 : 사람의 얼굴에서 코를 기준으로 양옆으로 나뉘어 있으며 타원형 꼴을 하고 있다.(目)
② 구성면 : 눈알, 눈동자, 눈초리, 눈시울, 눈까풀, 눈썹……
③ 기능면 : 사물을 보는 능력(眼)

　위의 '눈'의 국면구조는 '눈'의 실체에 해당하므로 중심의미가 된다. 의미확장의 방법은 낱말의 의미를 이루는 국면구조 가운데 어떤 국면이 국면의 바뀜에 의해서 이루어진다. 그러므로 '눈'의 국면구조를 중심으로 '눈'의 의미가 어떻게 확장되는지 살펴보고자 한다.

---

22) 단어에서의 의미확장은 배도용(2001), 이보영(2002)를 참조하였다.

2) 형태면

① ㄱ. 자동차의 눈이 탈곡장을 환히 비추었다.

ㄴ. 봄이 되면 마른 나뭇가지에도 눈이 트고, 양달의 잔디밭에도 푸른빛이 떠올랐다.

ㄷ. 처음에는 눈이 큰 체로 쳐서, 체 위에 남아 있는 것을 따로 놓자.

ㄹ. 한 개의 주사위를 던졌을 때, 나오는 눈이 짝수인 경우는 몇 가지인가?

ㅁ. 요즘은 전자저울이 나와서 저울의 눈을 속여 파는 일이 힘들어졌다.

(①ㄱ)은 '눈'의 형태면 곧 타원형이 '자동차나 트랙터 따위의 앞을 비추려고 차체 앞에 설치된 전조등'의 모양과의 유사성에 의해 확장된 것이다. 이 경우 '눈'은 앞에서 수식을 받는데, 이때 수식하는 말과 수식되는 말과의 관계는 전체와 부분의 관계이다. 이런 '눈'의 형태면에 의해 확장되는 것은 식물에서도 나타난다. (①ㄴ)에서의 '눈'은 '눈'의 형태면이 갖는 기름하고 둥근 타원형과 식물이 싹이 지닌 타원형이 서로 유사 지각되어 확장된 것이며, '눈'은 서술어 '트다'와 연어 관계를 이룬다. 식물의 싹, 움, 순 따위가 벌어지는 것을 '트다'라고 하는데, 이것도 신체의 눈이 뜨는 것과 유사하다. (①ㄷ)에서 '눈'의 형태면에서 '어떤 사물의 구멍'으로 확대된 경우이다. 이것은 전조등이나 싹에 비해 그 크기가 많이 줄어든 특성을 보인다. 이런 면의 줄어듦이 극에 이르면 점이 되는데, (①ㄹ)과 (①ㅁ)은 '눈'이 '점'으로 확장된 경우이다. 즉 (①ㄹ)은 '주사위의 면에 값을 표시한 점'으로, (①ㅁ)은 '저울에 다는 물건의 무게를 나타내는 금이나 점'으로 대치되고 있다.

3) 구성면

② 다행히도 태풍의 눈이 한반도를 비껴 지나갔다.

②에서의 '눈'은 태풍의 중심을 이루는 부분을 나타내는데, '눈'의 국면 가운데 구성면인 '눈동자'와 유사 지각에 의해 의미가 확장된 것이라 할 수 있다.

4) 기능면

'눈'이 기능면으로 의미가 확장된 경우로는 '시선, 눈길', '사물을 보고 판단하는 힘, 능력, 태도', '사물을 보고 판단하는 기준' 등인데, 다른 국면구조에 비해 많은 의미로 확장되고 있다.

③ ㄱ. 우리들은 주위의 공원과 거리의 풍경에 눈을 주었다.
ㄴ. 그녀는 눈물을 훔치고 나서 창밖으로 눈을 돌렸다.
ㄷ. 다른 사람의 눈을 의식하다.
ㄹ. 그 광경에 장꾼들의 눈이 집중되었다.
ㅁ. 자신을 보는 눈이 많음을 느꼈다.
ㅂ. 우선 눈을 피하고 보자.

(③ㄱ)와 (③ㄴ)에서의 '눈'의 의미는 '시선이나 눈길'을 의미하는 것으로 눈의 국면구조 중에서 기능면이 대치된 것으로 볼 수 있다. 이 때 '눈'은 '풍경', '창 밖' 따위의 공간을 나타내는 명사와 같이 쓰이며, '주다', '돌리다' 따위의 서술어와 연어 관계를 맺는다. 그러나 객관화될 때는 조금 더 달리 의미가 확장된다. (③ㄷ)과 (③ㄹ)은 위의 예문 (③ㄱ), (③ㄴ)과 같아 보이지만, '시선이나 눈길'이 객관화될 경우에는 '관심이나 주의'로 의미가 바뀐다고 할 수 있다. 즉, 사람이나 장꾼 등은 인간이 나타내는 명사로 이것이 '눈'을 꾸밀 경우, '눈'은 '관심이나 주의의 의미'로 대치되는 것이다. 이 경우 서술어는 '집중되다, 의식하다, 피하다, 꺼리다, 끌다' 따위로 나타나 '눈'과 연어 관계를 형성한다. (③ㅁ)에서 '눈이 많다'의 표현은 '나를 바라보는 시선이 많음'으로 의미가 확장된 것으로, '시선'은 시선을 가지고 있는 주체인 '사람'

으로 확장되어 '나를 보는 사람이 많다'의 의미를 내포하고 있다. (③ㅂ)에서도 '눈을 피하다'는 '시선 또는 사람을 피하다'로 확장되고 있다. 이 경우 서술어는 '많다, 적다, 있다, 무섭다' 따위로 나타나 '눈'과 연어 관계를 형성한다.

④ ㄱ. 세상을 나쁜 눈으로 보지 마라.
　 ㄴ. 그들은 벌써 나와 세상을 보는 눈이 다르다.

(④ㄱ)과 (④ㄴ)은 '사물을 보고 판단하는 힘, 능력, 태도'을 나타내는 의미로 '눈'의 국면구조 가운데 기능면이 대치된 것으로 볼 수 있다. 사물을 보는 것과 그것을 판단하는 힘, 능력, 태도는 서로 인접한 경우로 인접성에 의해 의미가 확장된 것이다.

⑤ ㄱ. 우리 부친은 그분의 눈에 들어서 하인의 신분으로 일본으로 따라 갔습니다.
　 ㄴ. 그들의 눈에 한 번 났다 하면 각오를 하고 있어야 한다.

(⑤ㄱ)과 (⑤ㄴ)은 '사물을 보고 판단하는 기준'을 나타내는 의미로 '눈'의 국면구조 중에서 기능면이 대치된 것으로 볼 수 있다. 사물을 보는 것과 그것을 판단하는 기준은 서로 인접한 경우로 인접성에 의해 의미가 확장된 것이다. 이 때 '눈'은 사람을 나타내는 명사의 수식을 받으며 조사 '에'와 결합하여 '-의 눈에' 형식으로만 쓰인다. 서술어 '들다, 나다' 따위와 연어관계를 맺는다.
　'눈'의 국면구조를 중심으로 의미확장의 기제인 유사성과 인접성의 인지지각 측면에서 살펴보고, 조사와의 결합 관계나 서술어와의 연어관계를 함께 살펴보았다. '눈'의 국면구조 가운데 형태면과 구성면은 유사성에 의해 의미가 확장되었고, 기능면은 '시선이나 눈길'은 유사성에 의해, '사물을 보고 판단하는 힘, 능력, 태도', '사물을 보고 판단하는 기준'은 인접성에 의해 의미가 확장되었다.

외국인 학습자를 위한 한국어교육에서 다의어의 의미를 중심의미에서부터 의미확장된 순서로 교육하는 것은 각각의 의미들 간의 논리적 연결을 파악하도록 하여 체계적인 의미정보 습득을 가능하게 할 것이다. 이 분석을 바탕으로 3장에서 다의어 '눈'의 등급별 의미항목을 선정하고, 다의어교육 방법을 구안할 것이다.

3. '눈'의 사용빈도 비교

외국인 학습자를 위한 한국어교육에서 다의어의 의미는 체계적인 제시와 더불어 효율적으로 제시할 필요가 있다. 이는 다의어의 의미항목 중 어느 항목을 먼저 제시할 것인가에 있어 각 의미항목의 사용빈도를 고려하여야 함을 의미한다.

다의어는 실제 구어상황에서 많이 쓰인다는 점을 고려하면, 실제 모국어 화자의 '눈'의 의미항목에 대한 사용빈도를 측정하기 위하여 화자들의 대화 내용을 모두 채록하는 것이 가장 신빙성 있는 자료일 것이나 이를 실제로 채록하기에 많은 어려움이 따른다. 본 연구에서는 모국어 화자들의 실제 다의어 '눈'의 사용 모습을 확인하기 위해서 문어자료인 서상규(2014)의 「한국어 기본어휘의미빈도사전」과 구어자료인 조지연(2004)의 <영화 시나리오>를 분석하여 2.2에서 제시한 '눈'의 의미항목들의 사용빈도를 조사하였다.

가. 문어자료에서의 사용빈도

서상규(2014)의 「한국어기본어휘의미빈도사전」23)은 100만 마디(어절)의 한국어 균형 말뭉치(한국어교육 표준 말뭉치, 모두 218개의 글과 대화의 텍스트) 중 10개 이상의 텍스트에 나타나면서 아울러 그 빈도수가 15회 이상인 낱말들(5,162개)과 그들의 동형어를 올림말로 하고 있으며, 모두 7,203개의 낱말을 수록하였다. 이는 「연세한국어사전」(2006)의 의미항목 의미풀이를 기준 삼아, 어휘의 의미 각각의 '실제 쓰임'을 통계적으로 분석한 자료이다.

[표 3] 한국어교육 표준말뭉치의 구성

매체	장르	주제/유형	텍스트수	표본마디수	장르마디수 합계	비율
문어 86.3%	교양 해설 산문	인문	7	36,730	132,983	13.5%
		사회	7	37,030		
		예술	9	48,721		
		공학	2	10,502		
	예술 산문	동화	5	23,114	224,512	22.7%
		소설	28	141,843		
		수필	12	59,555		
	실용산문	시사/정보	7	35,325	35,325	3.6%
	사적저술산문	수기/전기	15	76,024	76,024	7.7%
	초등학교 교과서	말하기/듣기	8	22,949	287,089	29.1%
		말하기/듣기/쓰기	4	26,137		
		읽기	12	74,680		
		생활의 길잡이	10	38,503		
		슬기로운 생활	4	6,461		
		즐거운 생활	4	3,490		
		도덕	6	34,062		
		바른생활	4	4,720		
		사회	8	43,121		

---

23) 이하 「의미빈도사전」(2014)이라고 하기로 한다.

매체	장르	주제/유형	텍스트수	표본마디수	장르마디수 합계	비율
		사회과 탐구	6	32,966		
	한국어 교과서	외국어로서의 한국어	30	96,506	96,506	9.8%
구어 13.7%	녹음 전사 자료	일상대화	8	11,991	70,828	7.2%
		주제대화	5	19,220		
		상담대화	1	10,109		
		강의/강연	1	5,210		
		방송뉴스	1	4,163		
		방송대화	1	4,902		
		방송상담	1	3,578		
		방송토론	1	11,655		
	준구어	드라마대본	4	18,462	64,978	6.6%
		연극대본	4	27,128		
		영화시나리오	3	19,388		
합계			218	988,245	988,245	100%

「의미빈도사전」(2014)에 의하면 '눈'의 전체 빈도합은 1,118[24]로 나타났으며, 이중 신체관련 '눈'의 사용빈도합은 961[25]이며, 전체 빈도합 1,118의 86%에 해당한다. 의미항목 사용률은 '눈'의 사용빈도의 총합 961에 대한 의미항목 사용빈도를 다음 [표 4]와 같다.

---

24) 「의미빈도사전」(2014)에 따르면 '눈'의 어휘 빈도가 1,118로 제시되었는데, 이것은 동음이의어(雪)까지 합한 빈도수이다.

25) 눈의 의미항목 ①-⑥과 관용구에 나타난 '눈'의 사용빈도의 합이다.

[표 4] 「의미빈도사전」(2014)의 '눈'의 의미항목에 대한 사용빈도와 사용률

빈도 순위	의미 항목	의미	사용빈도	사용률(%)
1	①	사람이나 동물의 얼굴에 있는 감각 기관	609	67.96%
2	④	시선, 눈길	115	12.83%
3	⑤	물체를 보고 판단할 수 있는 범위	63	7.03%
4	③	사물을 보고 판단하는 힘, 능력, 태도	45	5.02%
5	②	사물을 보는 능력 = 시력	35	3.90%
6	⑥	사물을 보고 판단하는 기준	29	3.23%
계			896	99.97%

'눈'의 국면구조 가운데 기능면의 중심의미에 해당하는 의미항목 ②는 사용빈도 35, 사용률 3.6%로 빈도 순위 5인 것으로 나타났다. 이는 다의어의 의미확장 순서와 사용빈도 순위가 일치하지 않다는 것을 말해 준다. 사전에서 '눈'의 다의어로 기재되었던 의미항목 ⑦ '자동차나 트렉터 따위의 앞 조명들을 비유적으로 이르는 말', 의미항목 ⑧ '바둑판 따위의 가로줄이나 세로줄이 만나는 점', 의미항목 ⑨ '태풍에서 중심을 이루는 부분'에 대한 사용빈도는 조사 대상에서 나타나지 않았다. 그리고 사전에서 동음이의어로 처리되었으나 본 연구에서 다의어로 처리했던 의미항목 ⑩ '주사위의 면에 값을 표시한 점', 의미항목 ⑪ '저울에 다는 물건의 무게를 나타내는 금이나 점', 의미항목 ⑫ '자라서 꽃이나 줄기나 잎이 될 식물의 싹, 또는 그 싹이 돋을 자리', 의미항목 ⑬ '그물이나 체의 구멍'에 대한 사용빈도는 조사 대상에서 나타나지 않았다.26)

---

26) 2.2에서 제시한 '눈'의 의미항목들은 다음과 같다.
　① 사람이나 동물의 얼굴에 있는 감각 기관.
　② 사물을 보는 능력 = 시력.
　③ 사물을 보고 판단하는 힘, 능력, 태도.
　④ 시선, 눈길.

나. 구어자료에서의 사용빈도

조지연(2004)은 2000년부터 2004년까지 4년 동안의 연간 흥행기록 1위에서 10위를 기록한 영화 시나리오[27]를 직접 확인하여 용례를 획득하였다. 이 자료는 연간 흥행기록에서 많은 관객이 동원된 영화 시니라오를 대상으로 하였기 때문에 구어의 자료로 활용할 수 있을 것이며, 「의미빈도사전」(2014)의 한계점을 보완할 수 있을 것이다. <영화 시나리오>(2004)에 나타난 '눈'의 사용빈도의 총합은 1,505이며, 의미항목 사용률은 '눈'의 사용빈도의 총합 1,505에 대한 의미항목 사용빈도를 %로 나타낸 것이다.

---

⑤ 물체를 보고 판단할 수 있는 범위.
⑥ 사물을 보고 판단하는 기준.
⑦ 자동차나 트렉터 따위의 앞 조명들을 비유적으로 이르는 말.
⑧ 바둑판 따위의 가로줄이나 세로줄이 만나는 점.
⑨ 태풍에서 중심을 이루는 부분.
⑩ 주사위의 면에 값을 표시한 점.
⑪ 저울에 다는 물건의 무게를 나타내는 금이나 점.
⑫ 자라서 꽃이나 줄기나 잎이 될 식물의 싹, 또는 그 싹이 돋을 자리.
⑬ 그물이나 체의 구멍.

27) 1-10위를 순서대로 적었다.
　　2000년 - 공동경비구역JSA, 반칙왕, 비천무, 단적비연수, 리베라메, 동감, 가위, 자카르타, 박하사탕, 시월애.
　　2001년 - 친구, 엽기적인 그녀, 신라의 달밤, 조폭마누라, 달마야 놀자, 두사부일체, 킬러들의 수다, 무사, 화산고, 번지점프를 하다.
　　2002년 - 가문의 영광, 집으로, 색즉시공, 공공의 적, 광복절특사, 2009로스트메모리즈, 몽정기, 폰, 품행제로, 연애소설.
　　2003년 - 살인의 추억, 동갑내기과외하기, 스캔들-조선상열지사, 올드보이, 장화홍련, 황산벌, 오! 브라더스, 싱글즈, 선생 김봉두, 첫사랑사수궐기대회.

[표 5] 〈영화 시나리오〉(2004)의 의미항목 사용빈도와 사용률

빈도 순위	의미 항목	의미	사용빈도	사용률(%)
1	①	사람이나 동물의 얼굴에 있는 감각 기관.	1144	76.01%
2	④	시선, 눈길.	180[28]	11.96%
3	②	사물을 보는 능력 = 시력.	64	4.25%
4	⑤	물체를 보고 판단할 수 있는 범위.	56	3.72%
5	③	보고 판단하는 힘, 능력, 태도.	53	3.52%
6	⑥	사물을 보고 판단하는 기준.	8	0.53%
계			1505	99.99%

'눈'의 국면구조 가운데 기능면의 중심의미에 해당하는 의미항목 ②는 사용빈도 64, 사용률 4.26%로 빈도 순위 3인 것으로 나타났다. 이것은 「의미빈도사전」(2014)에서 빈도 순위 5위인 것과 비교해 보았을 때, 모국어 화자들이 일상생활에서 의미항목 ⑤와 ③에 비해 의미항목 ②를 더 많이 사용한다는 것을 말해 준다. 하지만 구어 자료에서도 다의어의 의미확장 순서와 사용빈도 순위는 여전히 일치하지 않아 의미항목 ④는 ②보다 빈도 순위가 높고, 의미항목 ⑤는 ③보다 빈도 순위가 높은 것으로 나타났다. 그리고 의미항목 ⑦~⑬까지의 의미사용은 「의미빈도사전」(2014)에서와 마찬가지로 조사대상에서 나타나지 않았다. 앞 장의 단어에서의 의미확장에서 살펴본 것처럼 의미항목 ②는 '눈'의 국면구조 중에 기능면에 해당하는 중심의미이고, 의미항목 ④는 기능면에서 유사성에 의해 의미가 확장된 것으로 의미항목 ②와 ④는 '보다'의 공통적인 의미를 지니고 있다. 의미항목 ③, ⑤, ⑥은 기능면에서 인접성에 의해 '보다 → 판단'으로 의미가 확장되어 '사물을 보고 판단하는'

---

28) '눈'의 주변의미 중 형태면에서 의미가 확장된 '(감시하거나 경계를 하는 경우에) 사람들을 비유적으로 이르는 말'이 빈도 3회 사용되었으나 본 연구 II의 2에서 논의한 바와 같이 '시선, 눈길'의 항목에 포함시켜 분석하였다.

이라는 의미를 공통적으로 지니고 있다. 크게 범주화하여 본다면 구어자료 <영화 시나리오>(2004)의 사용빈도는 의미확장 순서와 일치함을 알 수 있다. 이것은 다의어가 문어보다는 실제 구어에서 더 활발하게 쓰인다는 점에서 주목할 만하다.

위의 「의미빈도사전」(2014)과 <영화 시나리오>(2004) 두 자료를 분석한 결과 두 자료 모두 의미확장 순서와 사용빈도 순위가 일치하지 않았고, '자동차의 눈, 바둑의 눈, 태풍의 눈, 주사위의 눈, 저울의 눈, 식물의 눈, 체의 눈,'은 실제 사용빈도가 나타나지 않았다. 의미항목 ②는 「의미빈도사전」(2014)과 <영화 시나리오>(2004)에서의 빈도 순위가 다르게 나타났다. 이는 문어와 구어에서 다의어의 의미항목 사용률이 차이를 보이는 것으로 모국어 화자들은 의미항목 ⑤나 ③보다 의미항목 ②를 일상생활에서 더 많이 사용한다는 것을 말해 준다. 그리고 구어에서의 의미항목 사용빈도는 넓은 의미에서 의미확장 순서와 어느 정도 일치함을 알 수 있다.

4. 등급별 다의어교육 방법

의사소통을 원활히 하기 위해서 어휘력을 양적·질적으로 신장시켜야 하며, 이를 위해서 직접적 어휘교육이 이루어져야 한다. 직접적 어휘교육은 좀 더 의도적이고 체계적인 어휘교육을 가능하게 할 것이며, 지도 어휘 특성에 맞는 다양하고 효과적인 어휘 지도법을 개발하게 할 것이다. 특히 다의어교육을 제대로 하려면 보다 체계적이고 직접적인 어휘교육이 되어야 하는데. 이를 위해서는 먼저 교육용 다의어를 선정하고, 교육할 개별 다의어의 등급별 의미항목 선정기준에 따라 등급별 다의어 의미항목을 선정하여야 한다. 이렇게 잘 선정된 다의어는 어휘력을 신장시킬 수 있도록 어휘 교육과정에

명시하고, 이를 반영한 교재를 편찬하여야 하며, 효과적인 다의어 지도법을
개발해야 할 것이다.

가. 등급별 다의어 의미항목 선정기준

이충우(1994)는 어휘선정의 방법을 주관적 방법, 객관적 방법, 경험적 방법
의 세 가지로 나누어 설명하고 있다.29) 이영숙(1996)은 어휘선정의 원리를
유용성의 원리, 효율성의 원리, 단계성의 원리로 나누어 제시하였다.30) 한국
어교육용 어휘의 선정기준에 대한 몇 가지 견해가 있는데, 그 중에서 이충우
(1994)의 견해를 소개하면 다음과 같다.

1) 사용빈도가 높아야 한다.
2) 사용 범위가 넓은 어휘여야 한다.
3) 교육에 기초적인 어휘여야 한다.
4) 조어력이 높은 어휘여야 한다.
5) 학습자의 발달 단계 맞는 어휘여야 한다.
6) 적용성이 큰 어휘여야 한다.
7) 시대가 요구하는 어휘여야 한다.
8) 고유 명사, 계급명, 의성어, 의태어, 은어 · 비속어 · 유행어 · 방언 · 고어 등은 한정
   된 범위에서 선정해야 한다.

---

29) (1) 주관적 방법은 어휘를 선정하는 사람의 주관에 따라 어휘를 선정하는 방법이다. (2) 객관적
   방법은 각 자료를 선정하여 이 자료의 일정 부분(목적하는 어휘를 추출하기에 적합하다고 생각하
   는 부분)을 추출하여 어휘의 빈도와 분포를 통계적으로 처리하여 어휘의 순위를 결정하는 방법이
   다. (3)경험적 방법은 객관적으로 선정된 어휘를 선정자의 경험에 비추어서 주관적으로 판단 결정
   하는 방법이다.
30) (1) 유용성의 원리: 교수·학습 목표(어휘력 신장, 독해력 신장) 달성에 유용한 어휘를 지도 대상
   어휘로 선정한다. (2) 효율성의 원리: 지도의 효율성이 큰 어휘를 지도 대상 어휘로 선정한다.
   (3) 단계성의 원리: 학습자의 어휘 발달 단계를 고려하여 지도 대상 어휘를 선정한다.

약간의 차이는 있지만 이상과 같은 방법으로 이충우(1994)는 초등학교, 중학교 국어과 교육용 어휘를 선정하였고, 김광해(2003b)는 등급별 국어 교육용 어휘를 선정하였으며, 서상규(1998)는 외국어로서의 한국어교육을 위한 기초어휘를 선정하였다. 이렇게 선정된 어휘 가운데 한국어의 교육용 다의어는 한국어교육을 위한 초급수준의 기초어휘에 해당하는 것으로 사용빈도가 높고, 의미확장의 범위가 넓으며, 실제 언어생활에서의 활용 가능성이 커야 한다. 다의어교육을 위해서는 잘 선정된 기초어휘 중에서 교육용 다의어 선정기준에 따라 교육용 다의어를 선정하여 그 목록을 작성해야 할 것이나 본 연구는 교육용 다의어를 선정하기 위한 것이 아니라 개별 다의어의 여러 의미항목 가운데 무엇을 먼저 가르칠 것인가에 대한 등급별 다의어 의미항목 선정에 대한 연구이므로 교육용 다의어 선정은 더 이상 언급하지 않기로 한다.

외국인 학습자를 대상으로 하는 한국어교육에서의 다의어교육은 모국어 화자를 대상으로 하는 국어교육에서의 다의어교육과는 다르게 이루어져야 한다. 한국어교육에서의 학습자는 한국어를 전혀 모르거나 서툰 외국어 사용자로서, 구어 사용능력이 거의 갖추어지지 않은 상태이며, 국어교육의 목표가 창조적 국어 사용능력의 신장이라면 한국어교육의 목표는 의사소통 도구로서의 언어 사용능력 신장이기 때문이다. 이러한 차이에 따라 한국어교육 정규 교육과정 시간에 교육할 어휘를 먼저 선정하고, 잘 선정된 어휘 중에서 다의적 성격이 활발하고 사용빈도가 높은 유용한 다의어는 더 집중적으로 교육할 필요가 있다. 이런 다의어는 주로 의미확장이 활발히 일어나 여러 개의 의미항목을 가지게 마련인데, 이 의미항목들을 외국인 학습자에게 그대로 제시하면 학습자의 혼란을 가중시키게 된다. 사전에서 제시하고 있는 의미항목들은 지나치게 세분화되어 있고, 의미항목들 간의 의미 차이가 거의 없는 경우도 있기 때문이다. 따라서 한국어교육에서의 다의어는 사전적 의미 제시가 아닌 '의미적 연관성과 추상성의 정도'에 따라 의미 차이가 적고, 의미확장 범위가 적은 의미항목들을 하나로 묶어서 범주화하여 교육할 필요가 있다.

지금까지 논의와 조사결과를 바탕으로 외국인 학습자를 대상으로 하는 한국어교육에서의 등급별 다의어의 의미항목을 선정하기 위해서 그 선정기준을 제시하면 다음과 같다.

　　첫째, 의미 관련성을 고려하여야 한다.
　　둘째, 추상성의 정도를 고려해야 한다.
　　셋째, 학습자의 어휘 발달 수준을 고려해야 한다.
　　넷째, 의미항목별 사용빈도를 고려해야 한다.

　　다의어의 의미항목을 '의미의 관련성과 추상성의 정도'에 따라 하나로 묶어서 범주화하되, 의미적 차이가 뚜렷하면서 '사용빈도가 높은' 의미항목들을 먼저 선정할 필요가 있겠다. 이 네 가지 기준으로 신체관련 다의명사 '눈'을 중심으로 다의어 '눈'의 의미를 범주화하고, 등급화하며, 등급별 다의어 의미항목을 선정할 것이다.

나. 등급별 다의어 의미항목 범주화

　　다의어 '눈'의 의미항목을 '신체영역', '시선영역', '판단영역'으로 나누어 한국어 교재에서 '눈'의 의미를 분석한 연구가 있었는데, 조선경(2006)이 그것이다. 조선경(2006)은 「연세한국어사전」(2006)에서 정의한 의미항목을 기준으로 경희대, 연세대, 이화여대 세 대학교의 어학기관에서 사용하고 있는 교재를 분석하였다. 이들 한국어 교재에서 신체 관련 다의어 '눈', '손', '얼굴', '머리'의 확장의미가 어느 범위까지 제시되어 있는지를 분석하고, 각 다의어의 의미항목 가운데 연관성이 있는 의미들을 하나의 의미영역으로 묶어서 살펴보았다. 이 중에 신체관련 다의어 '눈'을 '신체영역', '판단영역', '시선영역'으로 나누어 살펴보았다. 하지만 '눈'의 의미확장 연구가 이루어지지 않아 각 의미 영역을 분류하는 기준이 매우 모호하고, 의미제시 순서 또한 의미확장 순서와 일치하지 않았다.

이에 본 연구는 조선경(2006)에서 각 의미영역을 나타내는 용어만 받아들여 '눈'의 의미항목을 '의미의 관련성'과 '추상성의 정도'에 따라 '신체영역', '시선영역', '판단영역'으로 나누고, 각 영역에 해당하는 '눈'의 의미항목을 분류할 것이다. 그러기 위해서 먼저 2.2를 통해 정리한 '눈'의 의미 가운데 항목 ⑦, ⑧, ⑨, ⑩, ⑪, ⑫, ⑬은 3장에서 '눈'의 의미항목 사용빈도를 조사한 결과 그 빈도가 나타나지 않았다. 그러므로 외국인 학습자를 대상으로 하는 한국어교육이라는 관점에서 효율성을 고려할 때 이들 항목을 논의의 대상에 포함시킬 필요성을 느끼지 못하므로 제외하기로 한다.

이에 외국인 학습자를 대상으로 한 다의어교육에 유의미한 '눈'의 의미항목은 다음과 같다. 이해를 돕기 위해서 괄호 안에 각 의미항목과 관련된 연어를 제시하였다.

① 사람이나 동물의 얼굴에 있는 감각 기관. (눈이 크다/눈이 예쁘다)
② 사물을 보는 능력 = 시력. (눈이 나쁘다/눈이 어둡다)
③ 사물을 보고 판단하는 힘, 능력, 태도. (-의 눈으로 보다/눈이 있
④ 시선, 눈길. (눈이 가다/눈을 돌리다)
⑤ 물체를 보고 판단할 수 있는 범위. (눈에 들어오다)
⑥ 사물을 보고 판단하는 기준. (-의 눈에 들다)

'눈'의 의미항목 ②는 의미확장 방법에 따라 '눈'의 국면구조 가운데 기능면에 해당하는 것으로 중심의미에 포함시켜야 하지만 외국인 학습자를 대상으로 하는 한국어교육에서는 주변의미로 처리할 필요가 있다. 왜냐하면 첫째, 의미항목 ②는 '눈'의 국면구조 중 기능면에 해당하는 중심의미지만 의미항목 ①이 구체적이라면 의미항목 ②는 추상적이다. 둘째, 의미 관련성 부분에서도 의미항목 ①과 같이 묶기에는 무리가 있다. 셋째, 사용빈도가 높은 의미

항목이기 때문이다. 넷째, '눈'의 나머지 의미항목(③, ④, ⑤, ⑥)들은 전부 '눈'의 기능면에서 의미가 확장되었고, 그 의미차가 매우 미세하기 때문에 기능면의 항목들은 따로 분류하여 다룰 필요가 있다. 다섯째, 중심의미로 의미항목 ①과 ②를 같이 다루게 되면, 초급 단계에서 중심의미를 다시 ①, ② 두 개의 의미항목으로 나누어 제시해야 할 것이므로 오히려 학습자에게 혼란을 가중시킬 수 있고, 학습 부담감을 줄 수 있다. 그러므로 '눈'은 '사람의 신체에 있는 구체적인 것'이라는 의미의 관련성에 따라 '신체영역'에 해당하는 중심의미에 해당하는 의미항목 ①과 나머지 기능면과 관련된 주변의미에 해당하는 의미항목 ②, ③, ④, ⑤, ⑥으로 나눌 수 있다.

'눈'의 기능면은 '눈'의 '보다'의 기능과 관련이 있다. 기능면의 중심이 되는 의미항목은 ②이며, 나머지 의미항목들은 전부 의미항목 ②에서 의미가 확장된 것이다. 위의 5개의 의미항목은 크게 2개의 영역 즉 '시선영역'과 '판단영역'으로 나눌 수 있다. 먼저 의미항목 ④는 기능면에서 유사성에 의해 의미가 확장된 것으로 '보다'의 공통적인 의미를 지니고 있다. 그러므로 의미항목 ②와 ④를 '시선영역'으로 분류하였다. 의미항목 ③, ⑤, ⑥은 기능면에서 인접성에 의해 '보다 → 판단하다'로 의미가 확장되어 '사물을 보고 판단하는'이라는 의미적 공통점을 지니고 있다. 그러므로 의미항목 ③, ⑤, ⑥은 '판단영역'으로 분류하였다. 의미확장은 '추상성의 정도'에 따라 '시선영역'에서 '판단영역'의 순으로 이루어지고 있음을 알 수 있다.

이상을 정리하면, '눈'의 의미항목을 '의미의 관련성'과 '추상성의 정도'에 따라 '신체영역', '시선영역', '판단영역'으로 나누고, 다음과 같이 범주화하였다.

(1) 신체영역: ① 사람이나 동물의 얼굴에 있는 감각 기관.
(2) 시선영역: ② 사물을 보는 능력 = 시력.
              ④ 시선, 눈길.

(3) 판단영역: ③ 사물을 보고 판단하는 힘, 능력, 태도.
　　　　　　⑤ 물체를 보고 판단할 수 있는 범위.
　　　　　　⑥ 사물을 보고 판단하는 기준.

　다음으로 위의 각 영역을 '학습자의 어휘발달 수준'에 따라 등급을 정해야
하는데, 학습자의 어휘발달 상황을 직접 조사하기에는 현실적으로 한계가 있
다. 하지만 학습자가 한국어를 전혀 모르거나 서툴고, 구어 사용능력이 거의
갖춰지지 않은 외국어 사용자이므로 학습자의 어휘발달 수준은 한국어교육
에서의 어휘교육의 목표로 가늠해 볼 수 있을 것이다. 이에 김영미(2006)의
한국어 교육과정의 어휘영역의 등급별 교육목표[31]를 살펴보면 [표 6]과 같다.

[표 6] 한국어교육 과정의 어휘 영역의 등급별 교육 목표

등급	어휘 영역의 교육 목표
초급	1. 학습자는 한국어의 기본어휘를 획득함으로써 한국어 어휘에 대한 감각을 익힌다. 2. 학습자는 과정에서 제시된 신상어휘를 익힘으로써 개인과 사회에 관한 개인의 의도와 사실 정보를 교환하기 위하여 사용할 수 있다. 3. 학습자는 한국어의 기본적 경어법 체계를 이해하고 상황에 맞게 인사말을 주고받는 데 사용할 수 있다. 4. 학습자는 과정에서 제시된 문화소통용 어휘를 습득함으로써 한국 문화에 관한 내용을 이해하고 표현하는 데 적절히 사용할 수 있다.

---

31) 김영미(2006)는 한국어교육의 내용 영역과 지도 순서에 관한 연구에서 통합적 교육 과정의 내용영
　　역의 목표를 제시하였다. 한국어의 학습 시기를 초급, 중급, 고급의 3단계로 나누고, 이 교육
　　과정의 총 시간은 1,200시간으로, 각 단계별로 주 5회, 하루 4시간 학습할 경우 총 400시간을
　　배정한 것이다. 여기에 기술된 교육의 목적과 목표는 성인 학습자를 대상으로 하고, 통합의 의미는
　　'어휘, 문법, 발음, 문화, 말하기, 듣기, 읽기, 쓰기'의 내용 언어 기술 통합과 '일반적 목적, 학문적
　　목적, 업무 수행의 목적'등의 목적의 통합을 말한다.

등급	어휘 영역의 교육 목표
중급	1. 학습자는 과정에서 제시된 기본어휘의 심화된 표현을 획득함으로써 한국어의 기본적인 단어 형성 원리를 파악하고 그 의미와 기능에 적절히 사용할 수 있다. 2. 학습자는 과정에서 제시된 신상어휘의 확장되고 심화된 표현을 획득함으로써 개인과 사회에 관한 사실 정보 및 담화 사용자의 의도를 교환하기 위하여 사용할 수 있다. 3. 학습자는 과정에서 제시된 어휘를 학습함으로써 한국어의 언어문화적 특성을 이해하고 이를 담화 상황에서적절하게 활용할 수 있다.
고급	1. 학습자는 어휘의 확장된 의미를 이해하고 담화 상황에서 자연스럽게 부려 쓸 수 있다. 2. 학습자는 한국어 어휘의 파생법을 이해하고 원어민이 일상적으로 사용하는 다양한 접두사와 접미어를 이해하고 구사할 수 있다. 3. 학습자는 원어민 화자에 가까운 어휘 사용 능력을 획득한다. 4. 학습자는 원어민 화자와의 담화 상황에서 익숙하지 못한 어휘의 의미와 쓰임을 스스로 추측하여 이해하고 학습할 수 있다.

한국어교육 과정의 어휘영역의 등급별 교육목표에 따른 학습자의 어휘발달 수준을 고려하면 '추상적인 정도'에 따라 신체영역은 초급단계 학습자에게, 시선영역은 중급단계 학습자에게, 판단영역은 고급단계 학습자에게 제시되어 최종적으로 학습자가 실제 담화상황에서 자연스럽게 부려 쓸 수 있도록 해야 한다. 이것을 정리하면 다음 [표 7]과 같다.

[표 7] '눈'의 의미항목 영역별 분류와 제시등급

의미영역	제시등급	의미항목
신체영역	초급	①
시선영역	중급	②, ④
판단영역	고급	③, ⑤, ⑥

한국어교육에서 다의어의 주변의미를 '의미의 관련성'과 '추상성의 정도'에 따라 범주화하고, '학습자의 어휘발달 수준'과 '추상성의 정도'에 따라 등급별로 제시하면 외국인 학습자가 각 의미들 간의 논리적 연결을 파악할 수 있어 체계적으로 다의어의 여러 의미를 학습할 수 있을 것이다. 이 분석을 바탕으로 다음 장에서는 외국인 학습자가 보다 효율적으로 다의어의 의미를 학습할 수 있도록 등급별 다의어 '눈'의 의미항목 중에서 먼저 교육할 의미항목을 의미항목별 '사용빈도'에 따라 선정할 것이다.

다. 등급별 다의어 의미항목 선정

외국인 학습자가 보다 효율적으로 다의어의 여러 의미를 학습할 수 있도록 등급별 다의어 '눈'의 의미항목을 선정하기 위해서는 '눈'의 의미항목별 사용빈도를 살펴 볼 필요가 있다. 「의미빈도사전」(2014)과 <영화 시나리오>(2004)의 '눈'의 의미항목별 빈도순위와 누적사용률을 살펴보면 아래 [표 8]과 같다.

[표 8] 자료별 '눈'의 의미항목 빈도순위와 사용률 비교

빈도 순위	의미빈도사전(2014)				영화 시나리오(2004)			
	항목	빈도	사용률(%)	누적	항목	빈도	사용률(%)	누적
1	①	609	67.96%	67.96%	①	1144	76.01%	76.01%
2	④	115	12.83%	80.79%	④	180	11.96%	87.97%
3	⑤	63	7.03%	87.82%	②	64	4.25%	92.22%
4	③	45	5.02%	92.84%	⑤	56	3.72%	95.94%
5	②	35	3.90%	96.74%	③	53	3.52%	99.46%
6	⑥	29	3.23%	99.97%	⑥	8	0.53%	99.99%
계		896	99.97%			1505	99.99%	

신체영역인 중심의미에 해당하는 의미항목 ①은 빈도순위는 같고, 사용률
은 <영화 시나리오>(2004)가 76.01%로「의미빈도사전」(2014)의 67.96%보다
8.05% 더 높다. 이는 모국어 화자들이 문어 발화상황보다 구어 발화상황에서
'눈'을 더 많이 사용한다는 것을 알 수 있다.

시선영역에 해당하는 의미항목 ②와 ④를 살펴보면, 두 자료에서 빈도순위는
의미항목 ④가 의미항목 ②보다 높게 나타났다. 다시 말하면 '눈'의 의미항목
④는 중심의미인 의미항목 ① 다음으로 많이 사용되고 있는 것이며, '눈'의 기
능면의 중심의미인 의미항목 ②보다 더 많이 사용하고 있고, 두 의미항목 간의
사용률의 차이는「의미빈도사전」(2014)에서 8.93%, <영화 시나리오>(2004)에
서 7.71%로 무시하지 못할 정도로 크다. 그러므로 시선영역에서는 의미항목의
사용률을 고려하여 의미항목 ④를 먼저 선정하여 교육할 필요가 있다.

판단영역에 해당하는 의미항목 ③, ⑤, ⑥의 사용빈도를 비교했을 때, 빈도
순위는 의미항목 ⑤, ③, ⑥으로 두 자료가 같으나 의미항목 ⑤와 ③의 사용
률 차는「의미빈도사전」(2014)은 2.01%이고 <영화 시나리오>(2004)는 0.2%
로, 두 자료 간에 무시하지 못할 정도의 차이가 있다. 이에 앞의 두 자료를
합하여 사용률을 살펴보았다.

[표 9] 통합자료 '눈'의 의미항목별 빈도순위와 사용률

의미빈도사전(2014) + 영화 시나리오(2004)				
빈도 순위	의미항목	사용빈도	사용률(%)	누적사용률(%)
1	①	1,753	73.01%	73.01%
2	④	295	12.28%	85.29%
3	⑤	119	4.96%	90.25%
4	②	99	4.12%	94.37%
5	③	98	4.08%	98.45%
6	⑥	37	1.54%	99.99%
계		2,401	99.99%	

판단영역인 사용빈도 순위는 의미항목 ⑤, ③, ⑥ 순으로, 의미항목 ⑤와 ③의 사용률 차는 0.88%이다. 의미항목 ③, ⑥의 사용률 차이는 2.54%이다. 의미항목 ⑤와 ③과 같이 1% 미만으로 사용률 차이가 낮다면 사용빈도 순위보다 의미확장 순서를 고려하여 의미항목을 선정해야 할 것이다.

[표 10] 등급별 의미항목 선정에 따른 누적사용률의 차이

의미영역	제시순서 (1)	의미빈도사전 + 영화 시나리오			제시순서 (2)	의미빈도사전 + 영화 시나리오		
		빈도	사용률	누적		빈도	사용률	누적
신체영역 (초급)	①	1,753	73.01%	73.01%	①	1,753	73.01%	73.01%
시선영역 (중급)	②	99	4.12%	77.13%	④	295	12.28%	85.29%
	④	295	12.28%	89.41%	②	99	4.12%	89.41%
판단영역 (고급)	③	98	4.08%	93.49%	③	98	4.08%	93.49%
	⑤	119	4.96%	98.45%	⑤	119	4.96%	98.45%
	⑥	37	1.54%	99.99%	⑥	37	1.54%	99.99%
계		2,401	99.99%			2,401	99.99%	

앞의 표에서 제시순서(1)은 등급별 의미항목 사용빈도를 고려하지 않고 단순히 의미확장 순서를 적용하여 의미항목을 선정하였을 때의 누적사용률을 살펴본 것이고, 제시순서(2)는 의미영역 안에서 각 의미항목의 사용빈도를 고려하여 의미항목을 선정 하였을 때의 누적사용률을 살펴본 것이다. 현저하게 차이를 보인 것은 시선영역이다. 시선영역에서 의미항목 ②를 먼저 선정하였을 때의 누적사용률은 77.13%인 것에 비해 의미항목 ④를 먼저 선정한다면 85.29%까지 누적사용률을 끌어 올릴 수 있다. 누적사용률 차이는 8.16%, 사용빈도 차이는 196로 매우 효율적이라고 할 수 있다.

그러므로 효율성을 고려하여 등급별 의미영역 속에서 의미항목 간의 사용

빈도의 차이가 많이 난다면 사용빈도가 높은 의미항목을 먼저 선정할 필요가 있으며, 이 사용빈도의 차이는 '무엇을 먼저 가르칠 것인가'의 중요한 지표가 될 것이다. 이상의 내용을 정리하면 아래의 [표 11]과 같다.

[표 11] 등급별 '눈'의 의미항목 선정 결과

의미영역	제시등급	제시순서	의미빈도 사전 + 영화 시나리오		
			사용빈도	사용률(%)[32]	누적 사용률(%)
신체영역	초급	①	1,753	73.01%	73.01%
시선영역	중급	④—②	394	16.41%	89.42%
판단영역	고급	③—⑤—⑥	254	10.58%	100%
합계			2,401	100%	

지금까지 외국인 학습자를 대상으로 하는 한국어교육에서 등급별 다의어의 의미항목을 선정하기 위한 선정기준을 제시하고, 다의어의 여러 의미를 '의미의 관련성'과 '추상성의 정도'에 따라 '신체영역', '시선영역', '판단영역'으로 범주화하고, '학습자의 어휘발달 수준'과 '추상성의 정도'를 고려하여 초급, 중급, 고급으로 나누었다. 또, '사용빈도'를 고려하여 먼저 교육해야할 각 등급별 다의어 '눈'의 의미항목을 선정하였다. 위의 표에서 알 수 있듯이, 초급단계를 마친 외국인 학습자는 사용률 73.01%의 '눈'의 의미를 학습하게 되고, 중급단계를 마친 외국인 학습자는 사용률 89.42%의 '눈'의 의미를 학습하게 된다. 이것은 다의어의 여러 의미를 보다 체계적, 효율적, 단계적으로 교육하기 위한 실제적인 방법을 보이고자 한 것이다.

---

32) 사용률은 다의어 '눈'의 의미항목 전체의 사용빈도 2459에 대한 의미영역 별 사용빈도에 대한 비율이다.

5. 등급별 다의어교육 방안

언어의 이해와 표현은 어휘력 없이는 제 기능을 유지할 수 없으며, 한정된 양의 어휘로 큰 효율의 언어생활을 하기 위해서 다의어교육은 매우 중요하다. 다의어교육을 제대로 하려면 다른 언어영역을 지도하는 데 필요한 어휘로서의 간접적 어휘교육이 아니라 어휘 자체를 교육하기 위해 문법과 기능을 활용하는 직접적 어휘교육이 이루어져야 한다. 그러기 위해서는 먼저 교육용 다의어와 등급별로 교육할 개별 다의어의 의미항목을 잘 선정해야 한다. 그리고 이를 반영한 교육과정의 설계와 교재편찬, 다의어 지도법이 개발되어야 한다. 지금까지 개별 다의어의 등급별 의미항목 선정방법에 대해 논의하였다. 이를 토대로 이 장에서는 다의어교육과 관련한 교육과정 설계, 교재편찬, 다의어 지도 순서에 대해 본 연구자의 견해를 제시하고자 한다.

가. 교육과정의 설계

교육 과정은 교육의 목적과 최종 목적을 성취하기 위한 구체적 목표를 따라 이를 달성하는 데에 필요한 교육내용을 구체화하는 것이다. 한국어교육의 목적이 '의사소통 신장'이라면, 한국어 어휘교육의 목표는 '어휘력 신장'일 것이다. 이를 달성하기 위해서 구체적인 어휘 교육과정이 설계되어야 할 것이다. 적은 수의 단어를 배우고도 빠르게 어휘력을 신장시켜 보다 자연스럽고 원활하게 의사소통을 하기 위해서는 다의어교육이 절실하다. 고급단계의 학습자가 어휘교육의 최종 목표인 '어휘의 확장된 의미를 이해하고 담화상황에서 자연스럽게 부려 쓸 수 있다.'에 도달하기 위해서는 교육과정의 설계에서부터 다의어교육에 대한 지도전략을 세워야 한다. 다의어 교육과정의 설계는 체계적·효율적·단계적으로 다의어를 교육할 수 있도록 등급별로 이루어져야 하고, 잘 선정된 교육용 다의어와 개별 다의어의 등급별 의미항목이 다의어교육 과정에 명시되어야 한다. 그리고 다의어교육을 위한 내용영역이 마련되어 직접적 다의어교육이 이루어질 수 있도록 해야 하는데, 통합형 한국어 교재에서 각 과마다 다루는 것은 학습의 부담감을 줄 수 있으므로 몇 과를 합쳐 독립된 다의어교육을 위한 내용영역을 두어 유의미한 다의어교육이 이루어질 수 있도록 해야 한다.

나. 교재의 편찬

다의어교육을 위한 교재를 편찬하기 위한 선결 과제로 교육용 다의어의 선정과 등급별 다의어 의미항목 선정, 다의어교육을 위한 교육과정의 설계, 교재편찬, 다의어 지도방법에 대한 연구가 필요하다. 실제 한국어 담화상황에서 필요한 다의어의 의미를 자연스럽게 습득시킬 수 있는 교재편찬, 적은 수의 단어를 배우고도 많은 단어의 의미를 알 수 있도록 하는 교재의 편찬은 잘 설계된 교육과정과 잘 선정된 교육용 다의어와 개별 다의어의 등급별 의미항목에 의해 이루어진다. 사전의 뜻풀이, 의미확장 정보, 의미빈도 사전, 구어말뭉치 분석 결과 등을 통해 얻어진 개별 단어의 의미정보를 등급별 어휘교육 목표에 따라 한국어 교재에 체계적이고, 효율적 및 단계적으로 제시하고, 다의어교육을 할 수 있는 별도의 시간을 정규 수업시간에 마련해야 할 것이다.

또, 통합형 한국어 교재의 어휘영역의 한 부분에서 다의어교육을 할 수도 있겠지만, 다의어교육을 제대로 하려면 전문적인 다의어 학습교재의 편찬도 고려할 만하다. 거기에는 개별 다의어의 의미확장과 관련한 의미항목의 의미풀이뿐만 아니라 격틀이나 결합관계를 이루고 있는 연어, 새로운 의미로 굳어진 관용구, 속담 등이 포함되어 각 의미항목과 관련된 실제 다양한 쓰임을 학습할 수 있도록 함으로써 실제 담화상황에서 자연스럽게 부려 쓸 수 있도록 해야 한다. 이 때 반드시 학습자의 어휘발달 수준에 따른 등급을 고려하여야 하는데 필요하다면 등급에 따른 다의어 학습교재를 구분하여 편찬해도 좋을 것이다.

다. 다의어의 지도 순서

어휘의 종류, 어휘의 특성, 학습자의 요인, 교수·학습 환경에 따른 다양한 어휘 지도방법이 필요하다. 다의어교육은 개별 단어의 다양한 의미와 실제 쓰임에 대한 교육이므로 단어가 지니고 있는 특성이나 학습자의 어휘발달 수준, 사용하고 있는 교재의 특성에 따라 어휘 지도방법이 달라질 수 있다. 현행 한국어교재의 교과과정에는 다의어교육에 대한 설계가 되어 있지 않지만 다의어 지도방법에 대한 연구는 꾸준히 계속되고 있다. 지금까지 논의된 다의어 지도방법에는 시각자료를 활용하는 방법, 읽기자료를 활용하는 방법, 사전을 활용하는 방법, 게임을 통한 방법 등이 있다. 가장 많이 쓰이는 지도방법은 의미 지도 그리기, 사전 찾기, 문맥 유추하기 등이다.

다의어는 다른 어휘들에 없는 특별한 성질을 가지고 있는데, 외국인 학습자에게 다의어를 지도할 때는 다의어가 가진 특성에 따라 다음과 같은 순서로 지도해야 한다.

첫째, 다의어는 의미확장 방법과 기제에 따라 구체적인 것에서 추상적인 것으로, 단계적으로 의미가 확장되므로 의미확장 순서를 고려하여 중심의미부터 먼저 가르치고, 주변의미를 단계적으로 지도해야 한다.

둘째, 일반 목적으로 사용되고 있는 사전에는 다의어의 의미항목이 지나치게 세분화되어 있고, 의미항목들 간의 의미 차이가 거의 없는 경우도 있기 때문에 의미적 연관성이 있는 의미항목들을 묶어서 범주화하고, 학습자의 어휘발달 수준을 고려하여 등급별로 분류하여 단계적으로 지도해야 한다.

셋째, 등급별 다의어의 의미항목들 간의 사용빈도 차이가 현저하므로 사용빈도가 높은 의미항목부터 사용빈도가 낮은 의미항목으로 단계적인 지도를 해야 한다.

넷째, 다의어는 다른 단어와의 결합을 통하여 새로운 의미로 굳어진 경우가 많으므로 개별 단어의 여러 사전적 뜻풀이만으로는 실제 담화상황에서 표현하기 힘들다. 실제 담화상황에서 표현하기 위해서는 개별 다의어에 사용되는 격틀이나 결합관계를 이루고 있는 연어, 관용구, 속담 등의 형태로 지도해야 한다. 이 경우도 사용빈도가 높은 대표적인 문형이나 예문부터 단계적으로 지도해야 한다.

다의어교육을 제대로 하기 위해서 개별 다의어의 의미정보를 바탕으로 교육과정 설계에서부터 다의어 지도전략을 세우고, 체계적 · 효율적 · 단계적으로 다의어를 교육할 수 있도록 다의어를 위한 내용영역을 두어 직접적 다의어교육이 이루어질 수 있도록 해야 할 것, 이렇게 잘 설계된 교육과정과 잘 선정된 등급별 다의어 의미정보를 반영하여 등급별 어휘교육의 목표에 따라 체계적 · 효율적 · 단계적으로 한국어 교재에 제시하여야 하며, 다의어교육을 제대로 하기 위해 전문적인 다의어 학습교재의 편찬과 다의어가 지닌 특성과 관련한 다의어 지도 순서를 제안하였다. 이것은 일반적인 다의어 교육방법을 구안해 보고자 한 것이다.

6. 정리

외국인 학습자들의 질적 어휘력을 향상시켜 보다 원활한 의사소통의 능력을 신장시키기 위하여 직접적인 다의어교육이 필요하다. 이를 위하여 한국어

교육을 위한 초급 수준의 기초어휘에 속하는 것이면서 사용빈도가 높고 의미 확장 범위가 넓으며, 실제 언어생활에서의 활용 가능성이 큰 신체관련 다의 명사 '눈'을 구체적인 예로 삼았다.

먼저 등급별 다의어 의미항목 선정기준을 제시하고, 등급별 다의어 '눈'의 의미항목을 범주화하여 등급별 다의어 '눈'의 의미항목을 선정하였다. 그리고 효과적인 등급별 다의어교육 방법으로 교육과정의 설계, 교재의 편찬, 다의어 지도순서를 구안하였다.

본 연구에서 아쉬웠던 점은 개별 다의어의 등급별 의미항목을 선정하기에 앞서 교육용 다의어를 선정하지 못한 것이다. 또, 다의어가 지닌 특성에 따른 다의어 지도순서를 제시하였는데 그것을 실제 교육현장에서 검증해 보는 절차를 마련하지 못한 것이다.

하지만 외국인 학습자를 대상으로 하는 한국어교육에서 등급별 다의어의 의미항목을 선정하기 위한 체계적, 효율적, 단계적이고 실제적인 방법을 제시한 점과 다의어교육 방법 면에서 효과적인 다의어의 지도 순서를 제시한 점에서 그 의의가 있겠다. 또한 주요 교육용 다의어에 대한 일련의 작업들이 총체적으로 이루어진다면, 어휘교육을 위한 교육과정의 설계와 한국어 교재 편찬에 도움이 될 뿐만 아니라 직접적 다의어교육을 위한 교육과정 설계와 다의어를 위한 전문적인 교재편찬도 가능할 것이라 믿어 의심치 않는다. 그리고 일선현장에서의 한국어 교사들에게 객관적이고 유용한 교육 자료를 제공해 줄 수 있을 것이다.

6장

한국어의 난도별
어휘학습 방안

이선미
··············

1. 도입

가. 연구 목적

최근에 한국어를 배우고자 하는 외국인들이 급증하면서 한국어를 교육하기 위한 논의들이 활발하게 제기되고 있다. 한국어를 학습하기 위한 교재는 말하기, 듣기, 읽기, 쓰기, 문법, 문화 등을 하나로 통합한 교재가 대부분이며 이를 부문별로 나누어 수업하는 것이 일반적인 추세이다. 이 모든 분야의 언어 구사 능력의 기본은 어휘 습득이다. 물론 어휘 학습만으로 한국어 학습이 이루어졌다고 보기는 어렵다. 그러나 어휘는 외국어 학습의 기초가 되는 기본적인 요소이므로 한국어 습득에 일차적으로 고려되어야 하는 것이 어휘라는 것은 분명하다.

대개 어휘 교육에서 필요한 어휘목록을 선정할 때는 빈도수에 초점을 맞추어 온 것이 사실이다.[1] 그러나 한국어를 외국어로 학습하는 외국인 학습자에게 빈도수가 높은 단어를 우선적으로 습득시키는 것이 효율적인가는 재고의 여지가 있다고 생각한다. 연구자가 지난 몇 년간 외국인에게 한국어를 가르치면서 외국인 학습자가 어휘를 습득하는 데 따른 어려움을 직접 확인하면서 빈도수 이외의 여러 요인이 추가된 기술적이고 효율적인 학습 방법을 모색할 필요성을 인식하게 되었다. 학습자의 수준에 맞추어 효율적으로 어휘를 선정, 제시해야 한다는 현장에서의 필요성으로 이 연구에 착안하게 되었다.

본고에서는 한국어 교재에서 다루고 있는 어휘의 난도를 분석하고 어떤 어휘가 어떤 단계에서 제시되어야 하는지를 보여주어 학습자의 입장에서 보다 쉽고 능률적으로 어휘를 습득하는 데 도움을 주고자 한다. 또한 한국어를 교육하는 현장의 교사들에게 효율적인 어휘지도 방법을 위한 기초를 제공하고자 한다.

나. 선행 연구

외국어로서의 한국어 교육에 대한 연구는 고영근(1969)[2])에서 처음 찾을 수 있는데 여기에서는 한국어 교수의 연습 유형에 대하여 언급하고 있다. 그 이후 이남덕(1978)[3]), 신차식(1981)[4])등이 있으나 연구의 범위가 한국어 교육에 집중되지 못하고 범위가 넓어 한국어 어휘 교육의 구체적인 접근과는 거리가 멀다 하겠다.

이충우(1994)[5])는 한국어 교육을 위한 대표 어휘 선정에 관한 연구를 하였

---

1) Laufer(1989, 1992)에서는 고빈도 단어 1,000개로 영어 텍스트 75%를 이해할 수 있다고 보았고 Xue&Nation(1984)에서는 2,000개의 기본 어휘에 800개의 전문 용어로 95%의 영어를 이해할 수 있다고 보았다. 또한 Nation(1990)에서는 고빈도 단어 2,000개로 87%의 영어를 이해할 수 있다고 하였다.

2) 고영근(1969), 국어의 문형 연구 시론, 언어교육 1-2

3) 이남덕(1978), 한국어/n/와 일본어/y/와의 대응 고찰, 이대한국문화 연구원 논총

4) 신차식(1981), 독일어와 한국어에 있어서의 직업어에 대한 비교 연구, 단국대 논문집

5) 이충우(1994), "한국어 교육용 어휘 연구"에서는 '기초 어휘'를 "사용빈도보다는 한정된 소수의 어휘

다. 어휘 교육을 위한 교육용 어휘의 개념과 선정 방법 및 기준을 제시하고, 교육용 어휘를 구성하는 대표어근과 대표 접사, 대표한자어형성소의 선정에 주안점을 두었다. 기존의 어휘조사 자료를 선전용 사료로 하여, 대표 어근 65 어, 대표 접사 175어, 대표한자형성소 175어를 선정하였다. 이러한 논의는 국어의 조어 방식이 합성 및 파생에 기반하고 있으며, 특히 파생의 경우 특정한 한자어들이 접사의 기능을 담당하는 점을 주목했다. 이렇게 선정된 대표 어근과 접사, 한자형성소가 궁극적으로 어휘 학습자들의 어휘력을 증가시킬 것으로 보았다. 이충우는 외국어로서의 한국어 교육에 대한 중요성이 늘어가고 있다는 것을 강조하며 외국인을 위한 어휘 학습 교재가 필요하다고 하였다. 이 외에도 서상규 외(1998)[6]에서는 말뭉치를 이용한 통계적 분석으로 5,000개의 기초 어휘를 선정하였다. 이는 주로 문어 텍스트의 말뭉치를 한국어 교육에 처음으로 도입했다는 점에서 의의를 갖는다. 최길시(1998)[7]는 각종 어휘 빈도 조사 자료와 어휘 연구 자료를 참고로 기본 어휘 2,000어를 고빈도 어휘로 제시하였다. 또, 조현용(2000)[8]에서도 서상규 외(1998)의 한국어 기본 어휘 후보 목록과 최길시(1998)의 연세대 교재 1, 2급에 나오는 어휘를 비교하여 공통된 어휘 725개의 기초 어휘를 선정하였다. 이상은 한국어 교육에 필요한 어휘 선정에 주안점을 둔 연구라 하겠다.

어휘 교육 방법 및 기법에 관한 연구는 곽지영(1997)[9], 조현용(2000) 등이

자료에 의해 기본이 되는 일상 생활 각 영역에서의 필요가 충족될 수 있도록 선정된 기본적인 어휘'로 정의하는 한편, '기본 어휘'를 "일상 생활에서 가장 기본적으로 사용되며 빈도가 높은 어휘 가운데 모든 사람에게 공통된 어휘의 상당수"로 정의하고, 정상적인 기본생활을 하는 데 필요한 2,000-3,000어휘가 이에 해당된다고 하고 있다. 기초 어휘가 일상생활에서의 기초 어휘라고 한다면, 학습에 필요한 어휘를 '학습용'기초 어휘라고 할 수 있으며, 학습의 내용 목표가 되는 어휘를 '교육 어휘'라고 하여, 구별할 수 있는데, 학습용 기초 어휘보다 더 폭이 넓다는 점이 교육용 기초 어휘라 할 수 있다.

6) 서상규, 남윤진, 진기호(1998), 한국어 교육을 위한 기초 어휘 선정1-기초어휘 빈도 조사 결과-한국어 세계화 추진을 위한 기반 구축 사업 1차년도 결과 보고서, 한국어세계화추진위원회, 문화관광부
7) 최길시(1998), 외국인을 위한 한국어 교육의 실제, 태학사
8) 조현용(2000),어휘 중심 한국어 교육 방법 연구, 경희대 대학원 박사학위 논문

있다. 곽지영(1997)은 어휘 교육의 중요성과 필요성을 강조하면서 학습자에게 어휘를 제시하고 어휘의 사용을 연습시키는 방법을 다루고 있다. 조현용(2000)은 어휘 교육의 역사와 현황, 기본 어휘 선정, 어휘부 접근을 통한 어휘 중심 교육의 필요성, 한국어 교재의 구성, 어휘 중심 학습법, 어휘 평가 등 한국어 어휘 교육에 대략적인 주요 사항들을 제시했다. 그러나 지금까지의 연구는 학습자의 입장에서 어휘를 습득하는 데 따른 어렵고 쉬운 문제 즉, 난이도, 혹은 易讀性 측면에 관해서는 비교적 활발하지 못했다.

글의 易讀性에 대한 문제는 심재홍(1991)이 글의 易讀性에 영향을 미치는 요인과 그 측정 방법을 논의했고, 최재완(1995)은 신문의 경제기사의 독이성에 관한 연구를 통해 독자들이 읽기 편한 기사문의 작성 방법을 제시했다. 심재홍은 문장 단위의 이독성에 대해 문제를 삼았으므로 어휘의 이독성 문제는 자세히 거론하지 못했으며, 한국어 교육의 측면이 아니라 모국어화자를 대상으로 하는 국어 교육의 분야의 연구였다. 최재완의 연구는 정치학 측면에서의 신문기사에 대한 논의였으므로 한국어 교육과는 더욱 거리가 있다.

다. 연구 방법

이 논문은 2장에서 어휘의 이독성과 난도개념, 그리고 어휘의 난도에 영향을 주는 요인들에 대해 살펴보았다. 그리고 그에 근거하여 3장에서는 이화여대의 한국어 교재 <말이 트이는 한국어 Ⅰ, Ⅱ, Ⅲ, Ⅳ, Ⅴ>에서 다루고 있는 어휘 중 명사를 대상으로 난이도를 분석하였다.

<말이 트이는 한국어>를 기본 텍스트로 정한 이유는 우선, 연구자가 현장10)에서 교재로 사용하고 있는 교재이기 때문이다. 본 연구를 위해 실제로

---

9) 곽지영(1997), 외국인을 위한 한국어 어휘 교육, 말22, 연세대 언어교육원 한국어학당
10) 경동대학교 국제어학원 한국어교육과정

한국어를 배우고 있는 외국인 학습자를 대상으로 어휘의 난도 측정 설문 조사를 했는데, 그 대상자들이 <말이 트이는 한국어>를 교재로 사용하고 있으므로 설문의 어휘의 목록이 설문 응답자들에게 전혀 생소한 어휘가 되면 안 되겠다는 연구자의 판단이었다. 또한 본 연구는 교재의 어휘 구성이 적절한지 여부를 가리는 것이 목적이 아니라 어떤 단계에서 어떤 어휘가 제시, 학습되어야 효율적인지를 가늠해 보는 것이 목적이므로 어떤 종류의 교재이든지 초급부터 고급까지 연계성만 확보된 것이라면 상관없다고 보았다. 물론, 더 많고 다양한 교재를 대상으로 한다면 단계별 교재에서 제시되는 어휘의 적절성 여부와 그 방향에 대한 제시를 위해서 더욱 유리할 것임은 명백하다.

그리고 명사만을 그 대상으로 한 것은 첫째, 전체 어휘 중에서 명사가 차지하고 있는 비율이 가장 높으므로[11] 어휘 교육에서 중요한 부분을 차지하고

---

11) 서상규(2002),『21세기 한국어교육학의 현황과 과제』, 박영순편, 한국문화사,「한국어 기본 어휘와 말뭉치 분석」, 375쪽, [표 9] YsCorpus 전체(어미, 조사 포함) 통합빈도

품사별분포	단어수	단어수비율
명사	54,282	12.25%
고유명사(성)	51	0.01%
고유명사(명)	9,040	2.04%
대명사	200	0.05%
수사	144	0.03%
의존명사	479	0.11%
형성(어근)	0	
동사	14,363	3.24%
형용사	4,317	0.97%
지정사	6	0.00%
보조동사	60	0.01%
관형사	456	0.10%
부사	4,628	1.04%
감탄사	565	0.13%
조사	598	0.13%
어미	1,856	0.42%
선어말어미	91	0.02%
접미사	59	0.01%
접두사	0	
기타	0	
합계	91,195	20.58

있다고 판단했기 때문이다. 둘째, 교재에서 다루고 있는 모든 어휘(조사나 어미 포함)를 조사 대상으로 삼기에는 연구자의 역량이 부족했다. 주지하다시피 어휘의 계량 작업은 개인이 작업하기에는 곤란한 점이 많으므로 명사 이외의 어휘의 난도 분석과 그 계량 작업은 아쉬운대로 다음의 연구과제로 남기기로 했다.

대상이 되는 어휘는 교재에 제시된 단어 색인 목록에서, 색인에서 누락된 단어는 본문에서 추출하였다. 각 단계별 교재에서 중복되는 어휘는 고려하지 않았다. 난이도 분석의 기준은, 빈도면에서는 국립국어원에서 2002년도에 실시한 "현대 국어 사용 빈도 조사(한국어 학습용 어휘 선정을 위한 기초 조사)"를 기준으로 하였다. 그리고 외국인이 제2의 언어로 한국어를 배울 때 어렵게 느끼는 요인이라고 여겨지는 동음이의어, 복합어, 추상어, 그리고 음절 수를 고려하여 난도 등급을 설정해 보았다. 물론, 용언의 경우 불규칙 활용되는 어휘나 활용할 때 음운 탈락이 나타나는 어휘도 학습자에게 어려운 요인이 되겠지만 본고에서는 명사 어휘만을 다루므로 여기에서는 제외하였다.

4-1장에서는 이렇게 분석된 어휘가 실제 학습자에게도 체감되는 난이도인지를 확인하기 위해 경동대학교 국제어학원에서 1년 과정으로 한국어를 배우는 중국인 유학생들(초급 과정 30명, 중급 과정 30명)을 대상으로 조사하였다. 난이도 등급에 따른 어휘를 학습자에게 제시하여 그 인지도를 알아 보는 방법을 사용하였다.

이렇게 분석, 검증한 자료를 바탕으로 4-2장에서는 초, 중, 고급 과정에서 활용할 수 있는 어휘 목록을 제시하고자 하였다. 어휘 목록의 작성은 김광해의 등급별 국어교육용 어휘(2003, 박이정)에서 선정한 초급 어휘 목록을 표제어로 하여, 김하수의 『한국어연어사전』(2007, 커뮤니케이션북스)과 국립국어원의 『표준국어대사전』, 그리고 한컴사전을 참고로 하여 관련되는 어휘를 연구자가 선정한 뒤, 본 연구의 결과물인 난도 점수를 부여하여 초, 중, 고급 수준에서 제시되면 바람직하다고 생각되는 어휘로 나누어 정리하였다. 물론,

초, 중, 고급으로 나누어진 어휘가 반드시 그 수준에서만 제시되어야 한다는 것은 아니다. 다만, 교사가 현장에서 학습자에게 어휘를 확장해 줄 때 조금이라도 도움이 되는 기준을 마련하고자 한 것이다.

2. 어휘의 이독성과 난도

가. 이독성의 개념

이독성이란 글의 난이도 수준을 말하는 것으로, 독해의 용이도를 뜻하며, 글을 어느 정도 쉽게 이해할 수 있을까를 예측하게 해 주는 성질이다. 이독성의 명칭은 이독성(讀易性), 가독성(可讀性), 이독성(易讀性) 등으로 사용되어 왔다.[12] 가독성의 경우는 영어로 'readability'라는 개념보다는 'legibility'라는 용어에 가까운 속성을 가진다.

'readability'는 주로 글자나 기호가 갖는 의미를 이해하는 측면이 강조된 이름이며, 'legibility'는 표기된 인쇄 자료와 읽는 환경에 관련된 외부적 요인으로서 글자나 기호가 읽기 좋게 되어 있는 측면을 주로 가리키는 용어로 쓰인다. 그러므로 본 연구에서는 'readability를 이독성의 용어로 사용하여, 이독성의 측면에서 어휘의 난이도를 측정해 보고자 한다.

---

12) 易讀性이라는 용어는 이홍수(1984)와 심재홍(1991)에 의해 사용되었으며 可讀性은 이선희(1984)의 논문에 쓰인 용어이며 讀易性은 김기중(1993)에의하여 사용되었다.

나. 난도의 개념

어렵고 쉬운 정도를 의미할 때 '난이도(難易度)'라는 용어를 사용한다. 말 그대로 '난이도'란 어떤 대상이나 개념의 어렵고 쉬운 정도를 의미한다. 그 어려움의 수준이 높을 때 '고난이도', 어려움의 수준이 낮을 때 '저난이도'라는 표현을 흔히 하기도 한다. 그러나 '고난이도'나 '저난이도'라는 표현은 말 자체에 모순이 있다. '고난이도'란 "높은 수준의 어렵고 쉬운 정도'인가? 따라서 본고에서는 어려움의 정도를 '난도(難度)'라는 용어로 사용하기로 한다. 그러므로 어휘의 어려움의 정도를 '난도', 높은 수준의 어려운 어휘는 '고난도 어휘', 비교적 쉬운 단어는 '저난도 어휘'로 분류한다.

다. 난도에 영향을 주는 요인

1) 빈도

단어의 의미는 실생활에서 많이 사용되는 경우는 쉽게 이해되고 사용을 별로 하지 않는 경우는 어렵게 느껴진다. 그러나 이런 현상은 오랜 시간 모국어에 노출되어 온 모국어 화자가 경험으로 알게 되는 것이므로 성인이 된 후에 처음으로 한국어를 배우게 되는 초급 수준의 외국인 학습자에게는 처음에는 별로 의미가 없을 수도 있다. 그러나 한국어에 노출되어 생활하는 동안 점차 빈도수가 높은 어휘를 접하게 되면서 익숙해지게 될 것이다. 또한 한국어를 배우는 일차적 목적이 한국어를 사용하여 원활한 의사소통을 하는 것이므로 단어의 빈도는 어휘교육을 할 때 중요한 요소로 작용한다고 본다. 본고에서는 국립국어원에서 2002년도에 실시한 "현대 국어 사용 빈도 조사(한국어 학습용 어휘 선정을 위한 기초 조사)"를 기준으로 하여 빈도수에 따른 등급을 다음과 같이 정해 보았다.

[표 1] 빈도수에 따른 어휘의 난도 점수

점수	빈도순위	빈도수
1	1-530	400이상
2	531-1147	200-399
3	1148-2186	100-199
4	2187-4754	40-99
5	4758-8285	20-39
6	8286-14012	10-19
7	14013-25485	4-9
8	25486-38206	2-3
9	38207-58437 (미기재 어휘포함)	0-1

고빈도 어휘의 빈도순위 급간을 저빈도 어휘의 빈도순위 급간보다 좁게 잡
았는데 이것은 서상규(2002)[13]에서 "전체 텍스트의 80%를 이해하는 데에 필
요한 단어의 수는 전체 어휘 목록의 약 0.36%에 불과한 1,620개이며", "특히

---

13) 서상규(2002), 『21세기 한국어교육학의 현황과 과제』 박영순편, 한국문화사, 「한국어 기본 어휘와
말뭉치 분석」(377쪽)의 표(Ycs 전체 어휘의 사용률 구간별 분포)는 다음과 같다.

사용률 구간	① 단어수	② 단어수비율	③ 빈도수합	④ 평균빈도	⑤ 누적단어수	⑥ 누적비율
1-10%	4	0.0009%	4,333,169	1,083,292	4	0.0009%
11-20%	5	0.0011%	4,423,362	884,672	9	0.0020%
21-30%	8	0.0018%	4,860,811	607,601	17	0.0038%
31-40%	17	0.0038%	4,700,498	276,500	34	0.0077%
41-50%	52	0.0117%	4,670,617	89,820	86	0.0194%
51-60%	149	0.0336%	4,616,294	30,982	235	.00530%
61-70%	371	0.0837%	4,620,008	12,453	606	0.1368%
71-80%	1,014	0.2289%	4,606,787	4,543	1,620	0.3657%
81-90%	3,957	0.8932%	4,604,226	1,164	5,577	1.2588%
91-100%A	85,618	19.3256%	4,204,815	49	91,195	20.5845%
91-100%B	351,833	79.4155%	399,587	1	443,028	100%
합계	443,028	100%	46,040,174	1042		
91-100%AB	437,451	98.7412%	4,604,402	11		

연세말뭉치의 총 어휘 수 443,028 중에서 무려 98.7%에 해당하는 단어가 마지막 사용률 구간인 91-100% 사용률 구간에 집중되어 있음"을 보인 연구에 근거하였다.

2) 음절수(단어의 길이)

MeGinnies-Comer-Lacy(1952)는 단어의 길이가 짧을수록 문장에 대한 이해가 빨리 될 수 있다고 하였다.[14] 한국인들도 영어를 처음 배울 때 철자가 많고 긴 단어는 외우기가 힘들었던 경험이 있다. 마찬가지로 한국어를 배우는 외국인들도 그럴 것이라는 점에 착안하여 음절수도 이독성에 영향을 주는 요인으로 고려했다. 단어의 난이도 측정 점수에 음절수를 단순 합산하는 방법을 사용한다.

3) 동음이의어

이충우(1992)는 한국어 어휘의 특징으로 동음이의어가 많다는 것을 지적하며 이는 어휘 교육상 고려할 특질이라고 했다. 동음이의어는 모국어 화자들에게도 의사소통에 혼란을 주는 요인이다. 다의어 또한 외국인 학습자에게 어려운 요인일 거라 생각된다. 동음이의어는 사전에 다른 표제어로 실려 있으나 다의어는 같은 단어로 취급되므로 더더욱 의미 구별이 어려울 거라 판단된다. 이에 동음이의어와 다의어도 난이도에 영향을 미치는 요소로 선정했다. "국어사전"에는 일반적인 수준의 한국어 모국어 화자도 잘 쓰지 않고 잘 알지 못하는 동음이의어와 다의어가 실려 있으므로 본고에서는 국립국어원의 "현대 국어 사용 빈도 조사(한국어 학습용 어휘 선정을 위한 기초 조사)"에 실린 어휘 중 동음이의어와 다의어의 수를 난이도의 수치로 합산한다. 이

---

14) 김수연(1994) 15쪽에서 재인용·

때 동음이의어와 다의어는 구별하지 않고 수치화한다. 단, 방언(비속어 포함)으로 분류된 동음이의어는 제외했다. 또, 이철자 동음이의어도 제외하였다.

4) 복합어

한국어 어휘 가운데 상당수가 복합어로 이루어졌다. 이는 그만큼 한국어 어휘가 생산력이 높다는 의미도 될 것이다. 복합어는 초기 학습자에게는 어렵고 복잡할 수 있으나 중급 이상의 어느 정도 숙달된 학습자에게는 오히려 어휘를 활용할 수 있는 폭을 넓혀 준다는 점도 간과해서는 안 될 것이다. 이 논문에서는 복합어의 그런 양면성을 고려하여 복합어에는 1점을 가산했다. 한자어의 경우 형태소로 나누었을 때 나뉜 형태소가 독립적으로 쓰이는 경우에만 난도 점수를 주었다. 예를 들면, '소설가'는 '소설+가'로 나뉘는데, 이때 '소설'은 독립형태소이므로 점수를 부여했다. 그러나 '성수기, 비수기' 같은 어휘는 각각 '성수+기'와 '비수+기'로 나누어지지만 '비수'나 '기' 등은 독립적으로 쓰이는 어휘가 아니므로 난도 점수를 부여하지 않았다.

5) 추상어

Schwanenflugel과 Akin은 구체적 어휘(concret word)를 직접적이고 감상적인 대상물이나 쉽게 떠오르는 영상이 있는 것으로, 추상적 어휘(abstract word)는 그러한 것이 없는 것이라 정의하였다.[15] 실제로 추상어와 구체어는 그 경계가 명확하지 않은 것들이 다수 있어 연구자가 고심한 부분 중의 하나이다.[16] 그러나 추상어보다는 구체어가 그 의미를 인지하는 데 분명히 더 유

---

15) 주세형(1999), 33.에서 재인용
16) 예를 들어, '앞, 뒤, 옆' 등의 어휘는 추상어인지 구체어인지 판단이 어려웠다. 어느 사전에도 구체어, 추상어를 구별하여 명확히 제시한 것은 찾아보지 못했다. 따라서 연구자의 직관으로 추상어로 분류했다.

리하다는 점에는 어떤 이의도 있을 수 없으므로 추상적 의미를 나타내는 어휘에 난도 점수를 부과하였다.

6) 제외된 요인들

(1) 불규칙용언

한국어의 활용어휘는 초보인 외국인 학습자들이 특히 애를 먹는 부분이다. 더욱이 불규칙 용언의 경우 사전이나 한국어 교재의 단어 색인에는 기본형으로 실려 있으나 실제 발화 현장에서는 활용형으로 변형되어 쓰이고 있으므로 사용에 오류가 많다. 그러나 설령 불규칙 용언이라 할지라도 그 유형이 한정되어 있기 때문에 중급 이상의 수준의 학습자에게는 크게 문제가 되지 않는다고 본다. 따라서 불규칙 용언에는 난도 점수를 부여해야 할 것이다. 학교국어에서 불규칙용언으로 분류되지 않는 '_' 탈락 용언 (쓰다-써) 등도 불규칙용언으로 취급하여 역시 난도 점수를 부여해야 한다고 본다. 단, 본고에서는 명사 어휘만을 다루므로 이 요인은 제외한다.

(2) 한자어

어린 아이 때부터 한국어에 노출된 모국어 화자에게는 한자어보다는 고유어가 친숙하고 쉽겠지만 이미 성인이 된 후 한국어를 습득하는 외국인 학습자에게는 한국어의 고유어와 한자어의 구별이 무의미하다고 보았다. 한국어의 고유어나 한자어가 다 같은 외국어 어휘로 받아들여질 것이라 생각되기 때문이다. 더구나 한국어 학습자의 많은 수를 차지하고 있는 중국인 학습자의 경우(본고에서 표본집단으로 잡은 경동대 국제어학원의 외국인 학습자는 러시아인 1명을 제외하고 전원이 중국인임)에는 오히려 한자어가 친숙하고 이해도가 높다고 생각하여 난도의 요인으로 고려하지 않았다.

(3) 높임의 어휘

한국어에 특히 발달해 있는 높임의 어휘는 외국인 학습자에게는 한국어 학습을 어렵게 만드는 요인이므로 어휘의 난도에 영향을 준다. 본고에서 다루는 어휘에서는 그 수가 지극히 적으므로 난도 점수요인에서는 제외하였다. 그러나 3장의 어휘 교육의 방법에서는 높임의 표현을 고려하였다. 앞으로 높임의 어휘에 대해 교육현장에서 활용할 수 있는 교수-학습 방법의 연구가 심도 있게 이루어져야 한다고 생각한다.

3. 한국어의 어휘 난도 분석

가. 〈말이 트이는 한국어〉의 어휘난도분석

다음은 한국어 교재에서 다루고 있는 어휘들의 난이도를 분석한 것이다. 교재의 단어 색인의 단어를 옮겨 오고, 색인에서 누락된 단어는 본문에서 추출하였다. 사전에 표제어로 올라가 있지 않은 합성어도, 한국어의 발화 현장에서 필요하다고 생각되는 것은 포함시켰다. 이때, 고유명사와 동사, 형용사, 조사, 수사, 접사, 관용적 표현, 그리고 자음의 이름은 제외하였다. 분석 방법은 Ⅱ-2에서 제시한 요인에 따라 단어마다 점수를 부여하여 총점을 단순 합산하였다.[17] 즉, 단어의 점수가 높을수록 어렵고, 점수가 낮을수록 쉬운 단어로 구분하였다. 그 결과를 표로 정리하면 다음과 같다.

---

17) 이런 단순 합산의 점수부여 방식에는 문제가 있을 수 있다. 예를 들어, 음절수에 부여한 1점이 동음이의어나 추상어, 그리고 합성어 요인으로 인한 난도와 동일하게 취급되어도 되는지 검증할 만한 근거가 아직은 없을뿐더러 연구자 자신도 꼭 그렇게 될 것이라고 생각하지는 않는다. 그러나 표본으로 삼을만한 여타의 연구 자료가 없으므로 부득이하게 이와 같이 처리한다.

[표 2] '말이 트이는 한국어 I II III IV V'의 난도 어휘 분포표 (점수)

난도 점수	I		II		III		IV		V	
	어휘수	누적수	어휘수	누적수	어휘수	누적수	어휘수	누적수	어휘수	누적수
2	4	4	0	0	0	0	0	0	0	0
3	29	33	5	5	5	5	3	3	0	0
4	56	89	15	20	9	14	12	15	0	0
5	64	153	36	56	32	66	22	37	4	4
6	90	243	51	107	52	118	24	61	15	19
7	89	332	68	175	74	192	57	118	18	37
8	100	432	46	221	62	254	45	164	17	54
9	72	504	59	593	90	344	65	229	25	79
10	95	599	37	409	69	413	62	291	23	102
11	55	654	55	372	64	477	33	324	19	121
12	48	702	37	409	57	534	36	360	18	139
13	32	734	42	451	59	593	24	384	16	155
14	38	772	23	474	39	632	24	409	13	168
15	14	786	15	489	18	650	11	419	27	195

[표 3] '말이 트이는 한국어 I, II, III, IV, V'의 난도 어휘 분포표 (백분율)

	I	II	III	IV	V
2	0.50%	0	0	0	0
3	3.68%	1.02%	0.76%	0.71%	0
4	7.12%	3.06%	1.38%	2.86%	0
5	8.14%	7.36%	4.92%	5.25%	2.05%
6	11.45%	10.42%	8.00%	5.72%	7.69%
7	11.32%	13.90%	11.38%	13.60%	9.23%
8	12.72%	9.40%	9.53%	10.73%	8.71%
9	9.16%	12.06%	13.84%	15.51%	12.87%

	I	II	III	IV	V
10	12.08%	7.56%	10.61%	14.79%	11.79%
11	6.99%	11.24%	9.84%	7.87%	9.74%
12	6.10%	7.56%	8.76%	8.59%	9.23%
13	4.07%	8.58%	9.07%	5.72%	8.20%
14	4.83%	4.70%	6.00%	5.72%	6.66%
15	1.78%	1.02%	2.76%	2.62%	13.84%

[표 2]는 "말이 트이는 한국어 Ⅰ, Ⅱ, Ⅲ, Ⅳ, Ⅴ(이하 텍스트)"에서 추출한 명사를 연구자가 부여한 난도 점수에 따라 분류한 명사의 수를 보여 준다. "텍스트 Ⅰ"은 총 명사의 수가 786개, "텍스트 Ⅱ"는 489개, "텍스트Ⅲ"은 650개, "텍스트Ⅳ"는 419개, "텍스트Ⅴ"는 195개이다. "텍스트Ⅱ"를 제외하면 새로 제시된 명사의 수는 학습자의 수준이 올라감에 따라 줄어든다. 이는 앞 단계의 책에서 제시된 단어의 수를 제외한, 새로 나온 단어만을 제시한 색인 목록표에서 추출한 단어이기 때문이라고 생각한다. 즉, 학습자의 수준이 올라가더라도 언어의 발화 현장에서 기본적인 어휘는 계속 쓰게 되므로 당연한 결과이다.[18]

[표 3]은 각 텍스트의 명사어휘의 난도별 분포를 보인 것이다. 이상적인 어휘분포라면 텍스트의 등급에 따라 초급 텍스트에서는 낮은 난도의 어휘가, 고급의 텍스트에서는 높은 난도의 어휘가 다른 등급의 어휘보다 상대적으로 많이 제시되어야 할 것이다. 그러나 연구자가 분석한 결과로 본다면 텍스트의 어휘는 등급별로 난도가 '이상적으로' 적절하게 제시되지 못했다.[19] 그러

---

18) 물론, 간혹 중복되는 어휘가 있기는 하나 그것은 교재를 만들 때 실수로 오입력한 것으로 간주된다. 본 논문에서는 중복되는 어휘는 무시하고 산출하였다.

19) 여기서 '이상적'이라 함은 많이 쓰인 어휘가 각 등급별로 적절하게 제시되어 표에서 그 분포가 정확히 대각선 구도를 보임을 의미한다. 그러나 앞에서도 기술한 바와 같이 연구자가 부여한 난도 등급부터가 '이상적'인지 검증이 되지 않은, 아직은 다분히 실험적인 시도이므로 이같은 결과는 연구자 자신도 예상했던 일이다.

나 진한 색으로 표시한 백분율 10%이상의 어휘가 아주 크게 벗어나지 않은 범위 내에 분포해 있다. 그러므로 이 텍스트는(혹은 연구자가 부여한 난도 점수는) 어느 정도 타당성이 있는 결과물이라고 보아도 큰 잘못은 아니다.

나. 〈말이 트이는 한국어〉의 어휘난도 타당도 설문조사

전장에서 분석한 난도가 학습자에게도 그대로 적용되는지 알아보기 위해 〈말이 트이는 한국어 Ⅰ, Ⅱ〉에 제시된 난도2에서 15까지의 어휘 중 세 개씩을 연구자가 임의 추출하여 설문지를 만들어 진행하였다.

설문대상자는 경동대학교 국제어학원에서 한국어를 배우는 59명(중국인 58, 러시아인1)이며 이들은 다시 한국어를 배운지 2개월로 접어드는 그룹 A(29명/중국인28, 러시아인1)와 8개월 되는 그룹B(30명/중국인)로 나뉜다.[20] 설문조사의 결과는 다음과 같다.

[표 4] A그룹 / 2개월차 29명(중국인28, 러시아인1)

어휘	난도	정답수	정답률
춤	2	13	44.8%
옷	2	19	65.5%
꽃	2	20	68.9%
쌀	3	12	41.3%
학교	3	22	75.8%
가족	3	18	62.0%
나라	4	7	24.1%
시간	4	3	10.3%

---

20) A그룹은 2007년 9월 6일에 한국에 입국하여 9월 10일부터 한국어 수업을 시작하였으며(설문 실시일까지 총 7주차 강의를 수강함), B그룹은 2007년 3월 16일에 입국하여 3월 19일부터 7월 28일까지(18주) 1학기 학사일정을 이수한 후 2학기 9월 3일부터 2학기 강의가 재개되었다(설문 실시일까지 총 26주차 강의를 수강함).

어휘	난도	정답수	정답률
손님	4	7	24.1%
날씨	5	10	34.4%
걱정	5	0	0%
재료	5	0	0%
월급	6	0	0%
실수	6	0	0%
비밀	6	1	3.4%
졸업	7	6	20.6%
단점	7	1	3.4%
지하철	7	5	17.2%
바닷가	8	1	3.4%
수도	8	8	27.2%
도자기	8	1	3.4%
거짓말	9	1	3.4%
낮잠	9	1	3.4%
예약	9	1	3.4%
고등학생	10	7	24.1%
운동화	10	9	31.0%
멀미	10	1	3.4%
우승자	11	0	0%
역사	11	1	3.4%
반바지	11	7	24.1%
미성년자	12	1	3.4%
높임말	12	1	3.4%
일교차	12	0	0%
손세탁	13	1	3.4%
통화중	13	0	0%
중고품	13	0	0%
공포영화	14	0	0%
재미동포	14	0	0%
휴대전화	14	6	20.6%

어휘	난도	정답수	정답률
운전면허증	15	0	0%
열대지방	15	0	0%
세계일주	15	0	0%

[표 5] B그룹 / 6개월차 30명(중국인)

어휘	난도	정답수	정답률
춤	2	25	83.3%
옷	2	28	93.3%
꽃	2	28	93.3%
쌀	3	15	50%
학교	3	25	83.3%
가족	3	29	96.6%
나라	4	24	80%
시간	4	13	43.3%
손님	4	4	13.3%
날씨	5	18	60%
걱정	5	5	16.6%
재료	5	4	13.3%
월급	6	6	20%
실수	6	3	10%
비밀	6	3	10%
졸업	7	13	43.3%
단점	7	5	16.6%
지하철	7	17	56.6%
바닷가	8	4	13.3%
수도	8	20	66.6%
도자기	8	13	43.3%
거짓말	9	2	6.6%
낮잠	9	9	30%
예약	9	9	30%

어휘	난도	정답수	정답률
고등학생	10	9	30%
운동화	10	21	70%
멀미	10	2	6.6%
우승자	11	7	23.3%
역사	11	8	26.6%
반바지	11	20	66.6%
미성년자	12	6	20%
높임말	12	11	36.6%
일교차	12	0	0%
손세탁	13	5	16.6%
통화중	13	2	6.6%
중고품	13	6	20%
공포영화	14	6	20%
재미동포	14	4	13.3%
휴대전화	14	9	30%
운전면허증	15	1	3.3%
열대지방	15	7	23.3%
세계일주	15	0	0%

학습자들이 교재로 쓰는 <말이 트이는 한국어 Ⅰ, Ⅱ>의 어휘 중에서 연구자가 부여한 난도 점수 2에서 15까지의 어휘를 임의 추출하여 제시하였다. [표 4]는 한국어를 학습한 지 2개월 된 29명(이하 그룹A)의 설문조사 분석결과이며, [표 5]는 한국어를 학습한 지 8개월 된 30명(이하 그룹B)의 분석결과이다. 그룹A는 평균 15.63%의 정답률을 보였으며, 그룹B는 평균 35.36%의 정답률을 보였다.

어휘에 부여된 난도 점수를 무시하고, 어휘들을 다시 연구자가 난이도에 영향을 주는 요인이라고 본 음절수, 추상어, 복합어, 빈도수별로 다시 정리해 보면 그 적절성이 어느 정도 확인된다.

[표 6] 음절수에 따른 정답률(그룹A)

	1음절어		2음절어		3음절어		4음절어		5음절어	
	정답률		정답률		정답률		정답률		정답률	
단어	41.3	쌀	0	실수						운전
	44.8	춤	0	월급						면허증
	65.5	옷	0	재료						
	68.9	꽃	0	걱정	0	중고품				
			3.4	역사	0	통화중				
			3.4	예약	0	일교차				
			3.4	멀미	0	우승자	0	열대지방	0	
			3.4	낮잠	3.4	거짓말	0	재미동포		
			3.4	비밀	3.4	바닷가	0	공포영화		
			3.4	단점	3.4	높임말	0	세계일주		
			10.3	시간	3.4	도자기	3.4	미성년자		
			20.6	졸업	3.4	손세탁	20.6	휴대전화		
			24.1	손님	17.2	지하철	24.1	고등학생		
			24.1	나라	24.1	반바지				
			27.2	수도	31.0	운동화				
			34.4	날씨						
			62.0	가족						
			75.8	학교						
평균	55.125		16.606		7.442		6.871		0	

156

[표 7] 음절수에 따른 정답률(그룹B)

	1음절어		2음절어		3음절어		4음절어		5음절어	
	정답률		정답률		정답률		정답률		정답률	
단어	50 83.3 93.3 93.3	쌀 춤 꽃 옷	6.6 10 10 13.3 13.3 16.6 16.6 20 26.6 30 30 43.3 43.3 60 66.6 80 83.3 96.6	멀미 비밀 실수 손님 재료 단점 걱정 월급 역사 예약 낮잠 시간 졸업 날씨 수도 나라 학교 가족	0 6.6 6.6 13.3 16.6 20 23.3 36.6 43.3 56.6 66.6 70	일교차 통화중 거짓말 바닷가 손세탁 중고품 우승자 높임말 도자기 지하철 반바지 운동화	0 13.3 20 20 23.3 30 30	세계일주 재미동포 미성년자 공포영화 열대지방 고등학생 휴대전화	3.3	운전 면허증
평균	79.975		37.005		29.958		19.514		3.300	

위의 [표 6]과 [표 7]은 그룹A와 그룹B의 음절수에 따른 정답률을 표로 나타낸 것이다(단어의 앞에 있는 숫자는 각 단어의 정답률이다). 그룹A는 1음절어 55.12%, 2음절어 16.606%, 3음절어 7.442%, 4음절어 6.872%, 그리고 5음절어는 0%의 정답률을 보였다. 또 그룹B는 1음절어 79.975%, 2음절어 37.005, 3음절어 29.958%, 4음절어 19,514%, 5음절어 3.300%의 정답률을 보였다. 이는 음절수가 학습자의 어휘난도에 영향을 준다는 것을 잘 확인해 주고 있다.

[표 8] 추상어와 구체어의 정답률(그룹A)

	추상어		구체어	
	정답률	단어	정답률	단어
단어			0	열대지방
			0	운전면허증
			0	재미동포
			0	공포영화
			0	우승자
			0	재료
			0	월급
	0	실수	0	중고품
	0	걱정	3.4	바닷가
	0	일교차	3.4	도자기
	0	통화중	3.4	손세탁
	0	세계일주	3.4	낮잠
	3.4	거짓말	3.4	미성년자
	3.4	역사	3.4	멀미
	3.4	비밀	17.2	지하철
	3.4	예약	20.6	휴대전화
	3.4	높임말	24.1	반바지
	3.4	단점	24.1	나라
	10.3	시간	24.1	손님
	20.6	졸업	24.1	고등학생
	34.4	날씨	27.2	수도
			31.0	운동화
			41.3	쌀
			44.8	춤
			62.0	가족
			65.5	옷
			68.9	꽃
			75.8	학교
평균	06.121		20.396	

[표 9] 추상어와 구체어의 정답률(그룹B)

추상어		구체어	
정답률	단어	정답률	단어
		3.3	운전면허증
		6.6	멀미
		13.3	손님
		13.3	재미동포
		13.3	바닷가
		13.3	재료
		16.6	손세탁
0	일교차	20	월급
0	세계일주	20	미성년자
6.6	거짓말	20	공포영화
6.6	통화중	20	중고품
10	실수	23.3	열대지방
10	비밀	23.3	우승자
16.6	단점	30	낮잠
16.6	걱정	30	고등학생
26.6	역사	30	휴대전화
30	예약	43.3	도자기
36.6	높임말	50	쌀
43.3	시간	56.6	지하철
43.3	졸업	66.6	수도
60	날씨	66.6	반바지
		70	운동화
		80	나라
		83.3	춤
		83.3	학교
		93.3	꽃
		93.3	옷
		96.6	가족
평균	21.87%		42.11%

앞의 [표 8]과 [표 9]는 추상어와 구체어의 정답률을 보인 것이다. 그룹A는 추상어의 정답률이 6.121%, 구체어의 정답률이 20.396%였다. 그리고 그룹B는 추상어의 정답률 21.871%, 구체어의 정답률이 42.114%였다. 이로 보아, 학습자에게 구체어가 추상어보다 더 쉽게 느껴지고 더 잘 학습된다는 것을 알 수 있다.

[표 10] 복합어와 단일어의 정답률(그룹A)

	복합어		단일어	
	정답률	단어	정답률	단어
단어	0	공포영화		
	0	세계일주	0	걱정
	0	열대지방	0	월급
	0	운전면허	0	재료
	0	재미동포	0	실수
	0	중고품	3.4	예약
	0	통화중	3.4	역사
	0	일교차	3.4	멀미
	0	우승자	3.4	비밀
	3.4	거짓말	10.3	시간
	3.4	바닷가	20.6	졸업
	3.4	높임말	24.1	나라
	3.4	도자기	24.1	손님
	3.4	손세탁	27.2	수도
	3.4	낮잠	34.4	날씨
	3.4	단점	41.3	쌀
	3.4	미성년자	44.8	춤
	17.2	지하철	62.0	가족
	20.6	휴대전화	65.5	옷
	24.1	반바지	68.9	꽃
	24.1	운동화	75.8	학교
	31.0			
평균	6.55%		25.63%	

[표 11] 복합어와 단일어의 정답률(그룹B)

복합어		단일어	
정답률	단어	정답률	단어
0	일교차		
0	세계일주	6.6	멀미
3.3	운전면허증	10	비밀
6.6	거짓말	10	실수
6.6	통화중	13.3	재료
13.3	재미동포	13.3	손님
13.3	바닷가	16.6	걱정
16.6	단점	20	월급
16.6	손세탁	26.6	역사
20	미성년자	30	예약
20	공포영화	43.3	시간
20	중고품	43.3	졸업
23.3	열대지방	50	쌀
23.3	우승자	60	날씨
30	낮잠	66.6	수도
30	고등학생	80	나라
30	휴대전화	83.3	학교
36.6	높임말	83.3	춤
43.3	도자기	93.3	옷
56.6	지하철	93.3	꽃
66.6	반바지	96.6	가족
70	운동화		
평균	24.28%		46.97%

(위 표에서 맨 왼쪽 열 전체는 "단어", 맨 아래 왼쪽 칸은 "평균")

[표 10]과 [표 11]은 복합어와 단일어의 정답률을 보인 것이다. 그룹A는 복합어의 정답률이 6.55%, 단일어의 정답률이 25.63%였다. 그리고 그룹B는 복합어의 정답률 24.28%, 단일어의 정답률이 46.97%였다. 이로 보아, 학습자에게 단일어가 복합어보다 더 쉽게 느껴지고 더 잘 학습된다는 것을 알 수 있다.

[표 12] 빈도점수별 정답률(그룹A)

빈도점수	단어	정답률	
9	중고품 / 세계일주 / 열대지방 / 운전면허증 재미동포 / 공포영화 / 통화중	0	2.66
	휴대전화	20.6	
	손세탁	3.4	
7	일교차 / 우승자	0	5.71
	높임말 / 미성년자 / 멀미	3.4	
	반바지	24.1	
6	예약 / 낮잠	3.4	12.6
	운동화	31.0	
5	도자기 / 역사	3.4	10.3
	고등학생	24.1	
4	월급	0	6.16
	거짓말 / 단점 / 바닷가	3.4	
	졸업	20.6	
3	수도	27.2	20.55
	날씨	34.4	
	비밀	3.4	
	지하철	17.2	
2	실수 / 걱정 / 재료	0	13.08
	쌀	41.3	
	손님	24.2	
1	시간	10.3	50.2
	나라	24.1	
	춤	44.8	
	가족	62.0	
	옷	65.5	
	꽃	68.9	
	학교	75.8	

[표 13] 빈도점수별 정답률(그룹B)

빈도점수	단어	정답률	
9	휴대전화	30	14.78
	열대지방	23.3	
	중고품 /공포영화	20	
	손세탁	16.6	
	재미동포	13.3	
	통화중	6.6	
	운전면허증	3.3	
	세계일주	0	
7	반바지	66.6	21.63
	높임말	36.6	
	미성년자	20	
	멀미	6.6	
	일교차 / 우승자	0	
6	운동화	70	43.33
	예약 / 낮잠	30	
5	도자기	43.3	33.30
	고등학생	30	
	역사	26.6	
4	졸업	43.3	21.96
	우승자	23.3	
	월급	20	
	단점	16.6	
	거짓말	6.6	
3	수도	66.6	48.30
	날씨	60	
	지하철	56.6	
	비밀	10	

빈도점수	단어	정답률	
2	쌀	50	20.64
	걱정	16.6	
	손님 / 재료	13.3	
	실수	10	
1	가족	96.6	81.87
	옷 / 꽃	93.3	
	학교 / 춤	83.3	
	나라	80	
	시간	43.3	

　[표 12]와 [표 13]은 빈도점수별 정답률을 보인 것이다. 위에서 살펴 본 다른 난도 요인은 그 타당성이 어느 정도 입증되는 것으로 결과가 나왔으나 빈도 점수별 정답률은 그렇지 못하다. 빈도점수가 높은 단어는 난도가 높게 책정되는데, [표 12], [표 13]을 보면 빈도 점수와 정답률이 균형을 이루고 있지 않다는 것을 알 수 있다.

　즉, 빈도점수로 9점인 '휴대전화'는 그룹A에서 20.6%, 그룹B에서 30.0%의 정답률을 보였다. 그리고 빈도점수 7인 '반바지'는 그룹A와 B에서 각각 24.1%, 66.6%의 정답률을, 빈도점수 6인 운동화는 각각 31.0%, 70%의 정답률을 보였다. 난도 점수가 높다는 것은 그만큼 어려운 단어라는 뜻인데, 높은 난도 점수에도 불구하고 정답률은 매우 높았다. 반면, '실수, 걱정, 재료, 월급, 비밀'등의 어휘는 빈도점수가 낮게 책정되었음에도 불구하고(즉, 쉬운 단어라고 책정되었음에도) 낮은 정답률을 보인다. 이는 빈도수가, 다른 난도 요인들에 비해 상대적으로 난도와 밀접한 관계가 아니라는 것을 알게 해 준다. 빈도점수와 정답률이 일치하지 않는 어휘들을 살펴보면, 19-25세 사이의 예비대학생인 설문 응답자들이 생활에서 자주 접하고 친근한 어휘들이거나(이 경우에는 빈도점수가 높아도 정답률이 높았다), 비록 다른 언중들은 많이 쓰는 말일지라도 설문 응답자들의 연령이나 생활 방식과 동떨어져서 잘 쓰지 않는 어휘들(빈도점수가 낮게 책정되어 있더라도 정답률이 낮았다)이다. 그러나 이것을 다시 생각해 보면, 설문응답자들은 그들 나름대로의 사용빈도수에 맞게 어휘를 익혀온 것이 된다. 본 논문에서 빈도수의 근거로 삼은 "현대국어 사용 빈도 조사"는 한국어를 사용하는 사람들의 연령이나 직업, 성향 등을 가리지 않고 표준 계량한 것이므로, 언중의 직업이나 연령, 성격에 따라 그 사용빈도가 달라지는 것은 당연하다 하겠다. 이런 점에서 외국인들에게 한국어를 교육하기 위해 어휘를 제시할 때, 무조건 고빈도 어휘를 우선적으로 보여주는 것은 적절하지 못한 방법임을 다시 확인할 수 있다.

[표 12]와 [표 13]은 표준계량된 빈도수가 높은 단어가 학습자들에게 잘 학습되고 쉬운 것은 아니라는 것을 시사해 준다. 그렇다면 쉬운 단어가 필수적·기본적으로 우선 익혀야 할 단어인가? 그것은 아닐 것이다. 본 연구는 어느 단어가 쉽고 어렵고, 혹은 어느 단어가 많이 쓰이고 적게 쓰이고를 따지는 것보다, 그 모든 단어를 학습자가 효율적으로 익히고 활용할 수 있게 하는 방안을 모색하는 것이 그 목적이다. 따라서 교사는 학습자의 입장에서 소화하기 쉬운 단어와, 한국어로 의사소통을 하기 위해 꼭 필요한 단어들을 적절히 제시하여야 한다는 측면에서 빈도수를 어휘 난도 점수에 포함시켜 학습자에게 제시해야 할 것이다.

4. 정리

지금까지 외국어로서의 한국어 교육에서 어휘를 교육하는 데 있어 어휘의 난이도를 측정하여 각 단계별로 적절하게 제시되는 방안에 대해 살펴보았다.

이화여자대학교 출판부에서 간행한 <말이 트이는 한국어 Ⅰ, Ⅱ, Ⅲ, Ⅳ,

V>의 색인목록에서 추출한 명사 어휘 2,539개를 대상으로 가독성(readability)에 영향을 주는 빈도수, 음절수, 동음이의어 존재여부, 복합어, 추상어에 각각 난도 점수를 부여하여 어휘의 난도를 수치화하였다(단, 그 항목마다 객관적이고 검증될만한 수치를 부여하지 못한다는 한계가 있다). 그리고 이렇게 수치화된 난도 점수의 타당성을 검증하기 위하여 경동대학교 국제어학원에서 한국어를 학습하고 있는 외국인 학습자 59명(중국인 58명, 러시아인 1명)을 대상으로 난이도 측정 설문을 실시하였다. 그 결과, 연구자가 부여한 난도 점수는 그 한계에도 불구하고 실제 학습자에게 적용될 수 있는 난도 수치라고 판단되었다.

이렇게 부여된 점수를 기준으로 <등급별 국어교육용 어휘>(김광해, 2007)에 제시된 '1등급' 어휘 중 명사 어휘를 교육할 때 제시할 수 있는 단계별 어휘 확장의 기초를 정리하여 실제 학습-교수의 실용적 바탕을 마련하고자 했다.

어휘 교육이 언어 교육의 전부라고 할 수는 없지만 매우 중요한 부분임에는 틀림 없다. 어휘에 대해 안다는 것은 단순히 그 중심 의미만을 안다는 것이라고는 할 수 없다. 일상 생활에서, 그리고 학습자의 요구에 따른 다양한 상황에서 기본이 되는 어휘는 다양한 의미와 쓰임에 대한 이해 없이는 자연스러운 언어 구사에 어려움이 따른다. 따라서 교사는 학습자의 수준과 요구에 맞추어 적절하게 어휘 지도를 할 필요가 있다. 본 연구는 그러한 필요에 의해 진행되었으며, 미숙하고 실험적이나마 그 기초를 제공하고자 하였다. 어휘에 대한 신뢰할만한 분석 방법과 표준에 대한 연구는 무궁무진할뿐더러 시간이 많이 걸리는 수작업을 감수해야 한다. 그 과정에서 어쩔 수 없이 연구자의 직관이나 자질이 많이 요구되기도 한다. 그런 면에서 연구자 스스로가 한계를 절감하기도 했다. 그러나 꾸준한 노력과 연구가 그런 한계를 극복해 주리라 믿으며 외국어로서의 한국어 교육에 보다 깊이 있는 연구와 결과물이 나오기를 기대한다.

7장

중국인 학습자를 위한 한국어 교육용 사자성어(四字成語)의 선정과 활용

김 몽(金 夢)

1. 도입

최근 들어 한국어를 학습하고자 하는 외국인 학습자가 점점 증가하고 있다. 외국인출입국관리사무소에서 조사한 결과를 보면 2002년부터 2015년까지 외국인 유학생 중에서 70% 이상이 중국인 유학생이라고 발표하였다. 최근 한국어 교육계에서는 중국인 유학생을 위한 한국어 발음 교육이나 교재 연구, 한자 어휘에 대한 연구가 많이 이루어지고 있다. 하지만 기존에 이루어진 한자 어휘에 대한 연구는 주로 어휘 선정에 대한 논의나 오류 등에 대한 연구가 대다수이고 한자 어휘를 한국어 교육에서 어떻게 적용시킬 것인가에 대한 논의는 별로 이루어지지 않고 있다. 또한 한국어 교육기관이나 한국어 교재에서 한자어에 대한 교육이 따로 이루어지지 않고 있으며 그 중에서도 사자성어에 관한 연구가 이루어지지 않고 있다. 국립국어연구원에서 간행한 <표준국어대사전>의 표제어를 대상으로 한 통계에 따르면 전체 한국어 어휘의 약 57%가 순수 한자어이고 한자어와 고유어, 한자어 외의 외래어, 한자어가 혼합된 것까지 합하면 한자가 포함된 한자어 어휘는 전체 어휘의 69.1%에

달한다고 한다(정호성, 2000). 한자어는 글자 하나하나가 독립된 형태소이므로 서로 결합될 경우 수많은 어휘를 만들어 낼 수 있다. 한국어 어휘에서 한자어가 차지하고 있는 비중은 이미 잘 알려져 있는 바와 같이 한자어 없이는 일상생활이 불가능하다. 이는 한국어 어휘 습득 과정에서 한자어 학습이 큰 비중을 차지하며, 그만큼 중요함을 의미한다. 여러 연구에 의하면 한국어를 학습한 중국인 학습자는 처음 한국어를 배울 때 다른 언어권의 학습자에 비해 더 쉽고 빨리 배운다는 것을 알 수 있다. 이는 주요 문법 지식을 배운 후에는 중국인 학습자들이 습득할 수 있는 어휘가 다른 외국인학습자들 보다 급격히 증가하기 때문이다.

하지만 이러한 이점에도 불구하고 중국인 학습자들이 한국어 어휘를 학습할 때 느끼는 어려움이 있는데, 이는 한국에서 사용하는 한자어 어휘와 중국어 어휘는 의미와 용법이 한자가 한국으로 전래된 당시와는 다르기 때문이다. 한국어의 언어적 상황과 사회적 환경에 따라 달라진 한자어 어휘는 중국인 학습자에게는 아주 큰 오류를 발생시키는 원인이 된다. 그 중에서도 사자성어는 현대 중국어와는 여러 면에서 차이를 보인다. 예를 들면 한국말의 「塞翁之馬」는 현대 중국어에서는 「塞翁失馬」이다. 형태상 「之」가 「失」로 바뀌어 있지만, 의미상으로는 두 가지 모두 「인생에 있어서의 길흉화복은 항상 바뀌어 미리 헤아릴 수가 없다」는 뜻으로 쓰인다. 이렇듯 한국어의 成語가 현대 중국어에서 각기 다른 형태 또는 의미를 가진 경우가 있어 오류가 발생하기 쉽다. 예를 들면 현대 중국어에서는 이강능약(倚强凌弱)이고, 한국에서는 약육강식(弱肉强食)이란 형태로 사용한다. 하지만 한국어 학습 현장에서는 이러한 어려움을 극복할 수 있는 효과적인 방안이 거의 전무한 상태이다.

사자성어 교육은 어휘 교육은 물론 문화 교육까지 지도할 수 있는 장점을 지니고 있다. 뿐만 아니라 사자성어에 숨은 이야기를 알아가는 재미까지 더해져 학습자의 학습 동기 및 흥미를 고취시키는 동시에 효과적이고 유익한 교육을 할 수 있다. 또한 중국인 학습자에게 이미 알고 있는 성어(成語)를 비교하여 학습과 연계시킨다면 이해가 더욱 빠르고 활용도 수월할 것으로 본다.

본고에서는 한국어 중급 이상 교재와 한국어 능력시험(TOPIK)에 출제된 사자성어 어휘를 분석하고 유형별로 정리한 다음 이를 토대로 한국어교육용 사자성어의 선정 및 교수-학습방안을 제시하고자 한다.

劉潔修(1985)는 '중국어에서 成語는 거의 90%이상이 모두 네 글자로 이루어져 있는데, 이것은 중국어 어휘의 구성 방법과 성조 규칙 및 전통적인 시문의 형식과 밀접한 관계가 있다. 중국 최초의 詩歌集 <詩經>의 대부분은 四言句이고, <詩經>으로부터 나와 成語가 된 것들도 있다. <詩經> 한 권에서 발췌한 비교적 많이 쓰이는 成語가 50여 條도 모두 네 글자로 되어 있는 것으로 볼 때, 중국어 成語는 네 글자가 주체를 이루고 유래가 이미 길다는 것을 알 수 있다. 최근의 중국어 成語 사전은 거의 95%이상의 항목이 四字成語이고 심지어 어떤 것은 千篇一律적으로 모두가 四字成語인 경우도 있다.'

한국어 어휘의 반 이상을 차지하는 한자어에는 사자성어도 포함되어 있는 것은 물론이다. 중국에서 한국으로 전해진 사자성어는 주로 네 글자의 형식으로 된 四字成語이며 일상생활에서 널리 쓰이고 있는 것으로 보인다.

이에 여기서는 주로 중국에서 전해온 한자 어휘 중에 사자성어[1])의 개념과 유형 그리고 형태와 의미의 차이를 동형동의(同形同意), 동형이의(同形異意), 동의이형(同意異形) 등 세 가지로 분류한다.[2]) 한국어 교육현장에서 사자성어를 어떻게 인식하고 교육하는지를 알아보기 위하여 5개의 한국어 교

---

1) 본고에서 다루고자하는 한국어 교재와 한국어 능력시험에서 출제된 한자어 어휘 중 네 글자로 된 사자성어만 가지고 다루고자 한다. 그 이유는 한자성어 중에서도 90%이상이 사자성어이기 때문이다. 다만 成語, 四字成語, 故事成語, 漢字成語의 정의와 차이점도 제시하고자 한다. 일반적으로 漢字를 가지고 만들어진 어휘를 漢字成語라고 하고, 몇 개의 글자로 만들어져 있느냐에 따라 二字成語, 三字成語, 四字成語 등으로 나눈다. 또 유구한 역사를 배경으로 사건이 중심이 되어 만들어진 어휘를 故事成語라고 한다. 그러나 대부분의 漢字成語는 네 글자로 이루어져 있으므로 四字成語라는 말로 사용되기도 한다.

2) 본고는 金香蘭(1996)에서와 같이 중국에서 전해 온 사자성어를 다시 형태와 의미의 차이에 따라 동형동의(同形同意), 동형이의(同形異意), 동의이형(同意異形) 등 세 가지로 분류한다.

육기관에서 출판한 한국어 교재 그리고 한국어 능력시험에 어떤 사자성어가 제시되어 있는지를 살펴본다. 제시한 내용을 바탕으로 한국어 사자성어 교수 -학습방안을 마련하고자 한다.

2. 사자성어(四字成語)의 특징

보통 성어는 성어, 한자성어, 사자성어, 고사성어라는 말로 많이 일컬어지고 있다. 그럼 성어, 한자성어, 사자성어, 고사성어는 어떠한 차이점을 가지고 있는가? 일반적으로 한자를 가지고 만들어진 어휘를 한자성어라고 하고, 몇 개의 글자로 만들어져 있느냐에 따라 二字成語, 三字成語, 四字成語 등으로 나눈다. 그 중에서도 사자성어의 범위가 제일 크다. 그리고 한자성어 중에는 90%[3] 이상이 네 글자로 이루어진 형식이다. 그리고 본 연구에서 다루고자 것은 한국어교재와 한국어 능력시험에 출제된 사자성어이다. 형태는 전부 네 글자로 된 사자성어이다. 따라서 사자성어의 경우 어느 정도는 한자의 뜻만 가지고도 전체적인 의미파악이 가능하지만 고사성어는 그렇지 않다. 고사성어를 잘 사용하기 위해서는 글자 그대로의 표면적 의미는 물론이고 그에 유래된 고사의 내력이나 비유적인 속뜻까지 알고 있어야 한다. 예를 들면, 우리가 잘 아는 '螢雪之功'은 다음과 같은 故事에서 유래한 것이다

중국 진나라의 차윤은 소년 시절에, 밤에 등불을 켤 수 없을 정도로 집이 가난하여 여름이면 반딧불로 공부하여 성공하였고, 진나라 손강은 소년 시절에, 집이 가난하여 겨울이면 눈빛에 글을 읽어 역시 성공하였다

---

3) 劉潔修, 〈成語〉, 商務印書館, 1985, pp.7-9.

위에 이야기에서 유래된 '螢雪之功'이란 말은 '가난을 이겨내고 꾸준히 학문을 닦은 보람' 이란 뜻으로 쓰이고 있다. 그러나 고사성어는 옛날의 어떤 일로 인해서 만들어진 성어로 단지 한자의 개별적인 뜻을 풀이한다고 해서 의미까지 이해할 수 없는 특이성을 가지고 있다 그래서 제대로 된 고사성어를 사용하기 위해서는 그 배경지식까지도 함께 공부해야 한다. 이처럼 成語는 역사적, 사회적, 문화적 전통이 반영된 특유의 습관적 표현으로 두 개 이상의 어휘가 복합되어 제3의 의미를 갖고 하나의 단어처럼 쓰이는 말이라 할 수 있다. 또한 한자의 무한한 조어력으로 인해 혹은, 사회의 변천과 더불어 생겨난 시대적 요구로 인해 많은 成語들이 만들어 사용되고 있다. 성어의 형성은 예전에 만들어진 成語가 지금까지 쓰이는 것과 현대에 와서 새롭게 만들어진 것, 또는 외래어에서 만들어진 것 등으로 나눌 수 있다. 다만 본 논문에서는 사전적 의미의 고사성어가 아닌 외국인을 위한 한국어 교육용 한자성어인 사자성어만을 그 대상으로 삼으려 한다.

권익(1996)에 의하면 우리들은 일상생활에서 언어를 사용하여 상대방에게 의사나 감정을 전달하면서 기존의 표현방법만으로는 부족함을 느끼게 되어 새롭고 참신한 표현방법을 찾게 된다고 말한다. 이때 이미 알고 있는 사항을 빌려서 어떤 대상을 청자에게 이해시키려고 하며, 서로를 직접적 또는 간접적으로 대조 비교하여 의미를 전달하고 때로는 기존의 말이 가지고 있는 일반적이고 기본적인 의미를 다른 의미로 파생 혹은 전의시켜 새롭고 생동력 있는 표현으로 활용하곤 한다. 게다가 그것의 대부분은 풍자적이고 우의적이기 때문에 우리는 짤막한 한마디의 고사성어 속에서 과거 선인들이 지녔던 인생의 지혜와 처세의 교훈을 배울 수 있다. 더불어 사자성어가 갖는 특징에는 어떤 것들이 있는지 살펴보면 다음과 같다.

첫째, 연속성을 갖고 있다. 사자성어는 세월이 흐름에 따라 다소 변천된 부분도 있지만 대체로 형태와 의미를 보존하여 이어져 내려 온 것으로 지금도 여전히 사용되고 있다.

둘째, 고정성이다. 사자성어는 여러 사람이 오랜 사용하면서 굳어진 말로써 그 구성 한자를 의미대로 바꾸거나 순서를 도치할 수 없다.

셋째, 함축성이다. 말은 간결하지만 뜻은 심오하다. 사자성어 대부분이 비유나 형용의 뜻을 갖고 있어 함축적으로 그 의미를 표현할 수 있다.

넷째, 수식성이다. 사자성어는 형식은 간결하지만 함축하고 있는 내용이 풍부하기 때문에 품격 있는 문장을 구사할 수 있다.

金香蘭(1996)은 중국에서 전해온 사자성어를 다시 형태와 의미의 차이에 따라 동형동의(同形同意), 동형이의(同形異意), 동의이형(同意異形) 등 세 가지로 나누었다.

同形同意 사자성어는 각기 다른 언어를 사용하는 두 나라의 사자성어 가운데 형태와 의미가 동일한 경우를 이른다. 이는 양국의 언어가 밀접한 관계를 가지고 있다는 것을 보여준다.

百發百中(bǎi fā bǎi zhòng) /百發百中(백발백중)이 있다(쏘기만 하면 어김없이 맞음. 계획이나 예상 따위가 꼭 들어맞음).

同形異意 한자성어는 한·중 양국의 성어를 비교하여 볼 때 형태적으로는 차이가 보이지 않지만 의미적으로는 큰 차이가 있다. 먼저 중국 사자성어와 한국 사자성어 순으로 표기하였고 중국어의 의미는 <現代漢語辭典>의 것을 한국어 의미는 <표준국어대사전>의 것을 따랐다.

百尺竿頭(bǎi chǐ gān tóu)/百尺竿頭(백척간두)의 중국 사전의 의미는 比喻學問,成績等達到了很高的程度以後仍繼續努力으로, 학문이나 성적 등이 아주 높은 수준에 다다른 후에도 계속해서 열심히 노력하는 것을 비유한 말(p.27)이지만 한국어의 의미는 '매우 위태롭고 어려운 지경, 높은 장대의 끝'(p.859)이란 의미를 가지고 있다.

同意異形 사자성어는 한국과 중국에서 사용하고 있는 성어를 비교해 볼 때 형태는 다르지만 의미는 같은 사자성어를 말한다. 그 중에서는 部分異形이랑 完全異形이 있다. 예를 들면 다음과 같다 不省人事(bù shěng rén shì)

人事不省(인사불성)의 중국어 뜻은 「指人昏迷, 失去直覺」(p.109)이고, 한국 말 뜻은 「정신을 잃어 의식이 없음. 사람으로서 지켜야 할 예절을 차릴 줄 모름」(p.1680)으로 의미는 동일하며 형식상으로는 다르다.

한국어에는 수많은 한자어가 있다. 그런데 그 한자어를 학습자에게 교수하기가 쉽지 않다. 그러므로 한자어이지만 한국어로 인식하도록 교수한다. 한자성어의 하위범주인 사자성어는 한국어 교재나 한국어 능력시험 문제에 자주 등장한다. 사자성어는 함축성이 있기 때문에 교사의 설명 없이는 의미 파악에 어려움이 있다. 또한 사자성어는 한국과 중국에서 그 의미와 형태가 다르기 때문에 반드시 학습해야 한다.

김수희(2005)에서는 중국인 학습자를 대상으로 유형별 사자성어에 대한 유출정도 조사를 했는데 그 결과를 보면, 同形同意語의 정답률이 96%로 가장 높게 나왔고, 同意部分異形語의 정답률이 82%, 同意完全異形語가 62%의 정답률을 보았다. 同形異意어는 57%로 가장 낮을 정답률을 보였다고 제시하고 있다. 본고에서는 가장 오류를 많이 범한 동형이의어의 뜻과 활용예문을 함께 제시하고자 한다.

3. 한국어 교육용 사자성어(四字成語)의 선정과 활용

가. 교육용 사자성어(四字成語)의 선정 기준

중국에서 전래된 사자성어는 그 종류도 많을 뿐더러 세월의 흐름에 따라 지금 한국에서 사용되는 사자성어의 그 원래의 모습도 많이 변형이 되었다. 교육용 사자성어를 선정해야 하는 가장 큰 이유가 바로 이것이다. 또한 교육용 사자성어는 한국의 정서나 일상생활에 맞는 사자성어를 선정하여 교육하여야 한다.

먼저 공식 사이트인 네이버 지식iN에서 검색된 한국인이 가장 많이 쓰이는 사자성어 100개를 제시하면 [표 1]과 같다.

[표 1] 한국에서 많이 사용된 사자성어

	사자성어	의미
1	가렴주구(苛斂誅求)	세금 같은 것을 가혹하게 거두어 백성을 핍박하는 것.
2	각골통한(刻骨痛恨)	뼈에 사무치게 마음깊이 맺힌 원한.
3	감탄고토(甘呑苦吐)	옳고 그름에 관계없이 비위에 맞으면 좋고 안 맞으면 싫어 한다는 말.
4	갑론을박(甲論乙駁)	서로 자기의 주장만 내세우고 남의 주장은 반박함.
5	개과천선(改過遷善)	잘못을 뉘우치고 착한 사람이 된다는 뜻.
6	괄목상대(刮目相對)	재주나 학식이 놀랍도록 성장함.
7	견강부회(牽强附會)	이치에 맞지 않는 말을 끌어다가 자기에게 유리하게 꿰어 맞춤.
8	결초보은(結草報恩)	죽어서도 은혜를 갚는다.
9	고진감래(苦盡甘來)	고생이 다하면 즐거움이 옴.
10	금시초문(今時初聞)	이제야 비로소 처음으로 들음.
11	경천동지(驚天動地)	하늘을 놀라게 하고 땅을 움직이게 한다는 뜻으로, 몹시 세상(世上)을 놀라게 함을 이르는 말.
12	구우일모(九牛一毛)	아주 적은 부분을 뜻함.
13	기고만장(氣高萬丈)	펄펄 뛸 만큼 성이 몹시 남.
14	가담항설(街談巷說)	거리나 항간에 나도는 소문.
15	각주구검(刻舟·求劍)	세상 형편에 밝지 못하고 융통성이 없음을 뜻함.
16	감언이설(甘言利說)	남의 비위에 맞도록 꾸민 달콤한 말과 이로운 조건을 내세워 꾀는 말.
17	견마지로(犬馬之勞)	자기의 노력을 낮춘 말.
18	경국지색(傾國之色)	나라를 위태롭게 할 정도의 미모.
19	고육지계(苦肉之計)	매우 어려운 상황에서 자신의 다소의 희생을 각오하고 상대를 속이기 위해 꾸미는 계책.

	사자성어	의미
20	고장난명(孤掌難鳴)	일은 혼자 하여서는 잘 되지 않는다는 뜻.
21	곡학아세(曲學阿世)	학문을 왜곡하여 세상에 아부하다.
22	군계일학(群鷄一鶴)	평범한 사람들 중에 매우 뛰어난 사람.
23	권토중래(捲土重來)	한 번의 실패 후 다시 세력을 되찾는다.
24	근묵자흑(近墨者黑)	악한 사람을 가까이 하면 물이 들기 쉽다는 뜻.
25	과유불급(過猶不及)	모든 사물이 정도를 지나치면 도리어 미치지 못한 것과 같다.
26	낭중지추(囊中之錐)	유능한 존재는 드러난다.
27	남가일몽(南柯一夢)	덧없는 부귀영화와 인생을 비유함.
28	내우외환(內憂外患)	안에는 근심, 밖에는 재난.
29	녹의홍상(綠衣紅裳)	젊은 여자의 곱게 치장한 옷.
30	대기만성(大器晩成)	큰 그릇은 늦게 이루어진다는 뜻.
31	동문서답(東問西答)	묻는 말에 당치도 않는 엉뚱한 대답을 함.
32	동병상련(同病相憐)	어려운 처지에 있는 사람끼리 서로 동정하고 도움.
33	대동소이(大同小異)	거의 같고 조금 다름. 비슷함.
34	등화가친(燈火可親)	가을밤은 글을 읽기에 좋다는 말.
35	막무가내(莫無可奈)	고집이 강하여 도무지 융통성이 없음.
36	맥수지탄(麥秀之嘆)	고국의 멸망을 한탄함.
37	면종복배(面從腹背)	겉으로는 복종하는 척하면서 내심으로는 배반함.
38	막역지우(莫逆之友)	막역하게 지내는 벗.
39	망양보뢰(亡羊補牢)	이미 실패한 뒤에 뉘우쳐도 소용없음을 뜻하는 말.
40	명경지수(明鏡止水)	맑은 거울과 멈쳐진 물, 즉 맑고 깨끗한 마음.
41	목불인견(目不忍見)	딱하고 가엾어 차마 눈뜨고 볼 수 없음.
42	반신반의(半信半疑)	얼마쯤 믿으면서도 한편으로는 의심하는 것.
43	백년하청(百年河淸)	아무리 가도 일이 해결될 가망이 없음.
44	백년가약(百年佳約)	백년을 두고 하는 아름다운 언약이라는 뜻으로, 부부가 되겠다는 약속.
45	방약무인(傍若無人)	곁에 아무도 없는 것같이 거리낌 없이 행동함.

	사자성어	의미
46	발본색원(拔本塞源)	폐단의 뿌리를 뽑아 근원을 막는다는 뜻.
47	사고무친(四顧無親)	의지할 데가 전혀 없음.
48	선우후락(先憂後樂)	근심할 일은 남보다 먼저 걱정하고 즐거워할 일은 남보다 나중 기뻐함.
49	심심상인(心心相印)	말없는 가운데 마음으로 서로 뜻이 통함.
50	삼순구식(三旬九食)	가난하여 끼니를 많이 거른다는 뜻.
51	사면초가(四面楚歌)	사방이 적으로 둘러싸여 포위되어 고립된 상태.
52	사상누각(砂上樓閣)	어떤 사물의 기초가 튼튼하지 못하여 오래가지 못함을 뜻함.
53	설상가상(雪上加霜)	좋지 않은 일이 연거푸 일어남을 뜻함.
54	수주대토(守株待兎)	융통성과 판단력이 부족함을 뜻함.
55	일거양득(一擧兩得)	한 번 들어 둘을 얻음, 한 가지의 일로 두 가지의 이익(利益)을 보는 것.
56	임기응변(臨機應變)	그때그때 처한 뜻밖의 일을 재빨리 그 자리에서 알맞게 대처(對處)하는 일.
57	와신상담(臥薪嘗膽)	뜻을 이루려고 어려움과 괴로움을 참고 견디는 것을 뜻함.
58	일장춘몽(一場春夢)	이룰 수 없는 한순간의 꿈 즉 헛된 부귀영화를 뜻함.
59	일석이조(一石二鳥)	한 개의 돌을 던져 두 마리의 새를 맞추어 떨어뜨린다는 뜻으로, 한 가지 일을 해서 두 가지 이익을 얻음을 이르는 말.
60	요산요수(樂山樂水)	산수(山水)의 자연을 좋아함.
61	아전인수(我田引水)	자기에게 이로운 대로만 함.
62	어부지리(漁父之利)	쌍방이 이해관계로 다투는 통에 제삼자가 이득을 봄.
63	오월동주(吳越同舟)	사이가 좋지 못한 사람들이 같이 있게 된 것을 뜻함.
64	어불성설(語不成說)	말이 조금도 사리에 맞지 않음.
65	우공이산(愚公移山)	어떤 일이라도 끊임없이 노력하면 반드시 이룰 수 있다는 것을 비유.
66	음풍농월(吟風弄月)	바람과 달, 즉 자연을 읊으며 즐겁게 노는 것.
67	인과응보(因果應報)	인업이 있으면 그에 대한 업보가 반드시 있다는 말.

	사자성어	의미
68	염량세태(炎凉世態)	권세가 있을 땐 아첨하여 따르고 없으면 푸대접하는 세상인심.
69	재승덕박(才勝德薄)	재주는 있으나 덕이 적음.
70	자가당착(自家撞着)	같은 사람의 언행이 앞뒤가 모순됨.
71	자강불식(自强不息)	스스로 힘써 쉬지 아니함.
72	자승자박(自繩自縛)	자기의 잘못으로서 스스로 옭혀 들어감을 뜻함.
73	주경야독(晝耕夜讀)	낮에는 일을 하고 밤에는 공부함. 열심히 함을 뜻함.
74	진퇴유곡(進退維谷)	나아갈 곳과 물러설 곳이 없음. 궁지에 빠짐을 뜻함.
75	자격지심(自激之心)	어떤 일을 해 놓고 스스로 미흡하게 여김.
76	조삼모사(朝三暮四)	당장 눈앞에 나타나는 차별만을 알고 그 결과가 같음을 모름의 비유.
77	전화위복(轉禍爲福)	화가 바뀌어서 도리어 복이 됨.
78	점입가경(漸入佳境)	점점 썩 좋은 또는 재미있는 경지로 들어 감.
79	조변석개(朝變夕改)	무슨 일을 자주 변경하는 것을 뜻하는 말.
80	지록위마(指鹿爲馬)	윗사람을 속이고 권세를 마음대로 휘두르는 것을 뜻함.
81	진퇴양난(進退兩難)	나아가지도 물러서지도 못함, 즉 입장이 난처함을 뜻함.
82	작심삼일(作心三日)	계획이 사흘을 사지 못함.
83	천재일우(千載一遇)	다시 얻기 힘든 좋은 기회.
84	청출어람(靑出於藍)	제자가 스승보다 나음을 이르는 말.
85	칠전팔기(七顚八起)	일곱 번 넘겨져도 여덟 번째 일어난다는 뜻으로, 실패를 거듭하여도 굴하지 않고 다시 일어섬.
86	천우신조(天佑神助)	하늘이 돕고 신이 도움.
87	천편일률(千篇一律)	여러 시문의 격조가 변화 없이 비슷비슷하다는 뜻.
88	창해일속(滄海一粟)	매우 많거나 넓은 가운데 있는 보잘 것 없는 작은 존재를 뜻함.
89	천고마비(天高馬肥)	하늘이 높고 말이 살찐다는 뜻으로, 오곡백과가 무르익는 가을이 썩 좋은 절기.
90	천석고황(泉石膏肓)	산수 자연을 몹시 사랑함을 뜻함.

	사자성어	의미
91	천진난만(天眞爛漫)	말이나 행동이 꾸밈없이 아이처럼 순진함.
92	천의무봉(天衣無縫)	시문 등이 자연스럽고 흠이 없음.
93	촌철살인(寸鐵殺人)	간단한 경구(警句)나 단어로 사물의 급소를 찌름의 비유.
94	타산지석(他山之石)	남이 필요로 하지 않는 것이라도 자기의 지덕과 품성을 쌓는 데는 도움이 된다는 뜻.
95	풍수지탄(風樹之嘆)	효도를 다하지 못한 채 부모를 여읜 자식의 슬픔.
96	필부필부(匹夫匹婦)	보통의 남자와 보통의 여자.
97	파죽지세(破竹之勢)	세력이 강하여 적을 거침없이 물리치고 쳐들어가는 기세.
98	학수고대(鶴首苦待)	학처럼 목을 길게 빼고 기다린다는 뜻으로, 몹시 기다림을 이르는 말.
99	호가호위(狐假虎威)	다른 사람의 권세를 빌어 위세를 부림.
100	함흥차사(咸興差使)	심부름꾼이 가서 소식(消息)이 없거나, 또는 회답(回答)이 더딜 때의 비유.

위에 [표 1]에서 제시한 사자성어는 한국인 대학생들도 상황에 맞게 모두 사용하는 데 어려움이 없지 않다. 게다가 이것을 외국인학생에게 모두 가르친다는 것은 더욱 무리이다. 따라서 외국인인 학습자를 위한 교육용 사자성어의 선정은 매우 필요하다. 이를 바탕으로 한국어교육용 사자성어의 선정 기준을 제시하면 다음과 같다.

1) 사용 빈도가 높은 사자성어4)

사자성어가 의사소통을 더욱 효과적이고 풍부하게 하는 장점을 지녔다고 해서 셀 수 없이 많은 사자성어를 다 교육할 수는 없다. 따라서 지금 한국 사회에서 많이 사용되는 사자성어를 선정해야 한다. 이는 빈도수가 높은 사

---

4) 본고에서는 사용 빈도가 높은 사자성어를 한국어 교재 중에서 가장 대표적인 5개의 한국어 교육 기관에서 출판된 한국어 교재를 분석하였다.

자성어의 효용성이 빈도수가 적은 사자성어보다 더 높기 때문이다. 또한 현재 대부분의 교육 기관의 한국어 교육 과정 시수가 한정되어 있다는 점을 고려하여 사용 빈도가 높고, 한국 사회에서 널리 쓰이는 가장 기본적이고 실용적인 사자성어를 선정해야 한다.

2) 학습자의 학습 수준에 맞는 사자성어

학습 방법이 아무리 뛰어나더라도 제시한 목록이 학습자에게 적절한 것이 아니라면 효과적인 학습이라 할 수 없기에 학습자의 수준에 맞은 적절한 사자성어를 선정하는 일은 매우 중요하다. 또한 아무리 한국 사회에서 널리 쓰이고 자주 쓰이는 사자성어라고 해도 학습자의 수준에 맞지 않으면 효과적인 사자성어 교육이라 할 수 없다. 학습자의 수준보다 쉬운 사자성어를 교육할 때에는 학습자가 금방 싫증을 느끼거나 흥미를 잃게 된다. 반대로 높은 수준의 사자성어를 교육한다면 학습자의 배우고자 하는 의욕마저 상실하도록 하는 역효과가 나타날 것이다. 모든 교육과정은 학습자의 학습수준에 맞게 계획되고 진행되어야 한다. 게다가 사자성어에는 어휘와 문화가 다양하게 나타나므로 수준별 난이도에 따라 선정되고 교육되어야 한다.

3) 사자성어의 형태와 의미의 차이에 따라 나눈 사자성어

사자성어는 그것이 어떻게 형성되었는가에 따라 학습자에게 쉽게 받아들여질 수도 있고 그렇지 않을 수도 있다. 형태와 의미가 기존 중국인 학습자들이 알고 있는 것과 같다면 굳이 학습을 하지 않아도 간단하게 유추할 수 있을 것이다.5) 반면 의미를 알고 있는 어휘라도 형태가 다르다면 학습자들은 새로

---

5) 김수희(2005)에서 한국어 한자어 어휘에 대한 유추 정도 조사 결과를 보면, 동형동의어의 정답률이 96%로 가장 높게 나왔고, 동의부분이형어의 정답률이 82%, 동의완전이형어가 62%의 정답률을 보였다, 동형이의어는 57%로 가장 낮은 정답률을 보였다.

운 어휘로 받아들일 것이다. 그리고 형태상 같지만 의미가 다르면 오히려 학습자들로 하여금 혼동을 줄 수도 있다. 그러므로 학습할 사자성어의 유래에 따른 유형을 알고 그에 맞게 제시해 주어야 한다. 따라서 본고는 金香蘭 (1996)에서와 같이 중국에서 전해 온 사자성어를 다시 형태와 의미의 차이에 따라 동형동의(同形同意), 동형이의(同形異意), 동의이형(同意異形) 등 세 가지로 나누어 선정하는 것이 교육용으로 더 적합하다고 생각한다. 이러한 선정기준을 통해 선정된 사자성어를 한국어 교수-학습 현장에서 더욱 효과적으로 활용하기 위해 수업 설계의 요건 및 설계의 실제를 뒤에서 제시하고자 한다.

나. 사자성어(四字成語) 자료 분석

1) 한국어 교재에 수록된 사자성어

현행 한국어 교재로 사용되고 있는 아래의 교재들은 외국어로서의 한국어 학습교재로 오랫동안 사용되어 왔기 때문에 이 교재들을 통해 전반적인 한국어 교육 현장에서의 사자성어 학습의 현황을 알아볼 수 있다. 분석 대상 교재는 다음과 같다.

1. 경희대학교 국제교육원(2003), 『한국어 중급』 Ⅰ·Ⅱ 『한국어 고급』 Ⅰ·Ⅱ, 경희대학교출판부.
2. 서울대학교 어학연구소(2000), 『한국어』 4-5, 서울대학교 출판부.
3. 성균관대학교 성균관 어학관(2004), 『배우기 쉬운 한국어』 3-6, 성균관대학교출판부.
4. 연세대학교 한국어학당(2005), 『한국어』 4-6, 연세대학교 출판부.
5. 이화여자대학교 언어교육원(2006), 『말 트이는 한국어』 Ⅳ-Ⅴ, 이화여자대학교 출판부.

각 교재에 등재된 사자성어를 제시하면 다음 [표 2]와 같다.

[표 2] 경희대학교 한국어 교재에 수록된 사자성어

단계	교재	사자성어
중급	경희대 한국어 I / II	현모양처(賢母良妻) 외유내강(外柔內剛) 칠전팔기(七顚八起) 대기만성(大器晚成) 설상가상(雪上加霜) 선견지명(先見之明)
고급	경희대 한국어 I / II	막무가내(莫無可奈) 일석이조(一石二鳥) 물심양면(物心兩面) 암행어사(暗行御史) 일확천금(一攫千金) 천생연분(天生緣分) 애지중지(愛之重之) 유비무환(有備無患) 자급자족(自給自足) 진수성찬(珍羞盛饌) 천고마비(天高馬肥) 노발대발(怒發大發) 금시초문(今時初聞)
중급	서울대 한국어4	현모양처(賢母良妻) 이심전심(以心傳心) 동문서답(東問西答) 막상막하(莫上莫下) 금시초문(今時初聞) 천고마비(天高馬肥) 칠전팔기(七顚八起)
고급	서울대 한국어5	대기만성(大器晚成) 전화위복(轉禍爲福) 설상가상(雪上加霜) 유비무환(有備無患) 일확천금(一攫千金) 일석이조(一石二鳥) 일거양득(一擧兩得) 구사일생(九死一生) 속수무책(束手無策) 부전자전(父傳子傳)
중급	성균관대 한국어3/4	새옹지마(塞翁之馬) 노발대발(怒發大發) 물심양면(物心兩面) 함흥차사(咸興差使) 칠전팔기(七顚八起) 막상막하(莫上莫下)
고급	성균관대 한국어5/6	동병상련(同病相憐) 죽마고우(竹馬故友) 유비무환(有備無患) 역지사지(易地思之) 동고동락(同苦同樂) 후회막급(後悔莫及) 유언비어(流言蜚語)
중급	연세대 한국어4	유일무이(唯一無二) 동문서답(東問西答) 일석이조(一石二鳥) 막상막하(莫上莫下)
고급	연세대 한국어5/6	백년해로(百年偕老) 십시일반(十匙一飯) 일거양득(一擧兩得) 천우신조(天佑神助) 칠전팔기(七顚八起) 설상가상(雪上加霜) 새옹지마(塞翁之馬) 고진감래(苦盡甘來) 외유내강(外柔內剛) 승승장구(乘勝長驅) 요조숙녀(窈窕淑女) 전화위복(轉禍爲福) 칠전팔기(七顚八起)
중급	이화여대 한국어IV	칠전팔기(七顚八起) 현모양처(賢母良妻) 동문서답(東問西答) 이심전심(以心傳心) 금시초문(今時初聞) 외유내강(外柔內剛) 어부지리(漁父之利)

단계	교재	사자성어
고급	이화여대 한국어 Ⅴ	유일무이(唯一無二) 십중팔구(十中八九) 백발백중(百發百中) 천고마비(天高馬肥) 새옹지마(塞翁之馬) 학수고대(鶴首苦待) 대기만성(大器晚成) 노발대발(怒發大發) 유비무환(有備無患) 조강지처(糟糠之妻) 후회막급(後悔莫及) 비몽사몽(非夢似夢) 일확천금(一攫千金)

 일반적으로 한국어 교육현장에서 사자성어는 중급 수준 이상의 수업에서
다루어지고 있다. 그 이유는 중급 단계의 중국인 학습자들이 배우는 한국어
의 내용에는 초급 학습자보다는 좀 더 많은 한자 어휘를 포함하고 있기 때문
이다. 따라서 여기에서는 한국어 교재 중에서 사자성어가 제시되는 중급 단
계 이상의 교재를 대상으로 분석하였다. 분석에 사용된 각 교재의 사자성어
는 생겨난 유래와 형태상, 의미상 같은 것과 그렇지 않은 것으로 분류할 수
있다. 이를 정리하면 [표 3]과 같다.

[표 3] 한국어 교재의 사자성어 분류

유래	유형		사자성어
중국	동형동의		대기만성(大器晚成) 설상가상(雪上加霜) 천생연분(天生緣分) 천고마비(天高馬肥) 전화위복(轉禍爲福) 유비무환(有備無患) 일거양득(一舉兩得) 일확천금(一攫千金) 일석이조(一石二鳥)
	동형이의		칠전팔기(七顚八起)
	동의이형	부분이형	동병상련(同病相憐) 백년가약(百年佳約) 새옹지마(塞翁之馬) 외유내강(外柔內剛) 유일무이(唯一無二) 이심전심(以心傳心) 현모양처(賢母良妻)
		완전이형	금시초문(今時初聞) 노발대발(怒發大發) 막상막하(莫上莫下) 동문서답(東問西答)
한국			함흥차사(咸興差使)

[표 3]에서 보듯이 각 대학교 한국어 교재에 제시된 사자성어가 수적으로도 상당히 적은데다가 그 유형도 대부분 동형동의, 동의이형, 동형이의 한국 사자성어의 유형 순으로 나타났다. 이 결과를 보면 중국인 학습자들에게 학습이 꼭 필요한 동형이의어나 한국의 사자성어들은 교재에서 거의 제시되지 않고 있다는 사실을 알 수 있다. 이상의 한국어 교재에 제시된 사자성어의 분석 결과를 바탕으로 한국어 교재에서 공통적으로 제시된 사자성어 목록을 정리하면 [표 4]와 같다.

[표 4] 한국어 교재에 공통적으로 나타난 사자성어

유래	유형		사자성어
중국	동형동의		대기만성(大器晚成) 설상가상(雪上加霜) 일거양득(一擧兩得) 일확천금(一攫千金) 일석이조(一石二鳥) 천고마비(天高馬肥) 전화위복(轉禍爲福)
	동형이의		칠전팔기(七顚八起)
	동의이형	부분이형	새옹지마(塞翁之馬) 외유내강(外柔內剛) 유일무이(唯一無二) 이심전심(以心傳心) 현모양처(賢母良妻) 동병상련(同病相憐)
		완전이형	금시초문(今時初聞) 동문서답(東問西答) 막상막하(莫上莫下)
한국			없음

한국어 교재에서 출현빈도가 높은 사자성어는 [표 4]와 같다. 제시된 사자성어 어휘가 현재 한국어 교육현장에서 가장 많이 교수-학습되고 있는 사자성어들의 목록이라고 할 수 있다.

2) 한국어 능력시험(TOPIK)에 출제된 사자성어

앞서 교육 현장에서 주로 제시되고 활용되는 사자성어들을 분류하고 목록으로 제시하였다. 여기에서는 현재 학습자들의 한국어 능력을 측정하는 시험인 한국어능력시험(TOPIK)[6]에서 어떤 사자성어들이 수록되었는지 유형별로 분류하였다.

[표 5] 한국어 능력시험에 출제된 사자성어의 분류

유래	유형	사자성어	
중국	동형동의	대동소이(大同小異) 선견지명(先見之明) 일거양득(一擧兩得) 임기응변(臨機應變) 일석이조(一石二鳥) 천우신조(天佑神助) 천편일률(千篇一律) 일거양득(一擧兩得)	
	동형이의	없음	
	동의이형	부분이형	천양지차(天壤之差) 궁여지책(窮餘之策) 약육강식(弱肉强食) 이심전심(以心傳心) 역지사지(易地思之)
		완전이형	탁상공론(卓上空論)
한국	없음		

[표 5]에 제시된 자료를 보면 한국어 학습자들의 한국어 능력을 측정하는 데는 사자성어를 그다지 중요하게 인식하지 않고 있다는 것을 알 수 있다. 그 이유는 학습 대상자들의 사자성어에 대한 능력에 편차가 너무 크기 때문이다. 왜냐하면 한국어 학습자 중 중국인을 비롯한 한자문화권 학습자들은 사자성어에 대해 대부분 잘 알고 있는 반면, 그렇지 않은 학습자들에게는 이야기가 담겨있는 사자성어의 이해는 어렵기 때문인 것으로 판단된다.

다. 한국어와 중국어 사자성어(四字成語)의 대조

김미영(2004)과 황은영(2005)에서는 한·중 양국에서 널리 사용되고 있는

---

6) 분석범위는 제7회 한국어능력시험문제부터 제17회까지 선정하였다.

상용 사자성어 500개를 유형별로 비교·분석하였다. 그 중 동형동의 사자성어가 306개로 전체의 절반을 넘게 차지하고 있으며, 동의이형은 200개, 동형이의는 13개로 나타났다. 한국과 중국에서 주로 사용하는 사자성어 절반 이상이 넘는 58.9%가 형태와 의미가 완전히 동일한 어휘이다. 그리고 나머지 중에서도 대부분인 38.6%는 의미가 같고 형태가 다른 어휘이고, 형태가 같지만 의미가 다른 것은 2.5%였다. 이를 정리하면 [표 6]과 같다.

[표 6] 한·중 상용 사자성어 비교

유형		수량	비율
동형동의		306	58.9%
동형이의		13	2.5%
동의이형	부분이형	151	29.2%
	환전이형	49	9.4%
합계		519	100%

정승혜(1998)에서는 일상생활에서 가장 일반적으로 사용하고 사용 빈도가 높은 한자 어휘가 한국인들이 그 사회의 구성원으로서 정상적인 기본 생활을 하는 데 필요한 어휘이며, 마찬가지로 사용 빈도가 높은 사자성어가 보편성이 높고 유용한 어휘라고 생각할 수 있다고 하였다. 따라서 한국어 학습자들이 한국어를 사용하여 원활한 의사소통을 하기 위해서는 한국인들이 일상생활에서 사용하는 사자성어들을 알아야 할 것이다.

[표 6]에서 언급한 500여 개의 사자성어들은 김미영(2004)과 황은영(2005)에서 공통적으로 제시하고 있는 어휘들이므로 신뢰성이 비교적 높다고 할 수 있다. 또한 여기에서 조사한 사자성어들은 한국과 중국의 상용 어휘이기 때문에 앞에서 분류한 한국어 교재에 제시된 사자성어와 한국어 능력시험에 출제된 사자성어는 기본적으로 한·중 상용 사자성어라는 사실을 말해 준다.

반면에, 동형이의 형태의 사자성어는 한국어 교육현장에서 전혀 다루어지고 있지 않았다. 그러나 앞에서 강조했듯이 동형이의 형태의 사자성어의 학습이 다른 어휘보다 우선적으로 이루어져야 한다. 따라서 여기에서는 황미영(2004)과 황은영(2005)에서 한·중 상용 사자성어 중 동형이의에 해당하는 어휘 13개 중에서 5개의 사자성어도 교육대상에 포함시키고자 한다.[7]

라. 한국어 교육용 사자성어(四字成語) 학습 어휘 목록

학습 방법이 아무리 뛰어나더라도 제시한 목록이 학습자에게 적절한 것이 아니라면 효과적인 사자성어 학습이라 할 수 없기에 학습자의 수준에 맞는 적절한 사자성어를 선정하는 일은 매우 중요하다. 앞서 한국어 교육 현장에서 다루어지고 있는 사자성어와 한·중 언어의 차이에 의한 사자성어를 각각 제시하였다. 이 세 자료 중에서 중국인 학습자에게 가장 필요한 어휘는 언어의 의미 차이를 보이는 것이라고 할 수 있다. 지금까지 앞에서 제시한 한·중 상용 사자성어와 한국인이 자주 사용하는 사자성어를 고려하여 사자성어 학습어휘 목록을 제시하면 [표 7]과 같다.

[표 7] 사자성어 학습 목록

유래	유형	사자성어
중국	동형동의	대기만성(大器晩成) 설상가상(雪上加霜) 전화위복(轉禍爲福) 유비무환(有備無患) 일거양득(一擧兩得) 일확천금(一攫千金) 대동소이(大同小異) 일석이조(一石二鳥) 천우신조(天佑神助)

---

7) 가톨릭관동대학교 재학 중인 중국인대학생 50명을 대상으로 다음의 동형이의어 사자성어 '거안제미(擧案齊眉) 경천동지(驚天動地) 광풍제월(光風霽月) 대경소괴(大驚小怪) 망양보뢰(亡羊補牢) 백척간두(百尺竿頭) 류암화명(柳暗花明) 설니홍조(雪泥鴻爪) 엄이도령(掩耳盜鈴) 유두분면(油頭粉面) 조삼모사(朝三暮四) 중구삭금(衆口鑠金) 행시주육(行尸走肉)' 13개를 제시하고 빈도순대로 1부터 5까지 순위를 매기게 하였다. 그 결과 '경천동지(驚天動地), 백척간두(百尺竿頭), 유두분면(油頭粉面), 조삼모사(朝三暮四), 칠전팔기(七顚八起)'가 가장 높은 사용 빈도를 나타냈다.

유래	유형		사자성어
			천편일률(千篇一律) 천고마비(天高馬肥) 임기응변(臨機應變)
동의이형	부분이형		동병상련(同病相憐) 백년가약(百年佳約)
			새옹지마(塞翁之馬) 외유내강(外柔內剛)
			유일무이(唯一無二) 이심전심(以心傳心)
			현모양처(賢母良妻) 약육강식(弱肉强食)
			역지사지(易地思之)
	완전이형		금시초문(今時初聞) 탁상공론(卓上空論)
			막상막하(莫上莫下) 동문서답(東問西答)
	동형이의		경천동지(驚天動地) 백척간두(百尺竿頭)
			유두분면(油頭粉面) 조삼모사(朝三暮四)
			칠전팔기(七顚八起)
한국	함흥차사(咸興差使) 학수고대(鶴首苦待)		

1) 同形同意 학습용 사자성어 어휘목록

대기만성(大器晚成)

활용예문:

−**대기만성**이라고, 열심히 노력하면 언젠가는 시험에 붙을 거예요.[8]

−나는 무엇을 빨리 이루려는 사람보다 **대기만성**형의 사람이 좋다.

−**대기만성**형인 삼촌은 오랫동안 준비해서 한국은행에 취직했어요.

선견지명(先見之明)

활용예문:

−그의 **선견지명**대로 나는 주식투자로 막대한 이익을 얻었다.

−친구의 **선견지명** 덕에 나는 이번 사업에 큰 손해를 보지 않았다.

−선인들의 **선견지명** 덕에 사람들이 오늘날 행복한 삶을 살 수 있다.

---

8) korea language plus 「살아있는 한국어」 활용예문.

임기응변(臨機應變)

활용예문:

-정부의 이번 조치는 **임기응변**에 지나지 않는다.

-그는 상황에 맞추어 **임기응변**하는 능력이 뛰어나다.

-머리가 밝고 맑아서 일을 판단하는 데 비뚤어지지 않았고, **임기응변**하는 수단이 민첩하니, 친구들은 그의 높은 식견과 넓은 궁량에 의뢰하는 바가 많았다.[9]

일석이조(一石二鳥)

활용예문:

-**일석이조**는 돌 한 개로 새 두 마리를 잡는다는 뜻이래요.

-시험을 잘 봐서 기분도 좋고 장학금도 받았으니 **일석이조**예요.

-도서관에서 아르바이트를 하면 책도 많이 읽고 용돈도 벌 수 있으니까 **일석이조**예요.

전화위복(轉禍爲福)

활용예문:

-현재의 어려움을 **전화위복**의 계기로 삼다.

-그때 학교를 그만둔 게 요즘에는 **전화위복**이 되고 있어요. 그림도 좋아지고, 그림값에다 인품 값까지 덩달아 덧붙여지는 셈이니까요.

-불행한 일이라도 끊임없는 노력과 강인한 의지로 힘쓰면 **전화위복**이 될 수 있다.

천우신조(天佑神助)

활용예문:

-다시는 네 얼굴을 못 볼 줄 알았는데 **천우신조**로 너를 다시 보니 이제는 죽어도 한이 없다.[10]

-취조하여 보면 당장에 알 것입니다. 이러한 범인을 잡게 된 것은 **천우신조**입니다.

---

9) 네이버 국어사전 예문.

10) 네이버 국어사전 예문에서는 '천우신조 하여 너를 다시 보니…' 본문에서는 '천우신조로 너를 다시 보니…'로 수정 하였다.

대동소이(大同小異)

활용예문:

−오늘 발표한 내용은 지난번에 발표한 것과 **대동소이**하다.

−두 선수의 실력이 **대동소이**해서 쉽게 승부가 나지 않는다.

−여러 사람이 일어서서 **대동소이**한 내용을 중언부언 되풀이한 시간만 해도무려 세 시간이나 걸린 회의였다.

설상가상(雪上加霜)

활용예문:

−**설상가상**이라고, 회의에 늦었는데 택시도 오지 않는군요!

−외국에서 길을 잃어버렸는데 **설상가상**으로 돈까지 없었어요.

−며칠 전에 도독이 들었는데 어제는 불까지 났으니 정말 **설상가상**입니다.

일거양득(一擧兩得)

활용예문:

−**일거양득**의 효과를 가져왔다.

−나는 실한 저수지를 얻게 되어 그곳에 물이 넘치고, 일 한 사람들은 양식과 품삯이 생기니 **일거양득**이라, 모두 얻기만 하지 않느냐?[11]

일확천금(一攫千金)

활용예문:

−그는 막다른 사람이 요행수를 바라듯이 **일확천금**을 몽상했다.

−부동산 투자로 **일확천금**을 노리는 사람이 득실득실했다.

−**일확천금**을 꿈꾸며 복권을 사는 사람들이 많아져간다.

천고마비(天高馬肥)

활용예문:

−**천고마비**의 계절에는 여행하기가 좋다.

−가을은 책 읽기 좋은 **천고마비**의 계절이다.

---

11) 네이버 국어사전 예문.

-더운 여름이 가고 시원한 **천고마비**의 계절이 왔다.

천편일률(千篇一律)

활용예문:

-그 당시의 소설은 **천편일률**적 양상을 보인다.

-매일 **천편일률**적으로 계속되는 그들의 말속에는 이 시대의 불행을 고뇌하는 최소한
 의 양심도 들어 있지 않았다.

2) 同意異形 학습용 사자성어 어휘목록

* 部分異形 사자성어

한국어 형태: **동병상련(同病相憐)**
중국어 형태: **동명상련(同命相憐)**

활용예문:

-**동병상련**이라고 이별의 고통은 겪어 본 사람만이 안다.

-**동병상련**이라고 아픈 사람은 아픈 사람의 마음을 잘 알아요.

-나처럼 힘들게 사는 사람을 보면 **동병상련**의 마음을 가지게 돼요.

한국어 형태: **약육강식(弱肉强食)**
중국어 형태: **의강능약(倚强凌弱)**

활용예문:

-클로버는 잔디의 뿌리 사이로 누비고 들어가서 눈 깜짝할 사이에 잔디를 뒤덮어
 버린다. 그야말로 **약육강식**인 것이다.[12]

-**약육강식**하는 세상살이.

한국어 형태: **외유내강(外柔内剛)**
중국어 형태: **내유외강(内柔外剛)**

활용예문:

---

12) 네이버 국어사전 예문.

—물음이 있을 때나 답하는 그의 어조는 입을 다물고 있는 만큼이나 신중해보여 **외유내강**을 지닌 군자의 자세였다.

—그들에게 너의 감정을 보여주지 말고 **외유내강**한 모습을 보여라.

한국어 형태: **이심전심(以心傳心)**

중국어 형태: **심심상영(心心相映)**

활용예문:

—두 사람 사이에는 어느덧 **이심전심**으로 우정이 싹트고 있었다.

—그는 **이심전심**으로 의사가 잘 통하고 아주 비위에 맞는 친구다.

—길상이는 어쩐지 상현이 도령이 싫었다. **이심전심**으로 그쪽에서도 길상이 싫은 모양이었다.13)

한국어 형태: **현모양처(賢母良妻)**

중국어 형태: **현처양모(賢妻良母)**

활용예문:

—아내는 마을에서 소문난 **현모양처**이다.

—집안일을 싫어하던 언니가 결혼을 한 후에 **현모양처**가 되었다.

—아버지는 항상 나에게 엄마 같은 **현모양처**와 결혼하라고 한다.14)

한국어 형태: **새옹지마(塞翁之馬)**

중국어 형태: **새옹실마(塞翁失馬)**

활용예문:

—나는 실패한 친구를 위로할 때 **새옹지마**라는 말을 많이 사용한다.

—취직 시험에 떨어진 친구에게 인생은 **새옹지마**라며 위로해 주었다.

—**새옹지마**라고 지금은 힘들지만 나에게도 언젠가는 좋은 일이 생기겠지.

한국어 형태: **역지사지(易地思之)**

중국어 형태: **역지이처(易地而處)**

---

13) 네이버 국어사전 예문.

14) korea language plus 살아있는 한국어 활용예문.

활용예문:

-**역지사지**로 생각해 본다면, 내 입장을 이해할 수 있을 것이다.

-너, 그렇게 작고 힘없는 것들을 괴롭히지 마! **역지사지**의 자세 좀 가지는 건 어때?

-놀부를 그렇게 나쁘게 생각하지 마. **역지사지**로 생각해 봐, 네가 놀부라면 어떻겠니?

한국어 형태: **유일무이(唯一無二)**

중국어 형태: **독일무이(獨一無二)**

활용예문:

-철수는 나에게 **유일무이**한 친구다.

-이번 시험은 너에게 **유일무이**한 기회다.

-이번 유학을 간계기는 너에게 **유일무이**한 기회다.

한국어 형태: **천양지차(天壤之差)**

중국어 형태: **천양지별(天壤之別)**

활용예문:

-두 작품 모두 자서전적 성격을 띠고 있지만 그 내용은 **천양지차**이다.

-이 승려는 나와는 얼굴부터가 **천양지차**가 아닌가. 나는 발뒤꿈치를 들고 조심스럽게 노승의 곁을 물러났다.[15]

* 完全異形 사자성어

한국어 형태: **금시초문(今時初聞)**

중국어 형태: **전고미문(前古未聞)**

활용예문:

-피터가 장학금을 받았다고요? 저는 **금시초문**이에요.

-유키고가 다음 달에 결혼한다는 얘기는 **금시초문**이다.

-여자 친구가 유학을 간다는데 동수는 **금시초문**이라고 했어요.

---

15) 네이버 국어사전 예문.

한국어 형태: **동문서답(東問西答)**

중국어 형태: **답비소문(答非所問)**

활용예문:

−**동문서답**만 하지 말고 질문에 맞는 대답을 하세요.

−선생님의 이야기를 잘 안 듣고 **동문서답**을 했어요.

−어디 가느냐고 물었더니 일요일에 간다고 **동문서답**을 했어요.

한국어 형태: **막상막하(莫上莫下)**

중국어 형태: **불상상하(不相上下)**

활용예문:

−민지와 지영은 늘 **막상막하**로 1,2등을 차지한다.

−피터와 동수가 **막상막하**로 달렸는데 피터가 이겼다.

−한국과 독일 축구팀의 경기를 봤어요? 정말 **막상막하**였어요.

한국어 형태: **탁상공론(卓上空論)**

중국어 형태: **지상담병(紙上談兵)**

활용예문:

−이번 회의는 **탁상공론**으로 끝난 회의다.

−아무리 좋게 얘기해도 다 **탁상공론**으로 밖에 안 들린다.

3) 同形異意 학습용 사자성어 어휘목록16)

경천동지(驚天動地)

한국어 의미: 하늘이 놀라고 땅이 흔들린다는 뜻으로 세상을 크게 놀라게 함.

중국어 의미: 기세가 드높거나 혹은 알고 있는 사실이나 지식으로 세상을 크게
놀라게 함.

활용예문:

−그 얘기를 들으니 정말 나에게는 **경천동지**의 소식이다.

---

16) 활용예문은 한국어의 경우임.

－아침 뉴스 봤니? 완전 **경천동지**의 대사건이 일어났어.

유두분면(油頭粉面)

한국어 의미: 기름 바른 머리와 분바른 얼굴이란 뜻으로 부녀자의 화장 또는 화장한
여자.

중국어 의미: 화장을 너무 지나치게 하여 경망스럽게 보인다. 특히 남자에게 쓰인다.

활용예문:

－**유두분면**의 여자들이 장발에 살집 좋은 사내들과 팔짱을 끼고 지나가고 있었다.

－그 영화를 보니 **유두분면**의 출연자들 참 많았다.

칠전팔기(七顚八起)

한국어 의미: 일곱 번 구르고 여덟 번 거꾸러진다는 뜻으로 수없이 실패를 거듭하거나
매우 심하게 고생함.

중국어 의미: 상, 하, 전, 후의 위치가 원래 있던 위치랑 반대됨; 혼란하다(파생어),
말하는 것과 일하는 것이 아주 혼란스럽다.

활용예문:

－**칠전팔기**의 끈질긴 정신을 발휘하다.

－한 번 실패하면 갑절 용기를 내서 다시 일어서지요. **칠전팔기** 모르시오?

－그는 이 일에서 **칠전팔기**하여 결국 성공했다.

백척간두(百尺竿頭)

한국어 의미: 매우 위태롭고 어려운 지경. 높은 장대의 끝

중국어 의미: 학문이나 성적 등이 아주 높은 수준에 다다른 후에도 계속해서 열심히
노력한다.

활용예문:

－집안은 폐족이 되어 팔대 옥당의 명문이 **백척간두**에 서 있는 것이 원통하고 억울하다.

－지금은 국가의 운명이 **백척간두**에 선 절박한 시기라는 것을 잊지 마라.[17]

---

17) 네이버 국어사전 예문.

조삼모사(朝三暮四)

한국어 의미: 눈앞에 보이는 차이만 알고 결과가 같은 것을 모른다. 간사한 꾀로 남을 속이고 농락함.

중국어 의미: 총명한 사람은 수단을 잘 쓰고 우매한 사람은 상황을 잘 판단하지 못한다.

활용예문:

-저 사람 말재간은 **조삼모사**보다 더 한다니까.

-그 사람의 **조삼모사**의 꾀로 모두가 넘어가고 말았지.

여기서 첨가된 '학수고대(鶴首苦待)'와 '함흥차사(咸興差使)' 두 어휘는 한국에서 유래한 사자성어이다. 그러므로 한국에서는 자주 사용하지만 중국에서는 찾아볼 수 없는 어휘이다. 또 이와 같은 어휘에는 한국인의 역사, 사고 그리고 생활모습이 담겨 있으므로 한국어 학습자에게 교육의 가치가 높다고 할 수 있다. 그러므로 이와 같은 사자성어의 학습을 통해 어휘 학습에서 한국 문화로 발전할 가능성을 모색할 수도 있다.

학수고대(鶴首苦待)

의미: 학의 목처럼 목을 길게 빼고 몹시 기다림을 이르는 말.

활용예문:

-어머니는 유학 간 아들의 편지를 **학수고대**하고 있어요.

-남자 친구가 취직하기를 **학수고대**했는데 또 떨어졌어요.

-민들레는 전쟁에 나간 남자 친구가 돌아오기를 **학수고대**했다.

함흥차사(咸興差使)

의미: 심부름꾼이 가서 소식(消息)이 없거나, 또는 회답(回答)이 더딜 때의 비유(比喩); 한번 간 사람이 돌아오지 않거나 소식(消息)이 없음.

활용예문:

-그가 올 때가 지났는데 아직도 **함흥차사**이다.

-심부름을 보낸 지가 언젠데 아직도 **함흥차사**란 말인가.[18]

---

18) 네이버 국어사전 예문.

라. 사자성어(四字成語) 교수—학습 방안

여기에서 제시할 사자성어 어휘 교육 방안은 사자성어 어휘의 세 가지 유형인 동형동의 사자성어, 동형이의 사자성어, 동의이형 사자성어에 따른 것으로 각각의 유형에 맞는 교육 방안을 제시하고자 한다.

첫째, 발음을 이용한 사자성어 어휘 교육: 동형동의 사자성어 중심으로 한다.

발음 대조를 이용한 어휘 교육에 사용되는 어휘는 한자 어휘의 형태와 뜻이 같고 그 소리까지 비슷한 동형동의 사자성어를 중심으로 이루어진다. 학습자들이 형태, 발음, 의미가 비슷한 다는 것을 쉽게 파악하고 이해력도 훨씬 빨라질 것이다. 예를 들면 한국어 발음은 大器晚成(대기만성), 중국어 발음은 大器晚成(dà qì wǎn chéng)이다.

둘째, 의미 비교를 통한 사자성어 어휘 교육: 동형이의 사자성어 중심으로 한다.

사자성어 어휘 중에서 동형이의어와 이형동의어의 분포가 많다. 그 중에서 동형이의어를 교육하는 방안은 다음과 같다. 한 가지의 의미만 제시할 것이 아니라 서로 다른 의미를 제시해야 하는 것이다. 왜냐하면 동형이의어 중에서는 완전 동형이의어와 부분 동형이의어가 있기 때문이다. 특히 부분 동형이의어의 경우에는 같은 의미도 있으며 중국어나 한국어에 다른 의미가 더 있기 때문에 확대된 의미까지 제시 해 주어야 오류를 최소화할 수 있다. 특히 한국에서 확대된 의미를 제시해 주어야 중국인 학습자들이 한국어를 배울 때 발생하는 어려움을 더 줄일 수가 있다. 예를 들면 百尺竿頭(백척간두)의 중국어 의미는 '학문이나 성적 등이 아주 높은 수준에 다다른 후에도 계속해서 열심히 노력한다'는 뜻이다. 하지만 한국어 의미는 '매우 위태롭고 어려운 지경'이란 뜻이다.

셋째, 한자와 중국어 표기를 통한 사자성어 어휘 교육[19]: 동의이형 사자성

---

19) 이 방법은 김수희(2005)에서도 제시가 되어 있는 방법이다. 김수희(2005)는 중국인 학습자를

어 중심으로 한다.

한국어 문장 속에 사자성어가 나타났을 때 그 어휘를 한자로 병기를 해주면 중국인 학습자들이 쉽게 이해를 할 수 있다. 따라서 한자어와 함께 중국어까지 제시하면 학습자들은 충분히 이해할 수 있을 것이다. 그리고 제시된 어휘로 문장을 만들고 학습자들로 하여금 그 문장을 보고 문맥상에서 유추하도록 한다. 예를 들면 한국어 형태는 동문서답(東問西答), 중국어 형태는 답비소문(答非所问)이다.

1) 수업 설계의 요건

교재분석 결과를 살펴보면, 사자성어를 이용한 한국어 학습이 비단 한국어를 배우는 데 그치지 않고, 한국의 문화를 간접적으로 체험할 수 있는 방편으로 활용될 수 있는 것을 알 수 있다. 그러나 사자성어를 통한 교수방법은 실제로 교육현장에서 효과적으로 통용될 수 있음에도 불구하고 그 활용 빈도가 낮은 편이다. 또한 사자성어를 활용한 교재가 있다 하더라도, 그 활용이 단편적인 것에 그쳐서 더 깊이 있는 수업에 이르지 못하는 아쉬움을 주고 있다. 앞서 언급한 바와 같이 교수도구로써의 사자성어를 어떻게 활용하는가에 따라 다양한 학습효과를 얻을 수 있다. 또한 사자성어 학습을 통해서 한국어 교육을 효과적으로 할 수 있다.

한국어를 배우고 있거나 한국의 신문이나 방송 등의 매체를 통한 정보를 이해하고, 나아가 수준 높은 한국어 구사를 목적으로 하는 학습자들에게 사자성어 학습은 필수불가결하다. 그렇다면 이러한 고급학습자들에게 그 많은 사자성어 중에서 구체적으로 무엇을, 어떤 방식으로 가르칠 것인가에 대한 방법적 대안이 필요하다. 지금까지 논의한 내용을 바탕으로 사자성어 교육을

위한 어휘교육 방안으로 한자 병기를 제시하였다. 이것은 중국인을 위한 한국어 어휘 교육이나 한자 어휘 교육에서 꼭 필요한 것으로서 다른 논문에서도 공통적으로 제시되어 있는 방법이다.

위한 기본 요건을 다음의 네 가지로 정리할 수 있다.

첫째, 사자성어를 형태별, 유형별로 정리한 목록이 필요하다.

둘째, 사자성어의 교육은 대조분석의 차원에서 접근해야 한다. 한자 어휘가 한국어에 차지하는 비중이 높다는 것은 주지하는 사실이다. 중국어권 학습자들이 한국어를 배울 때 가장 수월하게 생각하는 것은 바로 한자 어휘 다. 대부분의 한자어는 서로 공유돼는 부분이 많아서 쉬울 수도 있지만, 그 반면에 형태상 유사하지만 의미가 전혀 달라 주의하지 않으면 오류를 범할 수 있는 어휘들은 각별한 학습이 필요하다.

셋째, 학습자들의 적극적인 활동을 유도해야 한다. 사자성어는 형태와 의미가 복잡할 뿐만 아니라, 서로 유사한 어휘들이 많기 때문에 단순 주입식으로 수업을 하다보면 학생들이 혼동을 일으킬 우려가 높다. 그러므로 학생들로 하여금 먼저 생각하고 의미를 유출할 수 있는 다양한 활동을 개발할 필요가 있다.

넷째, 학습활동에서 보조 자료를 적극 활용한다.

중국어권 한국어 학습자가 한국어 사자성어 어휘를 학습할 때 같은 문화권이기 때문에 가질 수 있는 우위에 비해 양국 사자성어가 완전히 동일하지는 않는 것에서 오는 문제점을 해결하는 것이 필요하다.

2) 수업 설계의 실제

현재 교육 현장에서는 여러 가지 교육여건으로 인하여 학생들의 개별화 교육과 능동적 학습 참여가 어려운 실정이다. 따라서 대부분의 교실에서는 학생들의 참여가 배제된 일제 교수[20] 방식에 의한 수업이 진행되는 경우가 빈번하다. 최근 들어 이러한 획일적 수업의 문제점을 반성하면서, 그 대안으로

---

20) 학급구성원 전원에 대하여 동시에 같은 내용을 교수하는 학습지도법.

여러 가지 다양한 수업 모형들이 제시되고 있다. 그 중에서 소집단 활동 수업은 활발한 의사소통과 능동적인 학습 환경을 위해 제시된 수업모형으로 모든 학생의 능동적인 참여를 극대화하고 사회적 상호 작용의 환경을 제공하는 데 도움을 주고 있다. 이에 따라 본 연구에서는 소집단을 대상으로 어휘학습 시에 좀 더 적극적이고, 흥미 있는 사자성어 교육 방안을 제시하고자 한다.

사자성어 교육은 '도입단계 → 활동단계 → 확인단계'를 통해 사자성어 학습을 한 후, 확인 학습을 통해 이해도를 측정하는 것으로 구성된다. 이를 바탕으로 실제 수업 방안을 제시하면 다음과 같다.

(1) 어휘카드를 활용한 사자성어 게임의 예

단계	교수-학습 활동	시간
도입	1. 두 명을 한 팀으로 구성한다. 2. 다음 사자성어를 제시하고 서로 의미를 추측한다. 1) 대기만성 2) 대동소이 3) 설상가상 4) 일거양득 5) 일확천금 6) 임기응변 7) 일석이조 8) 천고마비	15분
활동	1. 교사가 사자성어 카드를 한 명에게 제시한다. 2. 제시된 사자성어의 의미 말하기. 3. 한 명은 그 의미에 의해 해당하는 사자성어 말하기.	25분
확인	1. 정한 시간에 사자성어 정확하게 말한 개수가 많은 팀이 이긴다.	10분

(2) 사자성어 관련 이야기 듣고 그 의미를 예측하기의 예

단계	교수-학습 활동	시간
도입	사자성어 '백척간두(百尺竿頭)'가 무슨 뜻일지 이야기해 본다.	15분
활동	1. 다음 기사를 읽고 '백척간두(百尺竿頭)'의 의미를 생각해 본다. 2. 기사의 내용을 이야기한다. 3. 기사 내용 속의 '백척간두(百尺竿頭)'의 의미를 이야기한다.	25분

단계	교수-학습 활동	시간
	독일월드컵 최종 예선에서의 활약은 눈부심 자체였다. A대표팀에 처음 선발된 박주영은 2005년 6월 3일 타슈켄트에서 열린 우즈베키스탄과의 최종 예선 4차전(1-1)에서 0-1로 뒤진 경기 종료 직전 천금의 동점골을 뽑아내며 백척간두(百尺竿頭)의 위기에서 한국축구를 구해 냈다. 그리고 닷새 후 쿠웨이트와의 원정경기(4-0)에서는 선제 결승골에 이어 쐐기골로 이어진 페널티킥을 유도하며 펄펄 날았다. '한국 축구의 희망', '축구 축제' 등 그의 이름 앞에 붙는 화려한 수식어가 부끄럽지 않은 활약이었다.	
확인	'백척간두(百尺竿頭)'가 한국과 중국에서 어떻게 다른 의미로 사용되는지 확인한다.	10분

　사자성어 학습은 독립된 수업으로 진행되기보다는 어휘, 독해 등의 수업의 일부로 진행되는 경우가 많다. 실제로 교수·학습한 결과를 보면 사자성어 교육을 어휘교육으로 진행된 경우에서 흥미롭고 학습자들의 적극적인 활동을 유도할 수 있으면서도 보조 자료를 활용하므로 수업시간은 50분으로 한정하였으며, 가장 적절하다고 생각한다. 이상에서 제시한 방안은 본고에서 분석한 교재의 단점을 보완하고자 노력하였다. 좀 더 다양한 자료를 준비한다면 여기서 한 걸음 더 발전된 사자성어 학습방안을 계획할 수 있을 것이다.

　기존의 교재에서는 사자성어를 거의 다루지 않고 있다. 이와 반대로 사자성어를 교재에서 다룬 경우에는 배경이 되는 이야기와 어휘의 의미, 형태 등을 너무 장황하게 설명하고 있어서 형평성에 있어 문제가 있다. 사자성어는 한국어 어휘의 일부이며, 의사소통을 위해서는 당연히 학습되어야 한다. 그러기 위해서는 사자성어 사용을 공유하고 있는 중국 문화권을 고려해야 하며 중국어와의 비교·대조를 통한 접근이 필수불가결하다. 본고에서는 이러한 점을 고려하여 특히 중국어권 학습자들이 사자성어를 접할 때 겪는 혼란을 줄이고자 하였다.

4. 정리

한자 문화권인 학습자들은 동일 형태와 의미를 지니는 한국의 한자어를 상대적으로 수월하게 받아들인다. 하지만 이러한 현상은 때로 중국어권 학습자들의 어휘 오류로 나타나며, 특히 한국에서의 상용 사자성어의 대부분은 중국에서 유래하였고, 그로 인하여 중국어권 학습자들에게는 사자성어를 가르치지 않거나 형태만을 제시하는 것으로 그치는 경우가 많다. 그러나 오랜 시간의 흐름과 양국의 사회·문화적 요인으로 인하여 한국과 중국에서 사용하는 사자성어의 일부는 그 형태와 의미가 각각 조금씩 변화하였다. 그럼에도 불구하고 중국인 학습자들은 일반적으로 그 차이를 깨닫지 못하고 있다. 이에 본고에서 현행 한국어 교재를 통해 중국인을 대상으로 한 사자성어 교육의 실태와 문제점을 파악하였다. 이에 따라 한국어 교육용 사자성어의 선정 기준을 마련하였다.

또한 이를 바탕으로 하여 사자성어 어휘 학습목록을 제시하였다. 제시한 사자성어 학습목록은 총 3가지로 나누었다. 첫째, 동형동의(同形同意) 사자성어의 예로 한국어의 형태는 대기만성(大器晚成)이며, 중국어의 형태도 동일하다. 여기서 중국인 학습자들이 가장 혼동을 많이 하는 둘째, 동형이의(同形異意) 사자성어는 형태는 같지만 용법이나 의미는 다른 사자성어이다. 셋째, 동의이형(同意異形)사자성어의 예를 보면 한국어 형태는 동병상련(同病相憐)이며, 중국어의 형태는 동명상련(同命相憐)이므로 그 형태의 변화와 함께 의미의 변화를 살펴보았다. 그리고 한국어 글자형태가 다른 사자성어를 그 변화 양상에 따라 부분이형(部分異形)사자성어와 완전이형(完全異形)사자성어로 나누었다.

그리고 현행 한국어교육 기관에서 출판한 한국어 중급 이상 교재와 한국어 능력시험(TOPIK)의 기출문제 중에서 공통적으로 나온 사자성어를 제시하고 분석하였다. 앞에서 제시한 사자성어를 이용하여 사자성어 학습목록과 예문 그리고 사자성어 교수-학습방안을 마련하였다.

　사자성어 학습어휘 목록은 한자문화권의 중국어권 학습자들이 자칫 간과하기 쉬운 사자성어 학습에 있어서 특별히 양국 언어의 형태상, 의미상 차이점을 중심으로 학습하도록 하는 데 그 목적을 두고 제시하였다. 이러한 방법을 통해 학습자들은 기존의 알고 있는 중국어 배경 지식을 통하여 한국어 어휘를 비교·대조하고 구체적인 공통점과 차이점을 익히게 될 것이다. 제시한 내용을 실제 교육현장에서 효과적으로 활용하기 위해 사자성어의 유형에 의한 교수-학습 방안을 마련하였다. 발음을 이용한 사자성어 어휘 교육과 의미 비교를 통한 사자성어 어휘 교육, 마지막으로는 한자와 중국어 표기를 통한 사자성어 어휘 교육이다.

　이상 연구 결과를 통하여 사자성어를 이용한 한국어 학습이 한국어를 배우는 데 그치지 않고, 한국의 문화를 간접적으로 체험할 수도 있는 방편으로 활용될 수도 있다. 나아가 더욱 수준 높은 한국어를 구사하는 데에도 이바지하리라 기대한다. 향후에 이루어질 연구에서는 한국어 교재의 한자 어휘들까지 분석 대상으로 삼고 중국인 학습자들의 한자 어휘에 대한 오류를 수집 분석하여 중국인 학습자들을 대상으로 한 종합적인 한자 어휘 교육 방안을 살펴보고자 한다.

8장

중국인 학습자의
한국어 파열음 발음 교육

강 반(姜 盼)

1. 도입

1992년 한·중 양 나라 수교 이래 양국 간의 문화교류와 무역왕래 등 많은 분야의 교류활동이 이루어지고 있다. 이뿐만 아니라 한류열풍의 영향으로 한국으로 유학 오는 중국인 학생들도 점점 많아지고 있다. 이에 따라 한국어 교육 연구가 활발하게 진행되고 있다. 그 중 발음 교육은 활발히 연구되는 분야 중의 하나이다. 허용 외(2010)에서는 언어 학습의 궁극적인 목표가 의사소통이라고 본다면 발음 교육은 언어 학습에서 반드시 체계적으로 이루어져야 한다고 제시하였다. 따라서 발음 교육은 외국어 교육 분야 중에서 중요한 자리를 차지하고 있다.

또 허용 외(2010)에서 발음은 학습하고 있는 외국어의 유창성에 관한 첫인상을 좌우한다고 하였다. 즉, 발음은 학습 대상 언어의 겉모습이나 다름없다고 제시하였다. 문법이나 글쓰기를 잘하더라도 발음이 정확하지 못하면 학습자가 가지고 있는 언어 능력 수준보다 낮은 평가를 받기 쉽다. 중국어권 한국어 학습자들이 발음 시 어려움을 느끼는 것 중의 한 가지가 파열음이다. 한국어의 파열음과 중국어의 파열음은 발음 방법과 발음 위치가 비슷하지만 한국어의 파열음은 평음·경음·격음인 삼중대립이고 중국어의 파열음은 유기음·무기음인 이중대립이다. 이것은 바로 중국인 학습자가 한국어 파열음의 발음을 정확하게 구분하지 못하고 발음도 못하는 이유이다.

발음 오류는 초·중급 학습자들이 겪는 문제뿐만 아니라 발음 교정을 따로 하지 않으면 고급 수준까지 파열음의 발음 오류를 범할 수 있다. 허용·김선정(2006)에서 발음은 언어 습득의 과정에서 가장 일찍 굳어진다고 하였다. 외국어 학습에서 발음은 학습의 초기 단계에 굳어지기 때문에 처음부터 단계를 정하여 체계적이고 계획적인 발음교육이 이루어지도록 해야 한다고 하였다. 한국어 발음은 다른 언어에 비해 독특한 특징을 가진 부분이 많아서 더욱 그러하다고 제시하였다. 또 외국어를 학습할 때 학습자는 모국어의 영향을 받기 마련이다. 허용·김선정(2006)에서는 외국어 학습에 미치는 여러 가지 요인 중에서 학습자의 모국어가 중요한 요인 중 하나임에 틀림없다고 하였다. 그래서 외국어 학습에 있어 모국어의 간섭현상은 피할 수 없는 현실이라고 제시하였다. 그러나 외국어를 학습할 때 모국어는 부정적인 요인뿐만 아니라 긍정적인 요인도 제공한다. 외국어를 학습할 때 모국어의 발음과 가까운 음소는 학습하기 쉽고 모국어의 발음과 먼 음소는 학습하기 어렵다고 할 수 있다. 즉 외국어를 교육할 때 학습자 모국어의 긍정적인 영향을 잘 활용하면 학습효과에 도움을 줄 것이다.

본고에서는 중국어권 학습자들이 구분하고 발음하기 어려워하는 파열음 음소 9개(ㄱ, ㄲ, ㅋ, ㄷ, ㄸ, ㅌ, ㅂ, ㅃ, ㅍ)를 연구 대상으로 삼았다. 또 중국어권 학습자들이 잘 알고 있는 초분절적인 성조를 이용하여 한국어 초성에 위치한 파열음의 발음을 교육 전과 교육 후의 발음 실태를 조사하였다. 평음·경음·격음 간에 구분할 수 있는 음향음성학적인 VOT[1] 및 피치[2]의 값을 측정

---

1) VOT(Voice Onset Time)는 성대 진동 시작 시간이라고 한다. 즉, 파열음을 발음할 때 자음이 파열되는 순간부터 후행 모음을 시작하기 전까지 그 길이를 말한다.

비교 방법으로 하였다. 음의 세기3)도 평음·경음·격음을 구분하기에 가능한 조건이지만 그것을 측정할 때 화자의 발화 크기나 화자의 입과 마이크의 거리 등 여러 가지 요인이 실험 결과에 영향을 주기 때문에 본 실험의 정확도를 유지하기 위해서 음의 세기는 비교하지 않았다. 또 피치의 경우 남성과 여성의 차이가 많으므로 본 실험에서는 중국인 여성 화자의 발음만 측정 분석하였다. 성조를 인지한 후에 초·중·고급 학습자에게 등급별로 어떤 학습효과를 주는지 알아보기 위해서 실험을 실시하였다.

2. 선행 연구

외국어로서의 한국어 교육 대상인 중국인 학습자들이 많아지면서 중국인 학습자 대상의 발음 교육 연구도 증가하고 있다. 외국어를 학습할 때, 학습자 모국어의 긍정적인 영향을 활용하고 교육하는 것이 효과적인 방법으로 본다. 최근에 들어서 한국어와 중국어의 음운론적 비교 분석보다 컴퓨터 프로그램을 이용해서 비교 분석하는 음성학적인 연구들이 많이 늘어나고 있다. 중국인 학습자가 잘 알고 있는 성조를 활용한 연구도 늘어나고 있지만 아직 많지는 않다.

가. 실험음성학적인 연구

최근 몇 년 동안 실험음성학적인 연구들이 많이 늘어나고 있다. 이에 관한

---

2) Pitch. 음의 높낮이를 가리키는 말이다.

3) Intensity, 소리의 강도를 말한다.

연구는 서민경(2002), 소열녕(2008), LEI LEI(2011) 등이 있다.

서민경(2002)에서는 한국어 파열음의 환경에 따른 VOT에 관한 실험을 하였다. 우선 어두와 유성음 사이의 환경에서 VOT의 변화를 살펴보았다. 또 속도에 따른 한국어 파열음의 VOT를 실험하였다. 마지막으로 위치에 따른 한국어 파열음의 VOT를 실험하였다. 그 실험 결과에서 나온 VOT 값은 외국어로서의 한국어 교육에도 도움을 줄 것이라고 제시하였다.

소열녕(2008)에서는 한국어 파열음과 중국어 파열음의 VOT, 파열음 후행 모음의 강도 및 피치 값을 측정하였다. 실험 결과는 한국어 경음은 중국어 무기음과 가장 가깝고 한국어 격음은 중국어 유기음과 가장 비슷하며 한국어 평음은 중국어에 대응되는 발음이 없는 파열음임을 제시하였다. 또 한국어의 경음은 음평(陰平)⁴⁾으로 발음되는 중국어 무기음과 가장 비슷하고 격음은 음평(陰平)으로 발음되는 중국어 유기음과 가장 비슷하다는 음향음성학적인 결론을 내렸다.

LEI LEI(2011)에서는 중국인 한국어 학습자를 대상으로 초·중·고급별로 한국어의 파열음과 파찰음을 청취 실험하였다. 또 중국인 학습자들이 발음한 파열음 및 파찰음을 한국인 원어민 화자가 발음한 것과 비교하여 그 오류 원인과 양상을 살펴보았다.

나. 성조를 활용한 한국어 발음 교육 연구

중국어 성조를 활용한 한국어 발음 교육에 대한 연구는 최근 몇 년 동안 활발히 진행되었다. 이에 관한 연구는 김기훈(2010), 장가문(2013), 오선(2013) 등이 있다.

김기훈(2010)에서는 초급 학습자를 대상으로 한국어 초성 위치의 자음 평

---

4) 중국어의 성조 중의 한 가지이다. 발음이 길고 높으며 처음부터 끝까지 고조로 유지한다.

음 및 경음이 중국어 성조와 어떤 관련이 있는지 조사하기 위해서 청취 및 발화 실험을 하였다. 실험 중에 학습자의 학습 기간이 실험 결과와 어떤 영향을 미치는지 알아보려고 실험 대상을 1, 2급으로 나누어서 실험하였다. 청취 실험 결과를 보면 12명 실험자들이 성조 인지 전에 평균 청취 오류 빈도는 14.83%인데 인지 후에 평균 오류 빈도는 9%로 나타났다. 발화 실험 결과를 보면 12명 실험자 중 성조 인지 전에 평균 발화 오류 빈도는 13.94%인데 성조 인지 후에 평균 오류 빈도는 6.27%로 나타났다. 또 실험 참가자의 성장 지역별로 북쪽 지역과 남쪽 지역으로 나누었다. 성조를 활용한 발음 교육 방법은 청취 실험에서 북쪽 실험자에게 더 효과적인 것으로 나타나고 발화 실험에서는 남쪽 실험자에게 더 효과적인 것으로 나타난다고 제시하였다. 마지막으로 중국어 성조를 활용한 한국어 평음·경음 교육 방안을 제시하였다. 그런데 이 논문에서는 실험 대상이 중국인 초급 학습자에게만 한정되었다. 본고는 성조 인지 후 중국인 한국어 학습자의 등급별 효과를 조사하려고 중국인 초급 학습자뿐만 아니라 중·고급 학습자들도 실험 대상으로 삼는다.

장가문(2013)에서는 초급 학습자를 대상으로 중국인 학습자가 발음하기 어려워하는 어두 및 어중 위치의 평음·경음·격음의 발음 오류 실태를 조사하고 중국인 학습자의 발음 오류를 분석하였다. 또 한국어의 평음·경음·격음과 중국어 성조를 대조 시켜 분석하였다. 마지막으로 성조를 활용한 평음·경음 및 격음의 교육 방안을 제시하였다. 장가문(2013)에서도 초급 학습자의 발음 오류만 조사하고 성조 인지 후에 발음 오류를 확인하지 않았다.

오선(2013)에서는 한국어의 평음 5개를 연구 대상으로 삼고 중국어의 성조가 어떤 영향을 미치는지를 연구하였다. 평음 5개를 초·중급 학습자를 대상으로 교육 전 및 교육 후 발화 실험을 하였다. 발화 실험 결과를 보면 성조 인지 전에는 발화 평균 오류 빈도인 16.74%에서 성조 인지 후에는 6.51%로 낮아진 것으로 나타났다. 등급별로 보면 한국어 학습 기간에 따른 성조 활용이 중급 한국어 학습자보다 초급 학습자에 더 효과적으로 나타난다고 제시하였다. 마지막으로 중국어 성조를 활용한 한국어 평음 교육 방안을 제시하였다.

본고는 위에 나온 실험 결과를 바탕으로 중국인 여성 학습자 17명을 대상으로 초·중·고급별로 나누어 한국어 파열음 9개를 성조 인지 전·후에 발음 실태를 조사하고자 한다.

3. 중국인의 한국어 파열음 발음에 대한 실험

가. 실험 방법 및 대상

1) 실험 방법

본고는 성조 인지 학습 방법이 중국인 학습자의 한국어 첫 음절 파열음 발음에게 도움이 될 것인지 그리고 도움이 된다면 어느 정도 될 것인가에 관해 알아보기 위한 것이다. 이를 위해 중국인 학습자가 구별하기 어려운 파열음 9개(ㄱ, ㄲ, ㅋ, ㄷ, ㄸ, ㅌ, ㅂ, ㅃ, ㅍ)를 실험대상으로 삼았다. 그리고 자음 뒤에 후행 모음의 영향을 덜 받기 위해서 실험 음소의 후행 모음은 'ㅏ'로 통일시켰고 학습자의 자연스러운 발음을 조사하기 위해서 본 실험의 자료는 어휘가 아니라 문장을 활용하였다. 성조 인지 전·후의 발음 실태를 조사하기 위해서 실험은 두 번씩 진행하였다. 먼저 조용한 교실에서 마이크의 거리를 일정하게 유지하고 학습자에게 실험 자료를 읽게 한다. Speech Analyzer 3.0.1 프로그램으로 녹음한 다음 5분 정도 중국어 성조와 한국어 파열음의 상관성을 설명하고 연습 시간을 주고 다시 두 번째 실험을 실시하였다. 음성음운론적인 설명은 한국어의 경음을 발음할 때 평음과 격음에 비해 기류가 가장 약하고 평음보다 음이 높아 중국어 무기음의 음평과 거성을 발음하는 것과 유사하다고 설명한다. 한국어의 격음을 발음할 때 경음과 평음에 비해 기류가 가장 강하고 평음보다 음이 높아 중국어 유기음의 음평과 거성을 발음하는 것과 유사하다고 설명한다. 또, 한국어의 평음을 발음할 때 기류가 경음보다 격음에 더 가까우며 경음과 격음보다 음이 낮아 중국어 유기음의 양평과 거성을 발음하는 것과 유사하다고 설명한다. 녹음한 다음에 필요한 VOT 및 피치의 값을 구한다. 마지막으로 녹음된 데이터의 통계처리를 하기 위해서 SPSS 17.0 프로그램을 이용하였다. 실험자들이 읽은 문장은 다음과 같다.

[표 1] 피실험자가 읽은 문장

1) 이건 '까다'라고 합니다. 2) 이건 '가다'라고 합니다. 3) 이건 '카다'라고 합니다.
4) 이건 '따다'라고 합니다. 5) 이건 '다다'라고 합니다. 6) 이건 '타다'라고 합니다.
7) 이건 '빠다'라고 합니다. 8) 이건 '바다'라고 합니다. 9) 이건 '파다'라고 합니다.

2) 실험 대상

본고에서는 성조 인지가 한국어 등급별로 어떤 영향을 주는지 알아보기 위해 실험자가 TOPIK 한국어능력시험 결과에 따라 피실험자를 초급(4명), 중급(6명), 고급(7명)별로 나누어서 총 17명 대상으로 실험을 진행하였다. 본 실험의 대상자는 강릉시 소재의 K대학교에 재학 중이며 중국에서 태어나서 자란 중국 현대 표준어를 사용하는 조선족 학습자를 제외한 20대에서 30대 여성5) 학습자이다. 본고의 실험 대상에서 조선족 학습자를 제외한 이유는 조선

---

5) Pitch의 경우에는 남성과 여성의 차이가 많이 나기 때문에 본 실험에서는 남성과 여성을 같이

족 학습자들은 어렸을 때부터 집안에서 한국어를 접했을 가능성이 있기 때문이다. 본 실험을 참가한 피실험자들의 주 성장지는 중국의 내몽고·절강성·요령성·산동성 등의 지역이고 이를 바탕으로 한 피실험자의 기본 자료는 다음과 같다.

[표 2] 피실험자의 기본 자료

구분	나이	한국어 등급	한국어 학습기간	성장지	민족
1	25	초급	6개월	요령성	한족(漢族)
2	23	초급	2년	절강성	한족(漢族)
3	23	초급	2년	내몽고	소수민족
4	21	초급	2년	요령성	한족(漢族)
5	25	중급	2년	산동성	한족(漢族)
6	25	중급	2년	산동성	한족(漢族)
7	22	중급	2년	요령성	한족(漢族)
8	22	중급	2년	요령성	한족(漢族)
9	22	중급	2년	요령성	한족(漢族)
10	25	중급	3년	요령성	한족(漢族)
11	26	고급	2년	요령성	한족(漢族)
12	25	고급	3년	산동성	한족(漢族)
13	26	고급	7년	요령성	한족(漢族)
14	26	고급	7년	요령성	한족(漢族)
15	26	고급	7년	요령성	한족(漢族)
16	30	고급	7년	요령성	한족(漢族)
17	33	고급	7년	요령성	한족(漢族)

하지 않고 여성 학습자만 조사하였다.

나. 실험 결과 및 분석

1) 중국인 학습자의 성조 인지 전 파열음 발음 실태

[표 3] 성조 인지 전 등급별 파열음 VOT 값 (단위: ms)

자음 등급	경음		평음		격음	
	VOT	표준 편차	VOT	표준 편차	VOT	표준 편차
초급	14.75	12.906	49.75	31.482	66.58	9.180
중급	20.58	18.686	45.39	25.011	67.78	18.187
고급	11.20	5.033	60.67	23.165	79.05	24.535
평균	15.51		51.94		71.14	

[표 4] 성조 인지 전 등급별 파열음 피치 값 (단위: Hz)

자음 등급	경음		평음		격음	
	Pitch	표준 편차	Pitch	표준 편차	Pitch	표준 편차
초급	236.42	28.884	212.33	22.133	229.17	21.987
중급	253.37	34.419	214.94	33.620	246.11	39.255
고급	271.45	48.793	210.33	24.113	286.62	24.997
평균	253.75		212.54		253.97	

[표 5] 자음별 성조 인지 전 VOT 및 피치 값 ANOVA 검정

자음	VOT		Pitch	
	F	p 값	F	p 값
경음	2.419	.100	3.009	.059
평음	1.785	.179	.137	.873
격음	2.214	.120	16.189	.000*

*= <0.05

[표 6] 성조 인지 전 등급별 파열음 피치의 p 값

Pitch	p 값		
	경음	평음	격음
초급	.759	1.000	.419
중급	.759	1.000	.419
고급	.059	1.000	.000*

*= <0.05

앞의 [표 5]는 등급별 성조 인지 전 한국어 파열음의 VOT와 피치의 평균값 차이를 알아보기 위한 ANOVA 테스트의 결과를 나타내고 있다. p의 값이 0.05보다 작으면 등급별로 유의미한 차이가 있다고 본다. 따라서 VOT의 p 값이 모두 0.05보다 크므로 성조 인지 전 초급, 중급, 고급 간에 유의미한 차이가 없다고 본다. 하지만 피치의 경우 격음에서 등급별로 유의미한 차이가 있다는 것을 알 수 있다. [표 6]에서 성조 인지 전 격음에서 고급 그룹만 유의미한 차이가 있는 것을 알 수 있다.

2) 중국인 학습자의 성조 인지 후 파열음 발음 실태

[표 7] 성조 인지 후 등급별 파열음 VOT 값 (단위: ms)

자음 등급	경음		평음		격음	
	VOT	표준 편차	VOT	표준 편차	VOT	표준 편차
초급	10.83	4.282	68.58	21.965	85.00	15.863
중급	11.35	3.856	65.78	14.260	77.56	14.545
고급	15.05	8.593	74.00	17.967	84.95	18.307
평균	12.41		69.45		82.50	

[표 8] 성조 인지 후 등급별 파열음 피치 값 (단위: Hz)

자음 \ 등급	경음		평음		격음	
	Pitch	표준 편차	Pitch	표준 편차	Pitch	표준 편차
초급	236.75	23.926	201.08	23.244	237.92	21.644
중급	264.71	15.304	228.67	27.358	270.33	17.304
고급	271.00	39.055	201.76	16.742	287.48	21.929
평균	257.49		210.50		265.24	

[표 9] 자음별 성조 인지 후 VOT 및 피치 값 ANOVA 검정

자음	VOT		Pitch	
	F	p 값	F	p 값
경음	2.306	.111	5.438	.008*
평음	1.071	.351	8.493	.001*
격음	1.176	.317	22.677	.000*

*= <0.05

[표 10] 성조 인지 후 파열음 피치의 p 값

Pitch	p 값		
	경음	평음	격음
초급	.045*	.006*	.000*
중급	.045*	.006*	.000*
고급	.007*	1.000	.000*

*= <0.05

위의 표는 등급별 성조 인지 후 한국어 파열음의 VOT와 피치의 평균값 차이를 알아보기 위한 ANOVA 테스트의 결과를 나타내고 있다. p의 값이 0.05보다 작으면 등급별로 유의미한 차이가 있다. 따라서 [표 9]에서 VOT의

p 값이 모두 0.05보다 크므로 성조 인지 후 초급, 중급, 고급 간에 유의미한 차이가 없음을 알 수 있다. 반면 피치의 경우 평음·경음·격음 모두 등급별로 유의미한 차이가 있다는 것을 알 수 있다. [표 10]에 의하면 경음과 격음의 경우 세 그룹 모두 유의미한 차이가 있지만 평음의 경우 초급, 중급에서만 유의미한 차이가 있다는 것을 알 수 있다.

3) 중국인 학습자의 성조 인지 전·후 파열음 발음 비교

[표 11] 성조 인지 전·후 VOT의 t 검정

VOT		초급	중급	고급
경음	t	.998	1.995	-1.738
	p 값	.329	.054	.090
평음	t	-1.700	-3.005	-2.084
	p 값	.103	.005*	.044*
격음	t	-3.481	-1.781	-.884
	p 값	.002*	.084	.382

* = <0.05

[표 11]은 중국인 여성 학습자의 성조 인지 전·후에 따른 VOT의 평균 차이를 알아보기 위한 t- 테스트의 결과를 나타내고 있다. p의 값이 0.05보다 작으면 유의미한 차이가 있다. 평음의 경우 중·고급 학습자에게 유의미한 차이가 있고 격음의 경우 초급 학습자에게 유의미한 차이가 나타나는 것을 알 수 있다. 통계 결과에 따른 성조 인지 전·후의 발음 변화 및 한국인 화자가 발음한 VOT 값의 비교 결과는 다음과 같다.

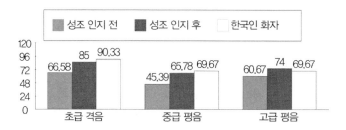

[그래프 1] 통계 결과에 따른 성조 인지 전·후 유의미한 파열음 VOT 값 변화[6]

(단위: ms)

    통계적으로 나온 유의미한 결과는 초급 학습자가 발음한 격음이 성조 인지 전 66.58ms에서 성조 인지 후 85ms로 길어져 한국인 화자가 발음한 값인 90.33ms와 가까워졌다. 중급 학습자가 발음한 평음이 성조 인지 전 값 45.39ms에서 성조 인지 후 65.78ms가 되어 한국인 화자가 발음한 값과 가까워졌다. 그리고 고급 학습자가 발음한 평음이 성조 인지 전 60.67ms에서 성조 인지 후 74ms로 길어져 한국인 화자가 발음한 평균값인 69.67ms와 가까워졌다. 즉, 통계적으로 나온 결과로 볼 때 초급 학습자가 발음한 격음, 중·고급 학습자가 발음한 평음에서 유의미한 학습 효과가 나타났다. 그러나 전체 그룹의 그래프를 보면 대부분 그룹에서 성조 인지 전보다 성조 인지 후 한국인 화자가 발음한 VOT의 평균값에 가까워진 것을 알 수 있다. 그래프를 보면 다음과 같다.

---

6) 본고에서 한국인 화자가 발음한 VOT 및 피치 값은 소열녕(2008)에서의 값을 활용하였다. 본고에서 연구대상인 파열음의 후행모음을 모두 모음 'ㅏ'로 통일 시켰기 때문에 소열녕(2008)에서의 한국인 여성 화자가 발음한 후행모음 'ㅏ'로 된 파열음의 평균값을 활용하였다. 그 값은 다음과 같다.

자음	까	가	카	따	다	타	빠	바	파
VOT(ms)	21	90	108	7	86	89	13	33	74
Pitch(Hz)	276	210	314	268	209	305	288	214	264

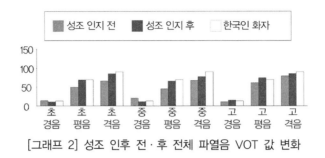

[그래프 2] 성조 인후 전·후 전체 파열음 VOT 값 변화

위 [그래프 2]를 보면 중국인 여성 학습자가 성조 인지 후 통계적으로 나온 초급의 격음, 중·고급의 평음에서 유의미한 학습 효과가 나타난다. 그러나 초급의 평음, 중급의 경음·격음, 고급의 격음 등 여러 그룹에서도 학습 효과가 나타난다. 등급별 비교는 다음과 같다.

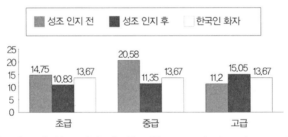

[그래프 3] 성조 인지 전·후 경음 VOT 값 비교   (단위: ms)

경음의 경우에 성조 인지 전 초급 학습자들이 발음한 VOT의 평균값은 14.75ms으로 한국인 화자가 발음한 VOT의 평균값 13.67ms보다 길었다. 성조 인지 후 초급 학습자 발음한 VOT의 평균 길이는 10.83ms까지 줄었지만 한국인 화자보다는 짧았다. 즉, 초급 학습자의 실험 결과에서는 예상한 학습 효과가 나타나지 않았다. 반면 중급 학습자의 성조 인지 전 평균값은 20.58ms에서 성조 인지 후 11.35ms까지 줄었고 고급 학습자의 성조 인지 전 VOT의 평균값은 11.2ms에서 성조 인지 후 15.05ms로 늘었다. 중·고급 학습자들은 성조 인지

후에 성조 인지 전보다 한국인 화자의 발음과 가까워졌다. 즉, 경음의 경우 성조 인지 학습 방법이 중·고급 학습자에게 학습 효과가 있다고 본다.

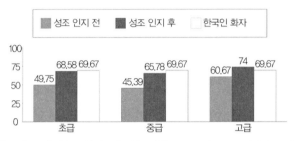

[그래프 4] 성조 인지 전·후 평음 VOT 값 비교 (단위: ms)

평음의 경우 성조 인지 전 초급 학습자들이 발음한 VOT의 평균값 49.75ms에서 성조 인지 후 평균값 68.58ms까지 길어져 한국인 화자가 발음한 평균값 69.67ms에 가까워졌다. 또 중급 학습자는 성조 인지 전 평균값 45.39ms에서 성조 인지 후 65.78ms까지 길어졌고 고급 학습자는 성조 인지 전 VOT의 평균값 60.67ms에서 성조 인지 후 74ms로 늘어나 한국인 화자가 발음한 VOT의 평균값 69.67ms와 가까워졌다. 즉 초·중·고급 학습자들이 성조 인지 후 성조 인지 전보다 한국인 화자의 발음과 가까워졌다. 따라서 평음의 경우 성조 인지 학습 방법이 초·중·고급 학습자 모두에게 학습 효과가 있다고 본다.

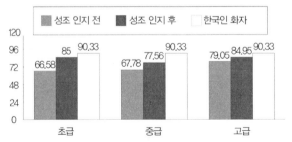

[그래프 5] 성조 인지 전·후 격음 VOT 값 비교 (단위: ms)

격음의 경우 성조 인지 전 초급 학습자들이 발음한 VOT 평균값 66.58ms
에서 성조 인지 후 평균값 85ms까지 길어져 한국인 화자가 발음한 평균값
90.33ms에 가까워졌다. 또 중급 학습자는 성조 인지 전 평균값 67.78ms에서
성조 인지 후 77.56ms까지 길어졌다. 또, 고급 학습자는 성조 인지 전 VOT
평균값 79.05ms에서 성조 인지 후 84.95ms로 늘어나 한국인 화자가 발음한
VOT의 평균값 90.33ms에 가까워졌다. 즉 초·중·고급 학습자들이 성조 인
지 후 성조 인지 전보다 한국인 화자의 발음과 가까워진 것을 알 수 있다.
따라서 격음의 경우 성조 인지 학습 방법이 초·중·고급 학습자 모두에게
학습 효과가 있다고 본다.

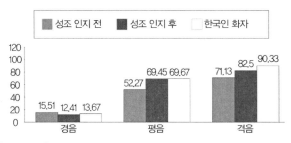

[그래프 6] 성조 인지 전·후 자음별 VOT 값 비교　(단위:ms)

자음별로 볼 때 경음의 경우 성조 인지 전 VOT 평균값 15.51ms에서 성조
인지 후 12.41ms로 줄어 한국인 화자가 발음한 평균값 13.67ms에 가까워졌
다. 또, 평음의 경우 성조 인지 전 VOT 평균값 52.27ms에서 성조 인지 후
69.45ms로 늘어나 한국인 화자가 발음한 평균값 69.67ms에 가까워졌다. 그
리고 격음의 경우 성조 인지 전 VOT 평균값 71.13ms에서 성조 인지 후
82.5ms로 늘어나 한국인 화자가 발음한 평균값 90.33ms에 가까워졌다. 즉,
성조 인지 학습 방법은 중국인 여성 학습자의 평음·경음·격음 학습에 모두
효과가 있다고 본다. 피치의 실험 결과를 볼 때 다음과 같다.

[표 12] 성조 인지 전·후 피치의 t 검정

Pitch		초급	중급	고급
경음	t	-.031	-1.251	.033
	p 값	.976	.220	.974
평음	t	1.214	-1.343	1.338
	p 값	.238	.188	.188
격음	t	-.982	-2.396	-.118
	p 값	.337	.022*	.907

*= <0.05

[표 12]는 중국인 여성 학습자의 성조 인지 전·후에 따른 피치의 평균 차이를 알아보기 위한 t- 테스트의 결과를 나타내고 있다. p의 값이 0.05보다 작으면 유의미한 차이가 있다고 볼 때 결과는 격음의 경우 중급 학습자에게 유의미한 차이가 있는 것으로 나타난다. 즉, 성조 인지 학습 방법은 격음의 경우 중국인 여성 학습자에게 학습 효과가 있다고 본다. 성조 인지 전·후의 발음 변화 및 한국인 화자의 피치 값의 비교는 다음과 같다.

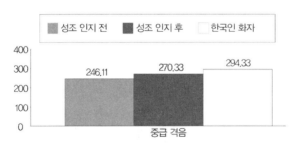

[그래프 7] 통계 결과에 따른 성조 인지 전·후 유의미한 파열음 피치 값의 변화

(단위: Hz)

통계적으로 나온 결과를 보면 중급 학습자가 발음한 격음의 경우 성조 인지 전 평균값 246.11Hz에서 성조 인지 후 평균값 270.33Hz로 높아져 한국인

화자가 발음한 값 294.33Hz에 가까워지는 유의미한 결과가 나왔다. 그러나 전체 그룹의 그래프를 보면 대부분의 그룹에서 성조 인지 전보다 한국인 화자가 발음한 피치 값에 가까워지는 것을 알 수 있다. 그래프를 보면 다음과 같다.

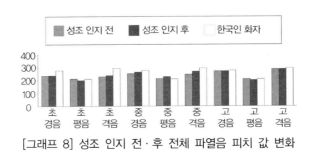

[그래프 8] 성조 인지 전·후 전체 파열음 피치 값 변화

위에 [그래프 8]을 보면 중국인 여성 학습자가 성조 인지 후 통계적으로 중급 격음에서 유의미한 학습 효과가 나타난다. 그러나 초급의 격음, 중급의 경음, 고급의 격음 등 여러 그룹에서도 학습 효과가 나타난다. 등급별 비교는 다음과 같다.

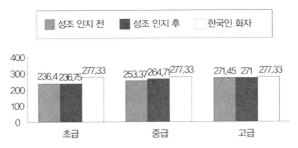

[그래프 9] 성조 인지 전·후 경음 피치 값 비교 (단위: Hz)

경음의 경우 성조 인지 전 초급 학습자들이 발음한 피치의 평균값 236.42Hz에서 성조 인지 후 초급 학습자가 발음한 피치의 평균값 236.75Hz로 한국인 화자가 발음한 피치 값 277.33Hz에 가까워졌지만 변동 폭이 크지 않았다. 중급 학습자는 성조 인지 전 평균값 253.37Hz에서 성조 인지 후 264.71Hz까지 높아져 한국인 화자가 발음한 평균값 277.33Hz에 가까워졌다. 또 고급에서는 성조 인지 전 평균값 271.45Hz에서 성조 인지 후 271Hz로 낮아져 한국인 화자가 발음한 평균값 277.33Hz에 가까워지지 못해 예상한 결과가 나타나지 않았다. 즉, 초·중급 학습자들만 성조 인지 후 성조 인지 전보다 한국인 화자의 발음에 가까워져 경음의 경우 성조 인지 학습 방법이 초·중급 학습자에게 학습 효과가 있다고 본다.

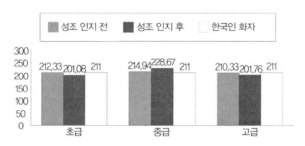

[그래프 10] 성조 인지 전·후 평음 피치 값 비교 (단위: Hz)

평음의 경우 초·중·고급 학습자들이 성조 인지 후 성조 인지 전보다 한국인 화자가 발음한 평균값에 가까워지기 못해 예상한 학습 효과가 나타나지 않았다. 그런데 본 실험의 결과에 의하면 중국인 여성 학습자들이 성조 인지 전 평균피치 값이 초급은 212.33Hz, 중급은 214.94Hz, 고급은 210.33Hz로 모두 한국인 화자가 발음한 평균 피치 값인 211Hz와 비슷하여 평음을 교육할 때 음의 높이에 대해 따로 강조하지 않아도 좋을 것이다.

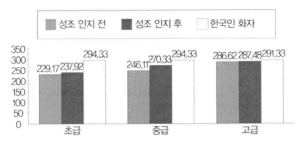

[그래프 11] 성조 인지 전·후 격음 피치 값 비교 　(단위: Hz)

　격음의 경우 성조 인지 전 초급 학습자들이 발음한 피치의 평균값 229.17Hz 에서 성조 인지 후 평균값 237.92Hz로 변동 폭이 크지 않지만 한국인 화자가 발음한 피치 값 294.33Hz에 가까워져 학습 효과가 있다고 본다. 중급 학습자는 성조 인지 전 평균값 246.11Hz에서 성조 인지 후 270.33Hz까지 높아져 한국인 화자가 발음한 피치의 평균값 294.33Hz에 가까워졌다. 또 고급에서는 성조 인지 전 평균값 286.62Hz에서 성조 인지 후 287.48Hz로 초급의 경우와 마찬가지로 변동의 폭이 크지 않지만 한국인 화자가 발음한 평균값 294.33Hz 에 가까워졌다. 즉 격음의 경우 초·중·고급 학습자들의 발음이 성조 인지 후 성조 인지 전보다 한국인 화자의 발음에 가까워져 성조 인지 학습 방법은 중국인 여성 학습자에게 학습 효과가 있다고 본다.

[그래프 12] 성조 인지 전·후 자음별 피치 값 비교 　(단위: Hz)

자음별로 볼 때 경음의 경우 성조 인지 전 피치의 평균값 253.75Hz에서 성조 인지 후 257.49Hz로 높아져 한국인 화자가 발음한 평균값 277.33Hz에 가까워졌다. 또, 평음의 경우 성조 인지 전 피치의 평균값 212.53Hz에서 성조 인지 후 210.5Hz로 낮아져 한국인 화자가 발음한 평균값 211Hz에 가까워졌다. 그리고 격음의 경우 성조 인지 전 피치의 평균값 253.97Hz에서 성조 인지 후 265.24Hz로 높아져 한국인 화자가 발음한 평균값 294.33Hz에 가까워졌다. 즉, 성조 인지 학습 방법은 중국인 여성 학습자에게 학습 효과가 있다고 본다.

성조 인지 학습 방법이 중국인 한국어 여성 학습자에게 발음 교육의 효과가 있는지 알아보기 위해 본 실험을 실시하였다. 위의 실험 결과를 종합해 보면 다음과 같다.

VOT의 비교 결과를 보면 경음의 경우 중·고급 학습자들에게 학습 효과가 있고 평음과 격음의 경우 초·중·고급 학습자 모두에게 학습효과가 있는 것으로 나타났다. 자음별로 볼 때 평음·경음·격음 모두 학습 효과가 있고 평음에서 성조 인지 후 한국인 화자가 발음한 VOT의 값과 거의 일치하여 가장 학습 효과가 있는 것으로 나타났다.

피치의 비교 결과를 보면 경음의 경우 초·중급 학습자에게 학습 효과가 있는 것으로 나타났지만 고급에서는 예상한 학습효과가 나타나지 않았다. 격음의 경우 초·중·고급학습자 모두에게 학습 효과가 있는 것으로 나타났다. 자음별로 볼 때 평음·경음·격음 모든 파열음 학습에 효과가 있는 것으로 나타났다.

평음의 경우 성조 인지 전 중국인 여성 학습자가 발음한 피치 값은 한국인 화자가 발음한 것과 비슷하여 성조 인지 후가 성조 인지 전과 크게 차이가 나지 않았다. 그러나 성조 인지 학습 방법이 중국인 여성 학습자에게 평음 교육할 때 부정적인 영향을 준다고 할 수 없다. 오히려 VOT의 결과를 볼 때 성조 인지 후에 한국인 화자가 발음한 값과 거의 일치하게 나와 학습 효과가 있다고 본다. 즉, 본 실험의 결과에 의하면 성조 인지 학습 방법은 중국인 여성 학습자에게 학습 효과가 있다고 본다. 그러나 발음은 개인적인 차이가 있어서 실제 수업할 때 개인별로 지도할 필요가 있다.

4. 정리

본고는 중국인 한국어 학습자에게 어두에서 대립되는 평음과 경음 및 격음을 가진 9개(ㄱ, ㄲ, ㅋ, ㄷ, ㄸ, ㅌ, ㅂ, ㅃ, ㅍ) 음을 실험대상으로 삼았다.

중국인 여성 화자 17명을 대상으로 등급별 발화 실험을 실시하였다. 실험 대상은 TOPIK 한국어능력시험을 취득한 초급(4명), 중급(6명), 고급(7명) 총 17명으로서 현재 강릉시 소재의 K대학교에 재학 중이고 중국에서 태어나 자랐으며 중국 현대 표준어를 사용하는 20대에서 30대 여성 학습자들이다. 조선족 학습자는 실험 대상에서 배제하였다. 실험은 교육 전 및 교육 후에 실험자가 발음한 VOT의 길이 값과 피치의 값을 비교하였다. 피치를 비교할 때 여성과 남성 화자가 발음한 음의 차이가 많이 나기 때문에 본 실험에서는 남성 학습자를 배제하고 여성 학습자에게만 실험하였다. 또한 녹음할 때에는 화자의 입과 마이크의 거리가 다르거나 화자 발음 시 소리의 크기 등에 따라 음의 세기 결과가 다를 수 있다. 따라서 본 실험의 정확성을 유지하기 위해 음의 세기 비교는 하지 않았다. 실험에 참가한 중국인 여성 화자가 발음한 VOT 값과 피치 값을 성조 인지 전·후에 따라 SPSS 17.0 프로그램으로 통계 처리하였다. 그 결과를 보면 VOT 값으로 볼 때 경음의 경우 초급 학습자보다 중·고급 학습자에게 학습 효과가 더 크게 나타나고 평음의 경우 초·중·고급 학습자에게 학습효과가 비슷하게 나타났다. 격음의 경우도 초·중·고급 학습자에게 학습 효과가 모두 있지만 초급 학습자에게 학습 효과가 가장 많이 나타났다. 자음별로 볼 때 경음과 격음보다 평음이 가장 학습 효과가 있는 것으로 나타났다. 피치의 값을 볼 때 경음의 경우 초급 학습자보다 중·고급 학습자에게 학습 효과가 더 많이 나타났는데 평음의 경우엔 중·고급의 그룹에서 예상한 학습 효과가 나타나지 않았다. 격음의 경우에는 초급 학습자보다 중·고급 학습자에게 더 효과적인 것으로 나타났다. 자음별로 볼 때 평음·경음·격음 간에 학습 효과가 비슷하게 나타났다. 전체 결과를 볼 때 음의 높낮이보다 VOT에 대한 결과가 더 효과적인 것으로 나타났다.

그리고 본 실험과정에서 피실험자들의 고유한 발음 습관이 있어서 짧은 시간 연습 후 녹음한 결과 다시 원래의 발음으로 녹음한 학습자도 있었다. 그래서 실제 수업을 통해 체계적, 장기적인 발음 교육을 하면 본 실험의 결과보다 더 좋은 학습 효과가 나올 것이다.

9장

국어과 교육과정에서
어휘 교육의 관점

고주환

1. 도입

우리나라의 교육과정은 1946년 9월 교수요목기 이래로 1955년 8월 제1차 교육과정이 고시되어 현재 2009년 개정 교육과정(2009년 개정 교육과정 총론에 따른 교과 교육과정: 2011년 개정 교육과정[1])까지 9번에 걸쳐 전면 혹은 부분 개정되었다.[2] 새로운 교육과정이 도입될 때마다 국어 교육의 장에서는 그 강도가 다를지라도 학습자의 어휘력을 증진시키는 일의 중요성을 인식하여 '어휘'를 국어교육의 내용요소로 설정하고, 어휘 교육을 수행해 오고 있

---

1) 교육과정에 관한 논저를 살펴보면 수시 개정의 명목 아래 '2011년 개정 교육과정'처럼 '공표 연도'와 '개정' 단어가 포함된 명명이 일반적이다. 또한 '2011년 개정 교육과정'을 '9차 교육과정'으로 부르자는(이관규, 2011: 8) 의견도 제기되고 있다. 하지만 국가수준 교육과정의 틀에서 보면 '2011년 개정 교육과정은 2009년 개정 교육과정의 맥락으로 보고 '2009년 개정 교육과정'으로 사용하는 경우도 있다. 본고에서는 수시 개정의 과정 속에 가장 최근 발표된 교육과학기술부 고시 '제 2012-14호 [별책 5] 국어과 교육과정'으로 연구되었으며 '2011년 개정 교육과정'으로 지칭하고자 한다.

2) 1차(1955), 2차(1963), 3차(1973~1974), 4차(1981), 5차(1987~1988), 6차(1992), 7차(1997), 2007년 개정, 2009년 개정(2011년 각론). 현재 2015년 개정 교육과정이 고시되고 2017년부터 순차적 적용을 앞두고 있다. 이를 포함해서는 10번의 개정이 이루어졌다 할 수 있을 것이다.

다(임지룡, 2010: 260). 어휘는 의사소통의 기본 단위로 언어 교육의 시발점이 된다. 외국어 학습은 물론이고 모어 학습에서도 그 중요성을 인지하고 있으나3) 국어과 교육 안에서는 어휘의 유형이나 텍스트의 이해를 위한 부차적 활동 정도로 그에 상응하는 위상을 찾아보기 힘들다. 이는 국어과 교육 안에서의 '어휘' 또는 '어휘 교육'이 갖는 독립적 영역의 부재에서 비롯된 것으로 보인다.4)

이에 국어과 교육과정에 제시된 어휘 교육 내용이 어떠한 관점의 방향으로 제시되는지 살펴보고자 한다. 이를 위해 어휘(능)력에 대한 인식, 어휘 교육의 관점에 대해 논의하고 실제 교육과정에 반영된 어휘 교육 내용을 조사, 그 결과를 어휘 교육 관점에 근거하여 분류하고자 한다.

2. 어휘(능)력의 인식과 어휘 교육의 관점

가. 어휘(능)력에 대한 인식

천착된 어휘 교육 관련 논저들을 살펴보면 어휘 교육의 궁극적인 목표는 국어(언어) 사용 능력의 신장 곧, 의사소통 기능 신장으로 귀결된다. 하지만 그것을 이루고자 설정한 1차 목표는 바로 어휘력을 신장시키는 것에 있다. 어휘력은 어휘에 대한 총체적인 지식으로서 형태와 의미, 용법에 관한 지식, 정확하고 적절하게 사용하는 능력 등을 이른다(이충우, 2001: 471). 다음은

---

3) 이관규(2002)의 연구에 의하면 1990년대 이후 국어지식교육 연구 경향에서 어휘 교육 연구 성과가 23.8%로 타 영역에 비해 비교적 높은 수치로 나타났다. 이는 어휘 교육의 중요성을 방증한다.
4) 김창원(2012b)에 의하면 2011년의 교육과정 개정 작업에서 내용 체계에 '어휘' 영역을 설정하고 매 학년군의 내용 성취 기준에 어휘 관련 항목을 두자는 아이디어가 나왔으나 논의 과정에서 거부되었다고 한다.

어휘 교육과 관련 된 대표적 연구에 제시된 어휘 교육의 목표와 저자의 어휘
력에 대한 인식이다.

[표 1] 어휘 교육의 목표와 어휘력에 대한 인식5)

	어휘 교육의 목표	어휘(능)력에 대한 인식6)
김광해 (1997)	완전하고 수준 높은 언어 구사 능력을 기르기 위하여 이해력 및 표현력 신장에 관련된 어휘의 양적 측면과 질적 측면을 신장 시키는 것이 어휘 교육의 목표다.	어휘를 이해하거나 구사하는 일에 관한 언어 사용자의 양적, 질적 능력
이영숙 (1997)	국어과의 어휘 지도는 언어 사용 기능의 신장을 상위 목표로 하여 어휘력의 양적·질적 신장을 꾀하는 것을 목표로 해야 한다.	어휘에 대한 양적, 질적 지식으로 양적 어휘력은 어휘의 양을, 질적 어휘력을 언어 내/외적 지식으로 봄7)
임지룡 (1998)	언어생활에서 필수적인 어휘를 공유하고 어휘의 양과 질을 확장하고 세련시켜 구성원의 수준을 높이는 데 있다.8)	어휘의 양과 질의 확장을 통한 수준 향상
손영애 (2000)	국어과에서의 어휘 지도는 일차적으로 어휘력의 신장을 목표로 한다.	단어의 형태, 통사, 의미 및 화용에 관련된 제 측면의 지식
이충우 (2001)	학습자의 어휘를 풍부하게 하는 것이 바로 어휘력을 높이는 것이며 이것이 어휘 교육의 목표인 것이다.	어휘에 대한 총체적인 지식으로 형태와 의미, 용법에 관한 지식, 정확하고 적절하게 사용하는 능력 등을 이름
신명선 (2004b)9)	'어휘를 이해하고 표현하는 능력'의 '어휘 능력'을 어휘 교육의 목표로 제안하고자 한다.	어휘 능력은 어휘를 표현하고 이해하는 능력으로 상징 능력과 지시 능력으로 구성
임지룡 (2010)	어휘 사용 능력, 어휘 지식, 어휘 인식을 확장·세련시킴으로써 정확하고도 풍부한 어휘를 사용하며, 세상사의 지식을 넓히며, 언어문화 창조에 이바지하는 데 있다.	어휘 사용 능력, 어휘 지식, 어휘 인식의 확장과 세련을 통한 정확하고 풍부한 사용

---

5) 임지룡(2010: 262-263) 수정 및 재정리

6) 해당 논저에 명시된 어휘력에 관한 사항으로 구체적 명시가 되지 않은 부분(임지룡 1998, 2010)에 대해서는 필자가 어휘 교육의 목표와 관련하여 판단하여 기재함.

어휘 교육과 관련된 연구를 살펴보면 어휘 교육의 목표와 관련된 부분에서 어휘(능)력에 대한 언급이 나타난다.

공식적이고 구체적인 어휘 교육의 목표가 국어과 교육과정 상에 제시되지는 않았으나 앞의 [표 1]과 같이 관련 논저들의 어휘 교육의 목표는 어휘력 또는 어휘 능력의 향상의 방향으로 귀결된다. 이와 같이 어휘 교육과 관련된 교수 학습 방법이나 교육 내용 요소는 어휘력 또는 어휘 능력의 신장에 목표를 두고 그에 따른 다른 관점의 교육적 처치가 이루어져야 할 것으로 본다.

나. 어휘 교육의 관점

국어과 교육과정에서 어휘 교육은 어떤 관점에 바탕을 두고 형성되었으며 그에 따른 어휘 교육의 시태를 이와 관련된 논저를 통해 알아보고자 한다.

주세형(2005a)은 기존 어휘 교육의 한계로 '모어 화자'라는 학습자 변인을 특성화했다고 보기 어려운 점을 강조하였다. 읽기 능력의 기초로서의 어휘력을 설정했으나 '도구적 관점'이 지배적이었다는 점을 역설, 이는 어휘를 읽기(능력)와 관련된 도구적인 측면으로만 인식하고 그에 따른 풍부한 교육 내용을 적용하지 못했다는 판단에 기인한 것으로 '인지적 관점'10)의 어휘 교육을

---

7) 어휘력에 관한 구체적인 사항은 이영숙(1997: 201) 참조

8) 이에 관한 구체적인 목표는 다음과 같다. "1단계(초등) 기초적인 의사소통에 불편함이 없게, 2단계(중등) 감성과 지성을 풍성하게, 3단계(고등) 슬기로운 삶을 누리며 언어문화의 창조에 이바지하도록 각각 '필수적 어휘'와 '확장된 어휘'를 학습하는 데 초점을 맞춘다."

9) 신명선(2004b)에서는 어휘 교육 목표 설정 시 주의 점으로 "①지식보다는 능력의 지향 ②절차적 지식은 수행의 대상으로 인식 ③실용적인 국어 사용 능력뿐만 아니라 국어 문화 능력 함양, 언어 의식 고양, 국어적 사고력 신장의 포함 ④의미는 고정된 것이 아닌 유동적인 것으로 인식 ⑤단어 교육보다 어휘 교육의 지향"을 역설하였다.

10) 주세형(2005a)에 따르면 인지적 관점의 어휘 교육은 어휘력을 언어적 사고력의 중요한 요인으로 보고 교육하는 관점을 말하며 이 관점을 취하게 되면 국어과 교육에서 어휘 교육은 독립적인 영역을 확보할 수 있다고 보았다. 신명선(2003: 304)의 경우도 현행 교육과정은 국어 사용 영역의 보조적 수단으로 어휘를 다루고 있는 양상이어서 어휘 교육 내용의 체계성을 기대하기 힘들며

간과하는 현 국어과 어휘 교육의 문제를 언급하였다.

이도영(1998)의 경우도 비슷한 맥락의 견해를 보인다. 국어과 교육에서 '언어가 도구적 성격을 가지고 있다는 점', '국어과 교육이 도구적 성격을 가지고 있다는 점' 모두가 비판의 대상이 되어 왔음을 지적, 언어 사용의 도구적 측면만 강조하지 말고 '언어 사용의 역동적 실천 국면'을 강조해야 한다고 하였다. 국어과 교육과정에서 '도구'는 국어과가 다른 교과의 학습에 기초가 됨을 의미, 국어과의 도구적 성격을 문자 읽기와 문자 쓰기에 국한하였으며, 이러한 소극적 의미의 도구 교과적 성격은 5차에 와서 극복되었다고 한다.

또한 주세형(2005b: 259-260)은 모국어 교육에서 문법 지식의 도구성은 '사고의 안내자이면서 규제자'로서의 역할이 강조되는 것으로 1차적이고 축자적인 의사소통을 위한 도구로서의 역할만을 의미하지 않는다고 언급한 바 있다. 이에 그는 '제한적 도구성'이 아닌 '생산적 도구성'이 언어활동 전반에서 작용되는 문법(적) 지식이 모어 문법 교육에서 공고히 해야 하는 '방법적 지식'[11])에 해당한다고 피력한다. 그는 '생산적 도구성'의 개념은 이삼형 외 (2001)의 '사고로서의 국어교육관'과 무관하지 않으며 오히려 '사고로서의 국어교육의 진정한 기초'를 제공하게 될 것이라는 전망을 내놓기도 하였다. 더욱이 주세형(2005a: 376)의 논저를 살펴보면 이삼형(2001)의 세 가지 국어교육관[12]) 중 '기능중심', '사고중심' 교육관은 어휘 교육에서 '도구적 관점'과 '인지적 관점'에 대응하고 특히 '사고중심'의 관점 교육을 지향해야 한다

국어 사용 영역을 지도하다가 어려운 단어가 나오면 산발적(散發的)으로 가르치는 방식으로는 개별 단어들의 누적적(累積的) 지도만으로는 효과적인 학습을 할 수 없다고 하였다. 효과적인 어휘 학습은 어휘의 체계를 고려한 역동적인 어휘 사용 능력을 길러줄 때 가능하다(Nation,1990)는 견해와 같은 맥락으로 독립된 '어휘 영역의 설정도 고려할 만한 문제라고 생각한다.

11) 주세형(2005b)은 국어 활동 과정을 '①주어진 명제 내용을(표현하고자 하는 바를) ②다양한 담화 환경에서(사용역에 따라) ③상이한 문법 형식으로 표현하는 것'으로 나누고 표현하고자 하는 바 ①를 ②의 환경을 고려할 때 선택할 가능성이 있는 언어 형식 중의 하나를 선택(③)하는 능력을 기르도록 하는 데 주안점을 두어야 한다고 역설한다.

12) 이삼형 외(2001)은 국어교육관을 '지식중심', '기능중심', '사고중심' 세 가지로 나누고 있다.

는 이삼형 외(2001)의 의견에 동의하고 있다.

김은혜(2009)는 1차에서부터 2007년 개정 교육과정까지를 바탕으로 교육과정과 교과서의 어휘 지도 내용을 연구한 논저에서 "교과서는 어휘에 대한 지식과 어휘를 학습할 수 있는 원리를 가르쳐 주는 점에는 충실하였다. 하지만 어휘를 폭넓게 응용해서 사용하는 점에는 소홀한 면이 있으며 앞으로 어휘력을 신장시킬 수 있는 어휘 교육 방법을 모색하고 어휘력 신장이 언어 사용 능력의 신장과 사고력의 증진에 밀접하게 결부되어야 한다."고 논의하였다. 특히 '어휘를 응용해서 사용', '언어 사용 능력의 신장과 사고력의 증진의 결부' 등의 저자의 표현은 어휘 확장과 사용(기능)뿐만 아니라 어휘와 사고(지식)의 연계 필요성을 역설한다고 본다.

김창원(2012b)은 지식·기능·태도의 축에 사고·소통·문화의 축을 교차하여 기 두 관점 이외에 '사회·문화적 관점'을 제기하였다. 이는 어휘를 공유하는 공동체는 구성원들을 결속하고 고유한 문화를 형성하고 있음을 어휘 의식 차원에서 접근한 것으로 수사학적 관점에서 의사소통적 관점으로 다시 인지주의적 관점을 거쳐 사회·문화적 관점으로 변화하는 국어교육의 거시 담론(노명완 외, 2012 : 김창원, 2012: 233 재인용)과 그 맥락을 함께한다. 그 결과 '어휘의 교육'[13]은 기능 쪽에, '어휘에 대한 교육'[14]은 '지식' 쪽에, '어휘를 위한 교육'[15]은 태도 쪽에 가깝다고 언급하였다. 하지만 이들이 모두 일대일로 대응하는 것은 아니며 '어휘를 통한 교육'[16]의 거취에 대한 관점의 논의가 필요하다고 하였다.

여기에서 신명선(2011)의 논의에 주목하고자 한다. 그는 어휘 교육 내용의 유형화 연구에서 국어 능력의 개념이 정확하고 적절한, 타당하고 창의적 국

---

13) 어휘의 양, 질, 사용면에서 어휘력을 늘리기 위한 교육

14) 어휘 일반 이론, 한국어의 어휘 체계, 방언, 어휘사 등에 관한 메타지식의 교육

15) 교육을 통하여 어휘 의식을 높이고 한국어의 어휘를 순화·확충하기 위한 교육

16) 어휘 활동을 통하여 사고력, 의사소통 능력, 문화적 문식성을 신장·함양하는 교육

어 사용을 포괄하는 개념으로 사용되는 점을 고려할 때, '정확한 어휘 사용을 위한 어휘 교육 내용', '적절한 어휘 사용을 위한 어휘 교육 내용', '타당한 어휘 사용을 위한 어휘 교육 내용', '창의적인 어휘 사용을 위한 어휘 교육 내용'으로 나누는 것을 가능하다고 제언한다. 어휘 교육의 내용으로 네 가지를 유형화하였는데 앞의 세 가지는 각각 도구적, 인지적, 사회·문화적 관점과 연결됨[17]을 알 수 있다. 앞으로 국어교육에서 어휘 교육이 지향해야 할 관점으로 보기에 충분한 논의다.

어휘 교육과 관련된 논저에서 제시되는 어휘 교육의 관점을 간략히 표로 정리하면 다음과 같다.

[표 2] 어휘 교육의 세 관점

	도구적 관점	인지적 관점	사회·문화적 관점
기본 단위	의사소통의 기본 단위	사고의 기본 단위	사회·문화적 소통의 기본 단위
학습 목표	실제적 어휘 사용 능력의 증진	어휘를 통한 사고력 증진	어휘를 매개로 한 인간과 세계의 이해
교수 학습 방향	기능 중심의 실제 반영	사고 중심의 탐구 학습	어휘 의식 및 태도 고취
강조점	사용의 적절성	개념의 정확성	소통의 효과성 및 타당성
교육과정의 영역	기능(듣기·말하기, 읽기, 쓰기) 영역	문법(언어, 국어지식) 영역	기능과 문법 영역의 융복합
교육과정에 반영	모든 영역에 '흡수'되는 양상	'독립적'인 영역 확보 가능	영역의 '흡수'와 '독립적' 영역, 융복합 영역 가능[18]

---

17) 신명선(2011: 87) 참조.

18) 이기연(2012)은 문화적 관점은 어휘에 대한 학습자의 태도와 관련이 깊지만 인지적 관점과 맞닿아 있는 관점이기도 하다고 언급한다. 필자는 이를 교육과정에 반영되어 있는 사회·문화적 관점의 영역이 반드시 분리되어 있는 것이 아니라는 의미로 해석했다.

그동안의 국어과 교육과정 내의 어휘 교육은 두 가지의 관점, 즉 도구적 관점과 인지적 관점의 양분 속에 변화를 거듭해 왔다고 본다.[19] 물론 사회·문화적 관점이 부재했던 것은 아니다. 다만 기능과 지식(인지) 중심의 양분되는 맥락적 상황을 고려하고 사회·문화적 관점의 융복합적 특성으로 말미암아 뚜렷하게 분리되기 어렵다는 점을 인식해야 한다.[20]

국어과 교육과정은 '의사소통 기능의 신장'이라는 궁극적인 목표를 달성하기 위해 어휘 관련 내용을 각 영역 안에 반영하여 제시하고 있으나, 어휘와 어휘 지도와 관련한 몇 가지 논의를 살펴본 결과 현재의 어휘 교육은 어휘의 도구성에 관한 교육이 주를 이루고 있음을 예측할 수 있다. 모어 화자의 언어 교육에서는 도구적 수단을 바탕으로 언중의 고차원적인 언어 사용에 그 목적을 두어야 한다는 견해를 반영할 필요가 있다.

다음 장에서 교육과정 내의 어휘 교육 내용과 그에 대한 교육적 관점을 학년별 위계를 중심으로 분석하고자 한다.

3. 국어과 교육과정 내의 어휘 교육 내용 분석

2015년 현재 고등학교 3학년을 제외한 나머지 학년이 2011년 개정 국어과 교육과정으로 적용되고 있으며[21] 2016년에 전 학년이 동일한 교육과정으로

---

19) 김창원(2012b: 233)은 어휘 교육관을 기 두 가지 관점 외에 '사회·문화 관점'을 포함한 세 가지로 재구조화하였으며, 이기연(2012: 32)은 '도구적, 인지적, 문화적' 관점 외에 '통합적' 관점을 제시, 앞의 세 가지 관점을 통합하여 어휘 교육의 관점을 독자적으로 보는 것을 지양하고자 피력했다.

20) 최영환(2003: 64~66)은 "교육에서 관점의 선택은 여러 정황을 고려하여 신념을 합의 하는 과정이다. 어떤 관점이 더 가치 있고, 더 진리에 가까운지 논의할 수는 없는 것으로 교육의 목적이나 상황에 적절한 관점이 선택되는 것이다." 라고 언급한 바 있다.

21) 2015년 현재 국어과 교육과정의 학교급(학년)별 적용

적용된다.

다음은 2011년 개정 교육과정의 어휘 관련 내용을 바탕으로 공통 교육과정과 선택 교육과정의 국어 I, II 그리고 독서와 문법 교과의 어휘 관련 성취 기준을 통한 어휘 교육 관점의 변화와 문제점을 살펴보고자 한다.

가. 공통 교육과정

2011년 개정 국어과 교육과정 중 공통 교육과정의 학년군 성취 기준에서 어휘와 관련된 요소는 다음과 같다.

[표 3] 공통 교육과정 학년군별 어휘 관련 성취 기준[22]

학년군	어휘 관련 성취 기준
초1-2학년군	**기초 어휘**를 익히면서 국어에 대해 관심을 가진다.
초3-4학년군	**어휘**의 다양한 특성을 이해하고 문장을 자연스럽게 쓴다.
초5-6학년군	**어휘 의식**[23]을 높이고 국어 문화의 특성을 이해한다.
중1-3학년군	**어휘 능력**을 확장하고 국어 문법의 주요 내용을 종합적으로 이해한다.

학교급	2009 개정 총론(2011.8.9.) 및 각론(2011.8.9.)	2009 개정 총론(2009.12.23.) 및 각론(2009.12.23.)
초	1, 2, 3, 4, 5, 6	-
중	1, 2, 3	-
고	1, 2	3

22) 학년군 성취 기준에서 어휘 관련 요소만 필자가 정리한 것임.

23) 필자는 '어휘 의식'을 김은성(2006)의 '국어 인식'의 관점으로 보고자 한다. '인식'은 아는 행위의 결과인 '지식'에 둔 종래의 초점을 학습자 주체에 의해 새롭게 생성되는 과정 즉, 학습자가 국어에 대해 알아가는 행위로 이동시킨 개념이다. 곧 어휘를 바탕으로 볼 때 어휘를 '사고의 대상'으로 지각하고 이에 대해 사고하여 어휘에 대해 '알아가는 과정'을 모두 포함하는 의미로 볼 수 있다. 이는 고학년으로 진급할수록 더욱 강조되어야할 것이다.

학년군에 따른 성취 기준을 보면 '기초 어휘→어휘 특성→어휘 의식→어휘 능력'의 순서로 제시되고 있다. 초등학교군은 의사소통에 필요한 기초 어휘의 확장으로 시작하여 어휘의 특성을 이해하고 사용하는 단계로, 어휘 의식 고양을 통한 국어 문화 형성으로 성취 기준이 설계되었으며 중학교 1-3 학년군은 어휘 능력의 확장과 문법 내용의 종합적 이해를 성취 기준으로 제시되었다.24) 이를 범박하게 아우른다면 기능 활동 중심에서 지식 사고 중심으로의 과정으로의 변화로 이해가 가능하다. 고등학교 선택 과정까지 예상한다면 다음의 <그림1>과 같이 제시가 가능할 것이다.

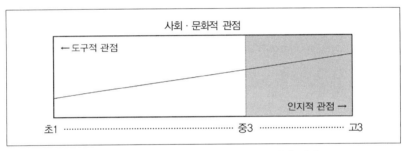

〈그림 1〉 학년(학교급)별 어휘 교육 관점의 변화

<그림 1>에서 음영처리 된 부분은 앞서 언급한 어휘 교육의 관점에서 확인된 고학년군의 어휘 교육의 지향해야할 관점으로 제시하고자 한다.25) 도구적 관점의 어휘 교육이 저학년에서부터 진행됨에 있어 고학년으로 갈수록 고차

---

24) 김은혜(2009)는 제1차에서 2007년 개정 교육과정까지의 어휘 지도 내용의 출현 빈도와 어휘 지도 내용 요소를 범주화 하여 분석하였는데 초등학교에서는 어휘 용법을 익히는 활동 중심의 학습이, 중학교에서는 언어 지식 측면의 학습이 그리고 고등학교에서는 어원에 관한 것이나 어휘 의미를 파악하는 내용이 교육과정에 반영된 것으로 나타났다.

25) 앞서 언급한 이기연(2012)의 '통합적 관점'과 관련하여 해석의 차이를 보일 수 있다. 〈그림1〉의 경우 '도구적 관점'과 '인지적 관점'의 학년별 범위는 교육적 관점의 비중(비율)에 해당하는 경우로 분리, 차별된 관점으로서의 병합은 아니다. 곧 '통합적 관점'으로서의 교육적 처치에서도 적용 가능한 관점의 비중(비율)을 제시하는 것이다.

원의 사고가 필요한 어휘 교육이 제공되어야 하며, 그 기저에는 반드시 사회·문화적 관점을 두어야 할 것이다.[26] '어휘'라는 공통의 교육 내용을 어휘 습득 단계, 인지 발달 단계, 언어심리학적 연구 등을 고려한 교육적 처지[27]가 수반되어야 모어로서 국어 교육에서 어휘가 갖는 위상이 명확해 질 것이다.

그리고 어휘 관련 교육이 전 영역에 걸쳐 반영됨을 인식할 때 [표 3]의 성취 기준은 학년군에서의 최종 목적 또는 목표에 해당하는 것으로 판단된다. 고학년군으로 단계가 상향됨에 따라 학습 결과가 누적되고 반영되어야 할 것은 분명하다. 교육과정에서도 이 부분을 염두에 두고 교수·학습 방법에 "문법은 특정 문법 단원에서만 지도할 것이 아니라 매 단원에서 새로 등장하는 단어의 뜻과 문장의 어법을 익힐 때나 연습 문제 활동을 통하여 이전에 배운 문법과 규범에 관련된 사항을 환기 시켜 지속적으로 지도한다."고 제시하고 있다.

각 학년군의 어휘 관련 성취 기준과 각 영역별 어휘 관련 성취 기준을 비교해 보면 초1-2학년군의 어휘 관련 성취 기준은 '기초 어휘를 익히면서 국어에 대해 관심을 가진다.'로 영역별 어휘 관련 성취 기준은 다섯 가지로 나타났다. 기초 어휘의 확장과 언어에 대한 흥미를 고려한 성취 기준으로 고유어 익히기, 정확한 읽기, 낱말간의 의미 관계의 활용을 제시한다. 학년군 성취 기준에 부합한 내용의 구성으로 보인다.

초3-4학년군의 어휘 관련 성취 기준은 '어휘의 다양한 특성을 이해하고 문장을 자연스럽게 쓴다.'이다. 어휘에 대한 특성이 주 교육 목표로 공통 교육

---

26) 신명선(2005b: 518)도 어휘의 관점은 사고를 강조하건 소통을 강조하건 이 둘이 서로 엄격하게 구별될 수 있는 성질의 것이 아니라는 점은 강조했다.

27) 이충우(1996: 40)는 학습자의 발달 단계, 교사의 자질, 교육 자료, 교육 환경 등 제반 여건을 고려하여 어휘 습득 단계와 원리를 바탕으로 어휘 확충의 방법을 알고 어휘 지도 방법을 개발해야 한다고 언급하였다. 심영자(1984: 80)는 어휘 교육의 단계를 ①기본 어휘로부터 응용 어휘로 확대 ②인지 발달 수준에 상응한 어휘를 선정 ③구체성의 어휘로부터 추상 어휘로 확대 ④상황, 경험, 유추, 반복의 원리를 적용, 네 단계를 언급하였다.

과정 중 가장 많은 성취 기준을 담고 있다. 맞춤법, 표준어와 방언, 낱말의 발음과 표기, 낱말 확장법, 국어사전의 활용, 높임법 등 어휘 관련 교육의 본격적이며 구체적으로 적용이 되는 학년군이다. 낱말의 쓰기 활용, 언어 예절, 맞춤법 사용은 실제 언어생활에 적용될 중요한 요소로 도구적 관점을 반영하고 타 문법 영역의 성취 기준도 학년군의 위계에 맞는 적절한 활동 중심의 성취 기준으로 해석이 가능하다.[28]

초5-6학년군은 '어휘 의식을 높이고 국어 문화에 특성을 이해한다.'라는 어휘 관련 성취 기준을 바탕으로 각 영역별 성취 기준이 제시되었다. 비속어 관련 요소를 반영하며 품위 있는 언어생활(태도)을 유도하고 낱말의 사용 및 적용을 문맥을 고려하여 전(前) 학년군 보다 발전된 의미 파악을 요구하고 있다. 또한 다양한 어종(語種)을 이해하고 그에 따른 어휘의 특징 이해하며 관용 표현의 특징을 고려한 담화 상황을 적용까지 고려한 성취 기준을 제시하고 있다. 비록 본격적인 인지적 활동은 아니지만 '다의어, 동음이의어'와 같은 사고 유발 활동이 가능한 요소들이 내재되어 있어 어휘 교육적 관점이 기능 중심에 사고 중심으로 확대되는 과정을 교수·학습이 가능할 것으로 본다.

중1-3학년군의 어휘 관련 성취 기준은 '어휘 능력을 확장하고 국어 문법의 주요 내용을 종합적으로 이해한다.'이다. 공통 교육과정의 최종 성취 기준으로 '어휘 능력'의 확장을 강조하고 있다. 어문 규범, 단어의 짜임, 품사의 개념과 특성, 어휘의 유형과 의미 관계 등 인지적 사고를 요하는 문법 영역의 성취 기준이 주를 이룬다. 국어 문법의 종합적 이해 또한 선택 교육과정으로의 이행을 고려한 점으로 판단된다.

학년군 성취 기준에 따른 각 영역별 어휘 교육 내용 요소와 성취 기준을 정리, 분류하면 다음과 같다.

---

28) 이충우(1997: 105)는 문법적인 설명이 필요한 접사의 분류는 초등학생이나 중학생에게는 어렵기 때문에 어휘력 확장을 목표로 하는 어휘 교육에서는 접미사의 의미를 아는 것만으로도 족할 것이라고 밝히고 있다.

[표 4] 2011년 개정 공통 교육과정의 학년군 어휘 교육 내용의 위계 및 성취 기준29)

학년군	영역	어휘 교육 내용	성취 기준
초1-2학년군 · 기초어휘30)	언어사용	말놀이 고운 말, 바른말 사용 낱말	[1/2-듣말-6]여러 가지 말놀이에 즐겨 참여한다.31) *[1/2-듣말-8]고운 말, 바른말을 사용하는 태도를 지닌다.* [1/2-읽기-2]낱말과 문장을 정확하게 소리 내어 읽는다.
	문법	고유어 익히기 낱말의 의미 관계	*[1/2-문법-2]다양한 고유어(토박이말)를 익히고 소중히 여기는 태도를 기른다.* [1/2-문법-3]낱말과 낱말의 의미 관계를 알고 활용한다.
초3-4학년군 · 어휘특성	언어사용	맞춤법 낱말의 적용	[3/4-쓰기-1]맞춤법에 맞게 문장을 쓴다. [3/4-쓰기-3]알맞은 낱말을 사용하여 설명하는 글을 쓴다.
	문법	낱말의 발음과 표기 표준어와 방언 국어의 낱말 확장법 국어사전 활용 (품사 분류, 동음이의어와 다의어) 높임법	[3/4-문법-1]소리와 표기가 다를 수 있음을 알고 낱말을 바르게 발음하고 쓴다. *[3/4-문법-2]표준어와 방언의 가치를 알고 상황에 따라 효과적으로 사용한다.* [3/4-문법-3]국어의 낱말 확장 방법을 알고 다양한 어휘를 익힌다. [3/4-문법-4]낱말들을 분류해 보고 국어사전에서 낱말을 찾아본다. *[3/4-문법-6]높임법을 알고 언어 예절에 맞게 사용한다.*

---

29) 성취 기준(교육 내용)의 분류와 관련된 연구는 저자마다 다소 기준이 다른 양상을 보였다. 내용 분류의 공통적이고 객관적인 기준의 필요성이 제기된다. 필자는 성취 기준에 대한 해설을 근거하여 어휘 교육 내용 요소를 판단하였으며, 기울임 처리된 부분은 사회·문화적 관점으로도 해석이 가능하다(이하 같음).

30) 학년군별 성취 기준에 제시된 어휘 관련 요소의 핵심어. [표 3]참조.

31) 어휘의 능동적인 활용과 관련된 성취 기준이다.

32) 속담이나 격언과 같은 관용 표현 사용을 고려한 성취기준에 해당하며, 국어II의 [문법-10]의 경우도 같은 맥락으로 포함시켰다.

학년군	영역	어휘 교육 내용	성취 기준
초5-6 학년 군 · **어휘 의식**	언어 사용	언어생활(태도) 문맥을 고려한 낱말 파악	*[5/6-듣말-9] 비속어 사용의 문제점을 인식하고 품위 있는 언어생활을 한다.* [5/6-읽기-1]문맥을 고려하여 낱말의 의미를 파악하며 글을 읽는다.
	문법	낱말의 의미 (다의어, 동음이의어) 고유어, 한자어, 외래어 관용표현	[5/6-문법-1]발음과 표기, 띄어쓰기가 혼동되는 낱말을 올바르게 익힌다. [5/6-문법-2]낱말이 상황에 따라 다양하게 해석됨을 이해하고 효과적으로 표현할 수 있다. [5/6-문법-3]고유어, 한자어, 외래어의 개념과 특성을 알고 국어 어휘의 특징을 이해한다. *[5/6-문법-6] 관용 표현의 특징을 알고 담화 상황에 맞게 사용한다.*
중1-3 학년 군 · **어휘 능력**	언어 사용	관용 표현의 사용	*[1/3-읽기-8] 글의 표현 방식을 파악하고 표현의 효과를 평가 한다.*[32)
	문법	어문 규범(맞춤법, 표준어, 외래어 표기) 단어의 짜임 품사의 개념과 특성 어휘의 유형과 의미 관계	[1/3-문법-3]어문 규범의 기본 원리와 내용을 이해한다. [1/3-문법-5]단어의 짜임을 분석하고 새말이 만들어지는 원리를 이해한다. [1/3-문법-6]품사의 개념과 특성을 이해하고 단어를 적절하게 사용한다. [1/3-문법-8]어휘의 유형과 의미 관계를 이해하고 활용한다.

여기에서 2007년 개정 교육과정의 어휘 교육의 관점을 살펴 보고자한다. 교육과정에 따른 교육 내용의 변화 양상은 어휘 교육의 관점을 더욱 명확히 인식 시켜 주기 때문이다. 다음의 표는 2007년 개정 국어과 교육과정에서의 어휘 교육의 내용이다.

[표 5] 2007년 개정 공통 교육과정의 학년군 어휘 교육 내용의 위계 및 성취 기준

학년	영역	어휘 교육 내용	성취 기준
1	언어 사용	의성어 의태어 학습 감정을 나타내는 말 단어의 발음	[1-듣-3] 말의 재미를 느끼면서 시, 노래를 듣는다. *[1-말-3] 감정을 나타내는 낱말을 알맞게 사용하면서 대화한다.* [1-읽-1] 낱말과 문장을 정확하게 소리 내어 읽는다.
	문법	단어의 표기	[1-법-2] 소리와 표기가 다를 수 있음을 이해한다.
	문학	의성어, 의태어 학습	[1-문-1] 반복적으로 나타나는 말의 재미를 느낀다.
2	문법	단어의 발음 단어의 표기 의미관계	[2-법-1) 소리를 혼동하기 쉬운 낱말을 정확하게 발음한다. [2-법-2] 표기와 소리가 다른 낱말을 정확하게 표기한다. [2-법-3] 낱말과 낱말 간의 의미 관계를 이해한다.
	문학	의성어, 의태어, 첩어	*[2-문-4] 재미있는 말이나 반복되는 말을 넣어서 글을 쓴다.*
3	언어 사용	속담 읽는 이와 내용 고려하여 알맞은 낱말 선택하기	[3-말-2] 이야기나 속담을 활용하여 주장하는 말을 한다. [3-쓰-3] 알맞은 낱말을 사용하여 감사하는 마음을 전하는 글을 쓴다.
	문법	국어사전 활용법 동음이의어와 다의어	[3-법-1] 국어사전에서 낱말 찾는 방법을 안다 [3-법-2]소리가 동일한 낱말들이 여러 가지 의미로 사용되는 현상을 분석한다.
4	언어 사용	국어사전 문맥적 의미	[4-읽-1] 필요한 정보를 찾기 위해 사전을 읽는 방법을 익힌다. [4-읽-2] 글을 읽고 어휘 사용의 적절성을 평가한다.
	문법	표준어와 방언	[4-법-1] 표준어와 방언의 사용 양상을 이해한다.
5	문법	사전적 의미와 문맥적 의미	*[5-법-2] 단어의 사전적 의미와 문맥적 의미를 구별하고 효과적으로 사용한다.*
6	문법	고유어 한자어 외래어 외국어	[6-법-1] 고유어 한자어 외래어 외국어의 개념을 알고 국어 어휘의 특징을 이해한다.
7	문법	관용표현	[7-법-2] 관용 표현의 개념과 효과를 이해한다.

학년	영역	어휘 교육 내용	성취 기준
8	문법	전문어 유행어 은어 단어형성법 동음이의어와 다의어	[8-법-2] 여러 종류의 어휘를 비교하고 그 사용 양상을 설명한다. [8-법-3] 국어 단어 형성법을 이해하고 활용한다. [8-법-4] 문장이 여러 가지 의미로 해석되는 현상을 이해한다.
9	언어 사용	지역 방언	*[9-듣-3] 지역 방언을 듣고 언어의 다양성과 소통의 의미를 이해한다.*
10	언어 사용	사회 방언	*[10-듣-3] 사회 방언을 듣고 언어적 다양성을 이해한다.*

 2007년 개정 교육과정은 10학년까지를 국민공통교육과정으로 규정하고 어휘 관련 교육내용으로 24개가 나타난다.33) 그중 언어 사용 영역은 9개 문법 영역 13개, 문학 영역 2개의 분포를 보인다.

 두 교육과정을 비교할 때 특이점은, 문학 영역에서의 어휘 교육이 자리하고 있다는 것이다. 의성어, 의태어 등에 대한 내용이나, 2011년 개정에서는 그와 유사한 성취 기준이 듣기·말하기 영역에 포함되어 있다. 이는 어휘 교육이 가지는 영역의 특이성이라고 본다. 곧 어휘는 교육 내용과 방법에 따라 전 영역에 융합되기도 혹은 분리되기도 하는 상호보완적 존재라는 것이다. 그리고 2011년 개정에서는 태도 관련 성취 기준이 나타나고 있으나 2007년 개정에서는 나타나지 않는다. 언어 사용 태도에 중점을 보이고 있는 것이다. 다시 말해 도구적 관점(을 포함한 사회·문화적 관점) 지향의 어휘 교육이라고 판단된다. 마지막으로 방언과 관련된 성취기준을 살펴보면 2007년 개정 성취 기준이 매우 구체적이다. 방언의 다양성과 소통을 큰 틀로 잡고 사회·문화적 관점으로 제시한 점이 맥락 중심 교육과정을 대표할 만하다. 성취 기준의 단순 비교지만 각 교육과정이 갖는 관점적 특성이 드러나고 있음을 확인 할 수 있다.

---

33) 2011년 개정 교육과정은 어휘 관련 내용으로 모두 23개로 언어 사용 영역이 8개, 문법 영역이 15개다.

다음은 2011년 개정 공통 교육과정의 '문법 영역'의 어휘 관련 내용이다.

[표 6] 2011년 개정 공통 교육과정 '문법 영역'의 어휘 관련 내용

	나. 교수·학습 운용–(1)–(나)–④	나. 교수·학습 운용–(1)–(다)
5. 교수 · 학습 방법	'문법' 지도에서는 문법 교육 내용이 위계적으로 반복·심화될 수 있도록 지도하되, 다양한 국어 현상을 원리 중심으로 탐구하여 언어 지식을 생성하는 경험을 강조하고, 학습한 내용이 바람직한 국어 생활에 활용될 수 있도록 한다. 문법은 특정 문법 단원에서만 지도할 것이 아니라 매 단원에서 새로 등장하는 단어의 뜻과 문장의 어법을 익힐 때나 연습 문제 활동을 통하여 이전에 배운 문법과 규범에 관련된 사항을 환기 시켜 지속적으로 지도한다.	'국어 자료'를 다룰 때는 기본적으로 어휘와 어법에 유의하여 지도한다. <u>어휘와 어법은 '듣기·말하기', '읽기', '쓰기', '문법', '문학' 영역에</u> 매 단원에서 새로 등장하는 단어의 발음, 뜻, 표기를 정확히 알고 어법에 맞게 사용하는 것을 생활화하도록 지도한다.
6. 평가	나. 평가 운용–(1)–(라)	
	'문법' 영역의 평가 목표는 문법 지식의 이해와 탐구 및 적용 중심으로 설정하되, 문법 지식의 단순한 암기가 아닌 국어의 구조와 문법의 작동 원리를 파악하고 생활 속에 적용, 실천하는 능력에 중점을 두어 설정한다. 어휘와 어법 관련 평가 목표는 개별 단어의 발음, 표기, 뜻에 대한 정확한 이해, 의사소통 상황에서 어휘 사용의 적절성, 창의적인 어휘 사용 능력, 올바른 어법에 따른 문장 구사 능력에 중점을 두어 설정한다.	

2011년 개정 공통 교육과정의 문법 관련 내용을 보면 교수·학습 방법에서는 매 단원에 관련 학습을 환기시키며 지속적으로, 새로 등장하는 단어의 발음 등을 정확히 알고 어법에 맞게 사용하는 것을 생활화하도록 강조하고 있다. 평가 또한 개별 단어의 정확한 이해, 어휘 사용의 적절성, 창의적인 어휘 사용 능력, 어법에 따른 문장 구사 능력에 중점을 두어 설정하여 모든 언어생활에 반영할 수 있도록 고려한 것이다. 비록 독립된 영역을 확보하지 못했지만 어휘 교육의 중요성을 반영한 노력의 결과로 보인다.

나. 선택 교육과정

1) 국어 I , 국어 II

선택 교육과정의 '국어 I ', '국어 II '는 중학교 3학년까지의 공통 교육과정의 국어와 본격적인 선택 과목이라고 할 수 있는 '화법과 작문', '독서와 문법', '문학' 과목들을 연결시켜주는 역할을 한다. 따라서 학습자들이 중학교까지 학습한 국어 교육을 정리하면서 고등학교, 대학교로 이어지는 심화된 국어 학습을 할 수 있도록 그 기저를 마련하는 방향이 제시되어야 할 것이다.[34] [표 7]은 선택 교육과정 '국어 I ', '국어 II '의 어휘 교육 내용의 위계 및 성취 기준이다.

[표 7] 선택 교육과정 '국어 I , II'의 어휘 교육 내용의 위계 및 성취 기준[35]

교과	영역	내용 요소	성취기준
국어 I	화법	부정적 언어 표현	*[화법-3]부정적 언어 표현의 폐해를 인식하고 바람직한 의사소통 문화를 형성하는 태도를 기른다.*[36]
	문법	어휘 체계 양상 및 활용 맞춤법의 원리	[문법-12]어휘의 체계와 양상을 이해하고 그것을 상황에 맞게 활용한다. *[문법-13]한글 맞춤법의 원리와 내용을 알고 교양 있는 표기 생활에 대해 알아본다.*
국어 II	문법	국어의 변천	[문법-10]올바른 문장 표현과 효과적인 담화 표현의 양상을 탐구한다. *[문법-11]국어 변천을 이해하고 국어 발전 방향을 탐구한다.*[37]

---

34) 이삼형(2013)은 교과서 제작의 방향을 첫째, 국어과 영역인 화법, 독서, 작문, 문법, 문학의 각 영역의 기본적인 학습 내용을 충실하게 정리하는 방향, 둘째, 국어과의 각 영역을 고루 반영하되 각 영역을 통합하는 방향, 셋째, 글(텍스트)을 가능한 많이 싣는 방향, 넷째, 국어 문화의 창달이라는 수준 높은 언어활동이 가능한 방향 네 가지를 제시하였다.

35) 2011년 개정 교육과정은 10학년부터 선택교육과정이 시작되고 있어 2007년 개정 교육과정 10학년의 성취 기준과의 비교는 불가하다. 또한 독서와 문법 역시 교과 통합으로 인한 성취 기준 축소 등으로 비교를 생략하고자 한다.

앞서 언급한 '국어Ⅰ', '국어Ⅱ' 교과목의 '공통 교육과정의 총정리'라는 역할을 고려할 때 위의 성취 기준은 어휘 관련 요소가 매우 부족한 것으로 보인다. '국어Ⅰ'은 '국어Ⅱ'의 선수 과목의 성격을 띤 것으로 영역별 지식과 기능이 통합적으로 구성되었으며 일반적인 교양 수준의 국어 생활을 영위 할 수있도록 구성되었다. 물론 통합 교과의 목적상 반영되어야 할 요소들이 매우많고 그 중 교과 목적에 맞는 적절한 교육 내용을 반영하기가 쉽지 않았을것이다. 이는 심화된 교양 수준의 국어 생활을 위한 '국어Ⅱ'의 경우도 마찬가지일 것이다. 더욱이 영역 통합38)으로 이루어진 '독서와 문법'에서 어휘 관련 내용이 적게 반영되었기에39) '국어Ⅰ', '국어Ⅱ' 교과에 더욱 다양한 어휘관련 교육 내용이 반영되었어야 한다. 이는 어휘 교육의 관점으로 볼 때, 인지적 관점으로서의 교수·학습을 제공할 기회가 감소했다고 판단된다.

공통 교육과정이 9학년으로 줄고 학습자 부담을 최소화 하는 명목으로 성취 기준이 많은 부분 감소하였다. 그리고 주요 문법 학습 내용이 중학교군으로 하향 배치된 결과를 낳았는데 이것은 학습자의 학습량은 감소했으나 난이도 조절을 적절히 반영하지 못한다면 오히려 학습의 부담을 줄 수 있는 결과를 초래할 수도 있는 문제다. 특히 지식적 측면 곧 인지적 관점의 교육 내용의 하향 배치와 관련된 문제는 교수·학습 방법과 관련된 심도 있는 연구 결

---

36) 문법 영역이 아닌 타 영역에서 유일하게 제시된 어휘관련 성취기준으로 욕설이나 비속어 등 어휘 사용 태도와 관련지어 교수·학습이 가능할 것이다.

37) 김창원(2012)은 어휘 관련 성취 기준으로 [문법-11]를 제외하였다. 하지만 필자는 어휘와 관련된 변천 요소를 반영하는 성취 기준의 설명에서 본 성취 기준이 드러나는 어휘 관련 요소는 아니지만 사고적 측면을 고려한 어휘 교육이 가능할 것으로 판단하여 어휘 관련 성취 기준으로 포함시켰다. 관련 연구로 구본관(2008)은 교육 내용으로서 어휘사 교육을 '문화 교육에 도움', '사고력의 증진', '기능 교육에 도움'의 세 부분으로 구분, 국어교육에 기여하는 바가 있다고 역설했다.

38) 영역의 통합과 관련된 정책적 문제는 김창원(2011, 2012a)의 논의 참조.

39) '독서와 문법'의 내용 체계를 보면 '국어의 구조의 이해' 범주에 음운, 단어, 문장, 담화의 네 가지 하위 범주를 포함하고 있다. 단어 범주에서는 (7)품사 분류를 통한 개별 단어 특성, (8)단어 형성과 정과 새말의 형성 원리, (9)외래어 표기법과 로마자 표기법, (10)단어의 의미 관계와 변화 양상 단 네 가지의 성취 기준만이 제시되었다. 3.2.2.에서 자세히 다룰 것이다.

과가 반영되어야 할 중요한 부분임에 틀림없다.

다음은 선택 교육과정 '국어Ⅰ', '국어Ⅱ'의 어휘 관련 내용이다.

[표 8] 선택 교육과정 '국어Ⅰ', '국어Ⅱ'의 어휘 관련 내용

	국어Ⅰ	국어Ⅱ
5. 교수 · 학습 방법	나. 교수 · 학습 운용 - (1)-(다)	
	'국어 자료'를 다룰 때는 기본적으로 어휘와 어법에 유의하여 지도한다. 어휘와 어법은 '화법', '독서', '작문', '문법', '문학' 영역의 매 단원에서 새로 등장하는 단어의 발음, 뜻, 표기를 정확히 알고 어법에 맞게 사용하는 것을 생활화 하도록 지도한다. 특히 개념어들에 대하여 정확히 알고 사용하도록 유의하여야 한다.	
6. 평가	나. 평가 운용 - (1)-(라)	
	'문법' 영역의 평가 목표는 국어의 탐구와 이해 및 그 지식의 적용에 중점을 두며, 학습자의 이해력, 사고력, 창의력 신장에 주목하도록 한다. 어휘와 어법 관련 평가 목표는 개별 단어의 발음, 표기, 뜻에 대한 정확한 이해, 의사소통 상황에서 어휘 사용의 적절성, 창의적인 어휘 사용 능력, 올바른 어법에 따른 문장 구사 능력에 중점을 두어 설정한다.	'문법' 영역의 평가 목표는 문법 지식의 이해와 탐구 및 적용 능력에 중점을 두어 설정한다. 어휘와 어법 관련 평가 목표는 개별 단어의 발음, 표기, 뜻에 대한 정확한 이해, 의사소통 상황에서 어휘 사용의 적절성, 창의적인 어휘 사용 능력, 올바른 어법에 따른 문장 구사 능력에 중점을 두어 설정한다.

[표 8]을 참고하면 앞서 공통 교육과정의 내용과 큰 차이점은 보이지 않으나, 개념어[40]와 관련된 교수 · 학습 방법의 고려가 새롭게 제시된 것을 확인할 수 있다.

---

40) 개념어와 관련된 연구로 신명선(2004a)이 있다. 그는 '사고도구어(思考道具語)'는 '논리, 이론, 일관 조정' 등과 같은 단어로 여러 학문 분야에 걸쳐 두루 나타나는 사고 및 논리 전개 과정을 담당하는 단어들로 전 교과에서 공통적으로 사용되는 기본 개념어에 해당한다.

2) 독서와 문법

2009년 개정 교육과정에 선택 과목이 통합을 시도하여 '독서와 문법 Ⅰ, Ⅱ' 과목이 교육과정에 선을 보이게 되고 2011년 개정 교육과정에 두 권의 교과서가 통합되어 '독서와 문법'으로 자리하게 되었다.

'독서와 문법'의 내용 체계41)는 전체 32개 성취 기준이 제시되었는데 어휘와 관련된 내용은 '단어, 국어 자료의 탐구'에 제시된 6개다. 교육과정 성취기준에 반영된 수가 중요한 것은 아니지만 어휘 관련 내용이 단 두 개의 내용 범주 안에서 다뤄지고 있다는 점은 우려할 만한 사안이라고 본다.42) 어휘는 문법의 영역이라는 틀 안에 고정되어 있는 것이 아니며 타 영역에서도 충분히 다룰 수 있고 다뤄야 하는 언어 교육의 기본이기 때문이다.

[표 9] '독서와 문법'의 어휘 관련 성취 기준

국어 구조의 이해	◦ 단어 (7)품사 분류를 통해서 개별 단어의 특성을 이해한다. (8)단어의 형성 과정을 이해하고 새말이 만들어지는 원리를 탐구한다. **(9)외래어 표기법과 로마자 표기법을 이해하고 국어 생활에서 활용하도록 한다.** (10)단어의 의미 관계와 의미 변화의 양상을 탐구하고 이해한다.
독서의 실제와 국어 자료의 탐구	◦ 국어 자료의 탐구 (26)국어 자료를 읽고 국어의 변천을 탐구한다. **(28)남북한 언어의 차이점을 이해하고 동질성을 회복하는 방안을 탐구한다.**

---

41) 2011년 개정 교육과정 '독서와 문법'의 내용 체계

독서와 언어의 본질	◦ 독서의 본질 ◦ 언어의 본질	
국어 구조의 이해	◦ 음운 ◦ 단어	◦ 문장 ◦ 담화
글의 구조와 독서의 방법	◦ 글의 구성 원리	◦ 독서의 방법
독서의 실제와 국어 자료의 탐구	◦ 독서와 국어생활 ◦ 독서의 가치와 성찰	◦ 국어 자료의 탐구

42) 김창원(2012b)은 어휘를 문법의 한 범주로만 인식하고 다른 영역들과의 관계에서 부수적인 기능만 하고 있다고 지적했다.

앞의 [표 9]는 '독서와 문법'의 내용 체계에 반영된 어휘 관련 성취 기준이다. '독서와 문법'의 어휘 관련 성취 기준을 보면 '단어'에서는 품사 분류와 단어 형성법 그리고 표기법(어문규정)과 의미 변화에 국한된 성취 기준이다. '국어 자료의 탐구'에서도 국어 변천(국어사)과 남북한 어휘, 단 두 가지 성취 기준만 제시되고 있다. 어휘 교육 관점으로 분류하면 도구적 관점은 범박하게는 표기법(어문규정)에 대한 성취 기준 밖에 없다. 문법 영역의 특성상 지식적 측면의 성취 기준이 다수를 차지하는 것을 부인할 수 없으나 어휘에 관련된 부분에서는 상당히 지식 편향적인 구성이라고 본다. 앞서 언급한 '생산적 도구성'에 기반한 문법(적) 지식, 곧 '방법적 지식'과의 연결이 다소 부족해 보인다. 언중의 고차원적인 언어활동을 위한 기능적 요소의 확대와 '문학'과 '고전' 선택과목 간의 연계도 필요하다.43) 특히 '문학과 어휘', '고전과 어휘'는 이해와 표현 요소에서 매우 큰 작용을 할 것이다.

다음은 선택 교육과정 '독서와 문법'의 어휘 관련 내용이다.

[표 10] 선택 교육과정 '독서와 문법'의 어휘 관련 내용

독서와 문법		
5. 교수 · 학습 방법	가. 교수·학습계획 – (4) – (나)	나. 교수·학습 운용 – (4) – (가)
	음운, 단어, 문장, 담화와 같은 언어 단위의 이해를 통해서 국어 지식을 신장하게 하되, 특히 실제적인 국어 생활 속의 자료를 교수·학습에서 많이 사용하도록 한다.	실제 국어 자료나 현상을 제시하고 학습자가 원리나 규칙을 스스로 도출하도록 지도한다. 음운, 단어, 문장 차원에서뿐만 아니라 실제 담화 차원에서도 교수·학습이 이루어지도록 한다.
6. 평가	나. 평가 운용 – (2)–(나)	
	'국어 구조의 이해'에 관한 평가는 국어의 여러 단위인 '음운-단어-문장-담화'가 가지는 특성을 이해하였는지 지식차원으로 평가 할 수 있고 실제적인 기능과 가치관적 태도 차원에서도 평가할 수 있다. 음운, 단어, 문장 자료뿐만 아니라 실제적인 담화 자료 및 매체 자료를 활용하되 교과서의 것과 교과서 밖의 것을 균형 있게 사용하며, 표현과 이해 활동을 통해서도 문법 능력을 평가한다.	

43) 읽기에서 어휘의 수준은 텍스트의 이해와 깊은 상관이 있음에 불구하고 문학과 고전 교과에서 어휘와 관련된 성취기준은 없다.

'독서와 문법'의 교수·학습 방법 역시 실제적인 국어 생활에 바탕을 둘 것을 강조하고 있다. 특히 교과서 안과 밖의 자료의 균형적 활용과 표현과 이해 활동을 통한 문법 능력 평가는 최종 단계의 문법 영역의 교과에 적절한 평가 방안이라고 본다.

4. 정리

본고는 2011년 개정 국어과 교육과정에서 어휘 관련 지도 내용의 요소를 어휘 교육의 관점을 바탕으로 논의해 본 것이다. 도구적 관점과 인지적 관점으로 양분된 어휘 교육의 현 시태를 교육과정을 바탕으로 가늠해 보고자 하였다.

국어과 교육과정에서 '어휘'는 국어교육의 내용 요소로 설정하고, 어휘 교육을 수행해 왔다. 어휘력 증진의 중요성을 인식, 어휘 교육과 관련된 다수의 논저에서 어휘 교육의 목표는 어휘(능)력의 신장으로 귀결되었다. 그리고 국어과 교육과정에서 어휘 교육은 도구적 측면의 관점이 지배적이었으며 이는 모어로서 화자를 위한 어휘(국어)교육에 더욱 적절한 교육 방안이 제시 되어야 한다는 의견이 제기되었다. 곧 인지적 관점의 어휘 교육 확충을 확인하게 되었다. 각 관점마다 학습 목표와 학습 방향 등이 다름을 확인하고 학년군, 학습 단계 등에 맞는 교육 과정 반영이 필요함 언급하였다.

국어과 교육과정 내의 어휘 교육 내용은 공통 교육과정과 선택 교육과정(국어Ⅰ, Ⅱ, 독서와 문법)의 성취 기준을 토대로 확인하였다. 그 결과 공통 교육과정에서는 '기초 어휘(1-2학년군) → 어휘 특성(3-4학년군) → 어휘 의식(5-6학년군) → 어휘 능력(중1-3학년군)'의 학년군 성취 기준 위계가 확인되었으며 도구적 관점에서 인지적 관점으로의 전환 과정을 범박하게나마 제시하였다. 이 부분에서는 교과서에 제시된 어휘 교육 방법의 검토를 통해 보다 체계적인 접근이 필요하다.

선택 교육과정 '국어 I, II'는 교과적 특성에 따른 어휘 교육 내용이 적절하게 반영되지 못했다는 점이다. 공통 교육과정과 선택 과목의 교두보 역할에서 단 몇 개의 성취 기준이 그 역할을 대변하고 있다고 보기 어렵다는 판단이었다. 물론 어휘 교육의 특성상 전 영역에 포진될 가능성도 있고 단원의 마무리에 '어휘 다지기' 등과 같은 어휘 학습이 제시되고 있지만 앞서 언급한 인지적 측면의 어휘 교육이 교육과정에 제시되지 않는 한 수업 현장에서 적극적으로 제시되기는 어렵다고 본다.

선택 교육과정 '독서와 문법'은 문법 영역의 교과 특성이 반영되어 지식적 학습이 대부분을 구성하고 있었다. 고학년으로 인지적 관점의 학습이 주를 이루는 경향은 주지할 부분이나 기능적 관점의 교육 내용이 부족하다고 본다. 상황에 맞는 어휘의 선정과 활용과 같은 고차원적 언어 활동과 관련된 '방법적 지식'의 내용이 더 추가되어야 할 것이다. 선택 교과는 미래의 다양한 학문 활동과 직업 생활 및 대학 생활에 바탕이 되는 어휘 교육을 지향하기 때문이다.

보다 강화된 어휘 교육을 위해서는 우선 어휘 교육 내용의 유형을 정립하고 이를 바탕으로 한 교수·학습 과정을 개발해야 할 것이다. 그리고 교육과정 내의 어휘 교육 내용 확충이나 어휘 영역 분리 등의 내적 과제를 해결하고 어휘 교수·학습 매뉴얼과 같은 구체적이고 적극적인 과업 달성을 위한 지원이 필요할 것이다.

어휘 교육은 작게는 국어교과의 문제로 치부될 수 있지만 크게는 전 교과에서 다뤄져야할 언어 교육의 바탕이 되는 점을 간과해서는 안 된다.

| 참고문헌 |

[1장 · 한국어 교육과 어휘 교육(이충우)]

김광해(1993), 『국어 어휘론 개설』, 집문당.

김광해(1996), 『어휘 연구의 실제와 응용』, 집문당.

노명완 · 박영목 · 권경안(1988), 『국어과 교육론』, 갑을출판사.

문교부(1988), 『고등학교 교육 과정 해설 -국어과-』.

민병덕 역(1993), 모티머 J. 애들러 외 저, 『독서의 기술』, 범우사.

박영목 · 한철우 · 윤희원(1996), 『국어교육학원론』, 교학사

서덕현(1990), 「기본어휘의 개념과 기초어휘의 위상 -교육용 어휘를 중심으로-」, 『국어
　　　교육 71 · 72』, 한국국어교육연구회.

서울대학교국어교육연구소 편(1999), 『국어교육학사전』, 대교출판.

손영애(1992), 『국어 어휘 지도 방법의 비교 연구』, 서울대학교 박사학위 논문.

이대규(1990), 「낱말 수업의 목표와 방법」, 『국어교육 71 · 72』, 한국국어교육연구회.

이삼형 외(2000), 『국어교육학』, 소명출판사.

이영숙(1997), 「어휘력과 어휘 지도」, 『선청어문 25』, 서울대 국어교육과.

이용주(1987), 「언어발달단계와 국어교육」, 『국어교육 59 · 60』, 한국국어교육연구회.

이용주(1993), 『한국어의 의미와 문법 I』, 삼지원.

이인섭(1986), 『아동의 언어발달』, 개문사.

이충우(1992), 『국어 교육용어휘 연구』, 서울대학교 박사학위 논문.

최현섭 외(1996), 『국어교육학개론』, 삼지원.

Carter Ronald & M. McCarthy, 1988, 1991, Vocabulary and Language Teaching,
　　　Longman. Bross.

Bross, I. D. J., 1973, 'Language in cancer research', In G. P. murphy. D. Pressman.
　　　이기동 · 신현숙 역(1983), 『언어와 인지』, 한신문화사.

Clark, Herbert H. and Eve V. Clark, 1977, 'Language and thought' In Pschychology
　　　and Language. N.Y. : Harcourt Brace and Jovanovich. 이기동 · 신현숙 역(1983),
　　　『언어와 인지』, 한신문화사.

Dale, E., J. O'Rourke & H. A .Bamman, 1971, Techniques of teaching vocabulary, Field Educational Publications, Inc., New Jersey.

Gleason, H. A. Jr., 1961, Descriptive linguistics, Revised edition, Halt, Rinehart and Winston, N.Y.

Goodman, K. S. et al. (1987), Language and Thinking in School, Richard C. Owen Publishers, INC.

Gruber, J .S. ,1970, Studies in Lexical Relations, Indiana Univ. Linguistics Club, Indiana.

Halliday, M. A. K. et al, 1964, The Linguistics and Language Teaching, Longmans.

Hartmann, R. P. K. (ed), 1983, Lexicography: principles and practice, Academic Press, London.

Mackey, W. F., 1975, Language Teaching Analysis, Indiana Univ., Press. Bloomington.

McNeil. J. D., 1984, Reading Comprehension : New Directions for Classroom Practice, Scott.

[2장 · 국어 교육과 한국어 교육용 사전(이충우)]

권순희(1996), 「언어 문화적 특성을 고려한 한국어 교육의 교재 편성 방안」, 『국어교육 연구 3』, 서울대 국어교육연구소.

김광해(2001), 「한국어의 등급별 총어휘(낱말 v.2001) 선정」, 서울대 국어교육연구소.

김광해(2003), 「국어교육용 어휘와 한국어교육용 어휘」, 2003년 봄 전국학술발표대회 자료집, 국어교육연구학회.

김인석(1998), 『영어 학습 원리의 이해』, 박문각.

김정숙(1992), 「한국어 교육 과정과 교과서 연구」, 고려대학교 박사학위 논문.

김중섭 · 이관식(1999), 「외국인을 위한 한국어 교재 개발에 관한 연구」, 『한국어교육 10-1』, 국제한국어교육학회.

남기심 · 이상억 · 홍재성 외(1999), 『외국인을 위한 한국어 교육의 방법과 실제』, 한국 방송대학교 출판부.

노금숙(1997), 『제2언어 교수 이론』, 한신문화사.

노명완(1998), 「한국어 교육자료의 체제 분석」, 『이중언어학 15』, 이중언어학회.

민현식(2000), 「한국어 교재의 실태 및 대안」, 『국어교육연구 7』, 서울대 국어교육연구소.

박갑수(1997), 『한국어 교육개론』, 서울대 사범대 외국인을 위한 한국어 교육지도자과정.

박영목 · 한철우 · 윤희원(1996), 『국어교육학원론』, 교학사.

박영순(1997), 『이중/다중언어교육론-세계의 언어교육과 한국의 언어정책과제-』, 한신문화사.

배주채 · 곽용주(2000), 「외국인 학습자를 위한 초급 한국어 사전 개발」, 문화관광부 연구보고서.

백봉자(1999), 「서양어권 학습자를 위한 한국어 교재 개발 연구」, 『한국어교육 10-2』, 국제한국어교육학회.

서상규 외(2000), 「한국어 교육 기초 어휘 의미 빈도 사전의 개발: 사업 보고서」, 문화관광부 한국어 세계화 추진 위원회.

서상규(2002), 「외국인을 위한 한국어 학습 사전 개발」, 3차 한국어세계화 국제학술대회 자료집, 한국어세계화재단.

손영애(1992), 「국어 어휘 지도 방법의 비교 연구」, 서울대학교 박사학위 논문.

신현숙(1998), 「한국어 어휘 교육과 의미 사전」, 『한국어교육 9-2』, 국제한국어교육학회.

이기동(1987), 「사전 뜻 풀이의 재검토」, 『인문과학 57』, 연세대학교.

이기동(2001) 「낱말 풀이와 관련된 몇 가지 문제」, 『사전편찬학연구 5 · 6』, 탑출판사.

이상섭 외(1992), 「새 한국어 사전편찬을 위한 사전 편찬학 연구」, 『사전편찬학연구 4』, 탑출판사.

이용주(1993), 『한국어의 의미와 문법』, 삼지원.

이인섭(1986), 『아동의 언어발달』, 개문사.

이충우(1994), 『한국어 교육용어휘 연구』, 국학자료원.

이충우(1997), 「어휘 교육과 어휘의 특성」, 『국어교육 95』, 한국국어교육연구회.

진제희(2000), 「외국어로서 한국어 학습자들의 의사소통 전략 연구」, 연세대학교 석사학위 논문.

정찬섭 외(1990), 「우리말 낱말 빈도 조사 표본의 선정기준」, 『사전편찬학연구 3』, 사전편찬학회.

주세형(1999), 「바람직한 국어사전을 위하여」, 국어교육학회 여름발표대회 자료집.

田中章夫(1978/1988), 國語語彙論, 再版, 日本 : 明治書院.

佐藤喜代治 編(1982/1988), 語彙原論, 日本 : 明治書院.

Carter Ronald & M.McCarthy(1988, 1991), Vocabulary and Language Teaching, Longman.

Diane Larsen-Freeman(1985), Techniques and Principles in Language Teaching, Oxford Univ. Press. 조명원·선규수 역(1992), 『외국어 교육의 기술과 원리』, 한신문화사.

Gleason, H. A. Jr.(1961), Descriptive linguistics, Revised edition, Halt, Rinehart and Winston, N.Y.

Brown, H. Douglas (2001), Teaching by Principles: An Interactive Approach to Language Pedagogy, second edit. Pearson Company, N.Y., U.S.A.

Hartmann, R.P.K ed.(1983), Lexicography : principles and practice, Academic Press, London.

Hartmann, R.P.K.(1999) Dictionaries in Language Learning, recommendations National Reports and Thematic Reports from the TNP Sub-Project 9: Dictionaries, Web site www.fu-berlin.de/elc/TNPproducts/SP9dossier.doc [2] reports by 22 authors.

Hartmann, R.P.K.(2001), Teaching and Researching Lexicography, Longman, London.

Jeong-Ryeal Kim(1999), Linguistic design of bidirectional Korean-English machine translation system based on Lexical Functional grammar, 『언어와 정보 3』.

Lipka, L.(1992), An Outline of English lexicology, 2nd ed.

McNeil. J. D., 1984, Reading Comprehension : New Directions for Classroom Practice, Scott, Foresman and Company.

Miller, George A.(1991/1996), The Science of Words, Scientific American Library, 강범모·김성도 옮김(1998), 『단어의 이해』, 민음사.

Nation, I.S.P.(1990), Teaching and Learning Vocabulary, heinle & heinle publishers, Boston.

Sung-kwan Choi(2000), Two level English Computational grammar in English to Korean Translation, 『언어와 정보 4-1』.

Tomaszczyk, J. The Case for Bilingual Dictionaries for Foreign Language learners, in Hartmann, R.P.K ed.(1983), Lexicography : principles and practice, chap. 4. On bilingual dictionaries. Academic Press, London.

Wallace, M.J.(1982), Teaching vocabulary, Heinemann.

Yae-shek Lee(2000), Lexical mismatches between English and Korean: with Particular

Reference to Polysemous Nouns and Verbs, 『언어와 정보 4-1』.

Longman Dictionary of Contemporary English(LDOCE)(1978).

www.dictionary.com

www.yourdictionary.com, online dictionaries

www.koredu.org, 한국국어교육학회 홈페이지

www.kordic.re.kr, 한국언어정보학회 홈페이지

www.kale.or.kr, 한국영어교육학회 홈페이지

www.alak.or.kr, 한국응용언어학회 홈페이지

[3장 · 중국인 한국어 학습자를 위한 한국어 교육용 사전(이충우)]

강보유(2002), 「중국 대학교에서의 한국어 교육과 교수법」, 『한국어교육 13-2』, 국제한국어교육학회.

강현화(2001), 「한국어교육용 기초 한자어에 대한 기초 연구」, 『한국어교육 12-2』, 국제한국어교육학회.

김병운(1999), 「중국에서의 한국어 교육 방법 및 지도」, 『국어교육연구 6』, 서울대학교 국어교육연구소.

김영춘(1997), 「한국어와 일본어, 중국어의 한자어 어휘 비교/대조 연구」, 日本橫浜國立大學敎育學部 大學院日本語敎育學科.

박영순(2001), 「학습자 언어와 한국어 교육」, 『한국어교육 12-2』, 국제한국어교육학회.

백봉자(1999), 「서양어권 학습자를 위한 한국어 교재 개발 연구」, 『한국어교육 10-2』, 국제한국어교육학회.

성원경(1977), 「한 · 중 양국에서 현용하는 한자 어휘 비교」, 『성곡논총 8』, 성곡학술재단.

신현숙(1998), 「한국어 어휘 교육과 의미 사전」, 『한국어교육 9-2』, 국제한국어교육학회.

이충우(1994), 『한국어 교육용어휘 연구』, 국학자료원.

程崇義(1987), 「한 · 중 한자어의 변천에 관한 비교 연구」, 서울대학교 석사학위 논문.

崔金丹(2001), 『현대 중국어와 한국 한자어의 대비 연구』, 한신대학교출판부.

Hartmann, R.P.K.(2001), Teaching and Researching Lxicography, Longman, London.

Tomaszczyk, J. The Case for Bilingual Dictionaries for Foreign Language Learners, in Hartmann, R.P.K ed.(1983), Lexicography : principles and practice, chap. 4. On bilingual dictionaries. Academic Press, London.

〈자료〉

국어연구소(1985), 「漢字 外來語 使用實態 調査(80年代), 조사 자료집 Ⅰ」. 국어연구소.

신기철 · 신용철 편(1986), 『새우리말 큰 사전, 7차수정증보판』, 三省出版社.

신현숙 · 임동식(2000), 『의미로 분류한 한국어, 중국어 학습사전』, 한국문화사.

吳澤炎(1995), 『辭源』 合訂本, 商務印書館.

陸師成 編(1991), 『辭彙』, 臺北市: 文化圖書公司.

[4장 · 언어문화교육에서의 화용 내용(노경래)]

강승혜(2003), 「한국문화 프로그램 개발을 위한 한국어 학습자 요구분석」, 『한국어교육 14-3』. 한국어교육학회.

강현화(2010), 「문화교수의 쟁점을 통해서 본 문화교수의 방향성 모색」, 『한국언어문화 학 17-1』, 국제한국언어문화학회.

괵셀튀르쾨쥬(2003), 「언어 · 문화적 측면에서 한국어 교육 연구」, 『국어교육학연구 16』, 국어교육학회.

구현정 · 전영옥(2005), 『의사소통의 기법』, 박이정.

국립국어원(2011), 『표준 언어예절』, 국립국어원.

권순희(2000), 「수신자 지향 관점 선택에 따른 표현 양상과 기능」, 『국어교육 102』, 한국어교육학회.

권 영(2009), 「외국인 학습자들의 언어문화 능력 배양을 위한 러시아어 부름말 교육: 교재 개발 및 제작」, 『노어노문학 21-2』, 한국노어노문학회.

김방한 · 신익성 · 이현복(1995), 『일반언어학』, 형설출판사.

김수정(1999), 「외국인을 위한 한국어 교재에 나타난 청자 대우 표현」, 『선청어문 27』, 서울대 국어교육과.

김정숙(1997), 「한국어 숙달도 배양을 위한 한국 문화 교육 방안」, 『교육한글』, 한글학회.

노경래(2009), 「외국어로서의 한국어교육에 필요한 언어문화」, 『교육과학논문집 15』, 관동대 교육과학연구소.

노은희(1999), 「대화 공손전략으로서의 반복표현」, 『선청어문 27』, 서울대 국어교육과.

민현식(2008), 「한국어교육을 위한 문법 기반 언어 기능의 통합 교육과정 구조화 방법론 연구」, 『국어교육연구 22』, 서울대학교 국어교육연구소.

박갑수(1989), 「국어호칭의 실상과 대책」, 『국어생활 19(겨울)』, 국어연구소.

박영순(1989), 「미국에서의 한국어 교육: 제2언어 교육으로서의 문화 교육: 한국어의 문화적 요소를 중심으로」, 『이중언어학 5』, 이중언어학회.

박영순 외(2002), 『21세기 한국어교육학의 현황과 과제』, 한국문화사.

셀프성경 편찬위원회(1991), 『셀프 성경』, 아가페출판사.

이성영(1994), 「표현의도의 표현방식에 관한 화용론적 연구」, 서울대학교 박사학위 논문.

이충우(2006ㄱ), 『국어 문법의 교육과 연구』, 역락.

이충우(2006ㄴ), 『좋은 국어 어휘 교육 어떻게 할 것인가?』, 교학사.

이충우(2010), 「언어교육과 언어문화: 어휘를 중심으로」, 『독서연구 24』, 한국독서학회.

장소원 외(2007), 『생활 속의 언어』, 한국방송통신대학교출판부.

조수진(2010), 「한국어 문화 교육 내용 선정에 대한 연구」, 『한국언어문화학 7-2』, 국제한국언어문화학회.

최영환(2003), 『국어교육학의 지향』, 삼지원.

페터 빅셀 저, 이용숙 역(2006), 『책상은 책상이다』, 예담.

Hall E.T.(1959), The Silent Language, Doubleday and Company, N.Y. USA. 정태진 역(1983), 『침묵의 언어』, 탐구당.

Hymes, D.H. (1974). Ways of speaking. In R. Bauman &J. Sherzer (Eds.), Explorations in the ethnography of speaking (pp. 433-452). Cambridge: Cambridge University Press.

Kramsch, C.(2001), Intercultural communication, In The Cambridge Guide to English to Speakers of Other Languages(2001), Retrieved April 5, 2011 from http://assets.cambridge.org

Lado, R.(1964), Language Teachung, A Scientific Approach, McGrau-Hill, Inc. N.Y.: U.S.A.

LoCastro, V.(2003), An introduction to pragmatics: Social action for language teachers, Retrieved June 7, 2012 from http://www.tesl-ej.org.

Sawyer M.(1992), The development of pragmatics in Japanese as a second language: the sentence-final particle NE. In Kasper G. ed.(1996), Pragmatics of Japanese as Native and Target Language, 2nd printed. Second Language, Teaching & curriculum Center, University of Hawaii at Manoa: USA.

Scollon, R. and Scollon S.W.(1981), Narrative, Literacy and Face in Intercultural Communication. Retrieved April 5, 2011 from www.getcited.org.

[5장 • 한국어 어휘교육을 위한 등급별 다의어 의미항목 선정(윤혜경)]
−신체관련 다의명사 '눈'을 중심으로−

국립국어원(1999), 『표준국어대사전』, (주)두산동아.

김광해(2003a), 『국어 어휘론 개설』, 집문당.

김광해(2003b), 『등급별 국어 교육용 어휘』, 박이정.

김영미(2006), 「한국어교육의 내용영역과 지도순서에 관한 연구」, 경북대학교 박사학위 논문.

박영순(1996), 『한국어의미론』, 고려대출판부.

박지홍(1987), 『우리말의 의미』, 과학사.

배도용(2001), 「우리말 신체어의 의미확장 연구」, 부산대학교 박사학위 논문.

사회과학원 언어학연구소 편(1992), 『조선말대사전』, 사회과학출판사.

서상규 외(1998), 「외국어로서의 한국어교육을 위한 기초어휘 선정」, 『한국어 세계화 추진을 위한 기반 구축 사업 1차년도 결과 보고서』, 문화관광부 세계화 추진위원회.

서상규 외(2000), 「한국어 교육 기초 어휘 의미 빈도 사전의 개발: 사업 보고서」, 문화관광부 한국어 세계화 추진 위원회.

서상규(2014), 『한국어기본어휘의미빈도사전』, 한국문화사.

심재기 외(1984), 『의미론 서설』, 집문당.

연세대학교 언어정보개발원(2006), 『연세한국어사전』, (주)두산동아.

이보영(2002), 「신체어를 통한 국어 어휘교육 연구 방안」, 국민대학교 석사학위 논문.

이숭녕(1962), 「국어의 Polysemy에 대하여」, 『문리대학보 16』, 서울대학교.

이영숙(1996), 「국어과 지도 대상 어휘의 선정 원리에 대한 연구」, 서울대학교 석사학위 논문.

이을환·이용주(1964), 『국어의미론서설』, 현문사.

이충우(1992), 「국어교육용 어휘 연구」, 서울대학교 박사학위 논문.

이충우(1994), 『한국어 교육용어휘 연구』, 국학자료원.

이충우(1997), 「어휘교육과 어휘의 특성」, 『국어교육 95』, 한국국어교육연구회.

이희승(1955), 『국어학 개설』, 민중서관.

임지룡(1997), 『인지 의미론』, 탑출판사.

조선경(2006), 「한국어 신체 관련 다의어교육 방법 연구」, 경희대학교 석사학위 논문.

조지연(2004), 「사전 편찬에서 다의어 배열순서의 실제와 개선책 연구: 신체어 명사를
중심으로」, 서경대학교 석사학위 논문.

천시권·김종택(1971), 『국어 의미론』, 형설출판사.

한글학회(1992), 『우리말 큰사전』, 어문각.

허 웅(1968), 『언어학 개론』, 정음사.

허 웅(1992), 『국어학』, 샘문화사.

Bréal. M.(1887/1964), Semantics: Studies in the Science of Meaning, Translated by
Mrs. Nina Cust. New York: Dover Publications.

Ullmann. S.(1957), The Principles of Semantics, Oxford: Basil Blackwell, 남성우 역
(1979), 『의미론의 원리』, 탑출판사.

Ullmann. S.(1962), Semantics: An Introductiontto the Science of Meaning, Oxford: Basil.

[6장 · 한국어의 난도별 어휘학습 방안(이선미)]

고영근(1969), 「국어의 문형 연구 시론」, 『언어교육 1-2』, 서울대학교 언어연구소.

곽지영(1997), 「외국인을 위한 한국어 어휘 교육」, 『말 22』, 연세대 언어교육원 한국어
학당.

국립국어연구원(2000), 『표준국어대사전』, (주)두산동아.

김광해(1990), 어휘 교육의 방법, 『국어생활 22』, 국어연구소.

김광해(2003), 『등급별 국어교육용 어휘』, 박이정.

김명순(1986), 「한국어 어휘와 품사의 빈도에 관한 연구: 외국어로서의 한국어 교재를

중심으로」, 연세대학교 석사학위 논문.

김상영(2002), 「한국어 어휘 교육 방법에 관한 연구」, 안동대학교 석사학위 논문.

김선희(2005), 「어휘력 신장을 위한 수준별 어휘 지도 방법 연구」, 전주교육대학교 석사학위 논문.

김수연(1994), 「읽기수준검사 개발을 위한 기초 연구: 어휘수준과 문장이해 수준을 중심으로」, 숙명여자대학교 석사학위 논문.

김수희(1998), 「문맥을 통한 한국어 어휘 교육」, 이화여자대학교 석사학위 논문.

김수희(2005), 「중국인 초급 한국어 학습자를 위한 어휘 교육 연구: 한자어휘를 중심으로」, 경희대학교 석사학위 논문.

김유미(2000). 「학습자 말뭉치를 이용한 한국어 학습자 오류 분석 연구」, 연세대학교 석사학위 논문.

김을석(2005), 「초·중·고의 국어 교과서 어휘의 등급별 비교 연구: '등급별 국어 교육용 어휘'를 기준으로」, 서남대학교 석사학위 논문.

김의정(2001), 「외국어로서의 한국어 교육을 위한 학습목표 어휘 선정과 과 구성의 실제」, 경기대학교 석사학위 논문.

김인숙(2001), 「한글 해득 능력 측정 도구 개발 연구」, 인천교육대학교 석사학위 논문.

김종구(2002), 「국어 교육용 어휘 선정 기준」, 부산대학교 석사학위 논문.

김지향(2000), 「외국인을 위한 한국어 기초어휘 선정연구: 외국인을 위한 한국어 교재 명사어휘 분석을 중심으로」, 한성대학교 석사학위 논문.

김하수 외(2007), 『한국어연어사전』, 커뮤니케이션북스.

김현희(2002), 「한국어 교재의 어휘 구성에 대한 비교 연구」, 울산대학교 석사학위 논문.

노구치 타카히로(2004), 「한국어 교육 전공자용 한국어 전문 어휘 교육 연구」, 경희대학교 석사학위 논문.

문금현(1998), 「외국어로서의 한국어 관용표현의 교육」, 『이중언어학 15』, 이중언어학회.

문금현(2000), 「구어텍스트를 활용한 한국어 어휘 교육」, 국제한국어교육학회 제10차 국제학술회의 자료집, 국제한국어교육학회.

박수자(1994), 「글의 독이성과 읽기 학습의 관계에 관한 연구」, 『한국국어교육연구회 논문집 51』, 한국국어교육연구회.

박숙영(2005), 「한국어 어휘교육을 위한 연어 활용 방안 연구」, 한국외국어대학교 석사 학위 논문.

박영순(2001), 『외국어로서의 한국어교육론』, 도서출판 월인.

박영순(2002), 『21세기 한국어교육학의 현황과 과제』, 한국문화사.

서상규(2002), 「한국어 기본 어휘와 말뭉치 분석」, 박영순 편, 『21세기 한국어교육학의 현황과 과제』, 한국문화사.

서상규 · 남윤진 · 진기호(1998), 「한국어 교육을 위한 기초 어휘 선정1-기초어휘 빈도 조사 결과: 한국어 세계화 추진을 위한 기반 구축 사업 1차년도 결과 보고서」, 한국어세계화추진위원회, 문화관광부.

손지영(2006), 「장이론을 활용한 외국어로서의 한국어 어휘교육」, 상명대학교 석사학 위 논문.

신은경(2005), 「한국어 어휘 교재 개발 방안: 유형별 어휘 중심으로」 부산외국어대학교 석사학위 논문.

심재홍(1991), 「글의 이독성에 영향을 미치는 요인과 이독성 측정의 모형화에 관한 연구」, 서울대학교 석사학위 논문.

신차식(1981), 「독일어와 한국어에 있어서의 직업어에 대한 비교 연구」, 『논문집』, 단국대학교.

신현숙(1998), 「한국어 어휘 교육과 의미사전」, 『한국어교육 제 9-2』, 국제 한국어교육 학회.

안경화(2007), 『한국어교육의 연구』, 한국문화사.

윤현주(2002), 「국어 어휘 지도 방안 연구: 중학교 국어를 중심으로」, 이화여자대학교 석사학위 논문.

이경화(1994), 「읽기 능력과 글 난이도에 따른 음독 오류 형태와 읽기 과정」, 한국교원대 학교 석사학위 논문.

이남덕(1978), 「한국어/n/와 일본어/y/와의 대응 고찰」, 이대한국문화 연구원 논총.

이수현(2005), 「한국어 교육을 위한 기본 어휘 선정에 관한 연구」, 이화여자대학교 석사학위 논문.

이재욱(2001), 「외국인을 위한 한국어 어휘교육 방법 연구: 어휘정보처리를 중심으로」, 고려대학교 석사학위 논문.

이정희(1997), 「외국인을 위한 한국어 어휘 교육에 관한 연구」, 경희대학교 석사학위 논문.

이종은(2004), 「어휘적 접근법을 통한 한국어 의존 용언 교육 연구」, 상명대학교 박사학
위 논문.

이충우(1990), 「어휘 교육의 기본 과제」, 『국어교육 71·72』, 한국국어교육연구회.

이충우(1997), 「어휘교육과 어휘의 특성」, 『국어교육 95』, 한국국어교육연구회.

이충우(1992), 「국어 교육용 어휘 연구」, 서울대학교 박사학위 논문.

이충우(1998), 「국어어휘 교육론 개발을 위한 기초 연구(1)」, 『국어교육 98』, 한국국어
교육연구회.

이충우(1994), 『한국어 교육용 어휘 연구』, 국학자료원.

이화여자대학교 언어교육원(1988), 『말이 트이는 한국어 1』.

이화여자대학교 언어교육원(1988), 『말이 트이는 한국어 2』.

이화여자대학교 언어교육원(1988), 『말이 트이는 한국어 3』.

이화여자대학교 언어교육원(1988), 『말이 트이는 한국어 4』.

이화여자대학교 언어교육원(1988), 『말이 트이는 한국어 5』.

임지아(2005), 「한국어 교육용 어휘에 관한 연구」, 동아대학교 석사학위 논문.

정진식(1991), 「독이성 측정 연구: 영자지사설비교분석」, 『학생생활연구』, 한성대학교
학생생활연구소.

조복자(2007), 「외국인을 위한 한국어 교육용 기초 어휘 선정에 관한 연구: 국립국어원
에서 제시한 기초어휘를 중심으로」, 군산대학교 석사학위 논문.

조은호(2006), 「한국어 외래어 교육 연구」, 경희대학교 석사학위 논문.

조현용(1999), 「한국어 어휘의 특징과 어휘 교육」, 『한국어교육 10』, 국제한국어교육학회.

조현용(2000a), 『한국어 어휘교육 연구』, 박이정.

조현용(2000b), 「어휘 중심 한국어 교육 방법 연구」, 경희대학교 박사학위 논문.

주세형(1999), 「의미자질분석법을 활용한 어휘 교수법 연구」, 서울대학교 석사학위
논문.

차배근(1988), 「독이성 측정방법의 개발을 위한 그 서설적 소고」, 『선청어문 16』, 서울
대학교 국어교육과.

최길시(1998), 『외국인을 위한 한국어 교육의 실제』, 태학사.

최재완(1995), 「신문경제 기사의 독이성에 관한 연구」, 경희대학교 박사학위 논문.

하설월(2005), 「중국인을 위한 한국어 어휘 교육 연구」, 연세대학교 석사학위 논문.

한정일(2000), 「한국어 어휘 교육 방안: 의미관계를 중심으로」, 이화여자대학교 석사학 위 논문.

한재영 외(2005), 『한국어교수법』, 태학사.

후문옥(2003), 「중국인을 대상으로 한 한국어 어휘 교육」, 연세대학교 석사학위 논문.

[7장 · 중국인 학습자를 위한 한국어교육용 사자성어(四字成語)의 선정과 활용 (김 몽)]

곽추문(2005), 「韓·中 同形異意 漢字成語的 對照研究」, 台灣政治大學 韓國語學系.

권 익(1996), 「韓·中 漢字成語의 比較研究: 四字成語를 중심으로」, 경기대학교 석사학 위 논문.

金香蘭(1996), 「朝鮮語漢字成語与漢語成語」, 『漢語學習』, 第2期.

김미영(2004), 「韓·中 상용 四字成語 比較研究: 意味·形態를 중심으로」, 경성대학교 석사학위 논문.

김미정(2004), 「중국인을 위한 한국 한자의 학습사전 개발의 기초 연구」, 경기대학교 석사학위 논문.

김선정·강진숙·임현정(2007), 『살아있는 한국어 한자성어』, Korea Language PLUS.

김지형(2003), 「한국어 교육에서의 한자 교수법」, 『국제어문 27』, 국제어문학회.

김홍진(2007), 「현대 한·중 한자어의 동형이의어·이형동의어 비교 연구」, 연세대학교 석사학위 논문.

盧相均(2005), 「由韓漢兩語的差異談漢語教學上的問題」, 『比較文化研究 9-1』, 경희대 학교 비교문화연구소.

柳 楊(2009), 「중국어권 학습자를 위한 한국어 한자 어휘 교육 방안」, 부산외국어대학 교 석사학위 논문.

李美子(1974), 「中韓四字成語對照研究」, 北京大學 碩士論文.

묘춘매(2006), 「韓國 漢字語 慣用表現의 類型 研究」, 江源大學 박사학위 논문.

송향근·고 건(2009), 「한국 사자성어 어휘 교육 방안 연구」, 한국어사전학회.

王忠義(1996), 「中國 四字語型에 대한 小考」, 『外大論業 15』, 부산외국어대학교.

이계요(2002), 「한·중 사자성어의 대조 연구」, 상명대학교 석사학위 논문.

이동규(2005), 「중·고급 학습자를 위한 한국어 문화어휘 교육: 속담과 관용어교육을 중심으로」, 고려대학교 석사학위 논문.

이충우(1990), 「어휘교육의 기본과제」, 『국어교육 71』, 한국국어교육연구회.

이충우(1994a), 「한국어 어휘 교육을 위한 대표어휘 선정」, 『국어교육 85·86』, 한국국어교육연구회.

이충우(1994b), 『한국어 교육용 어휘연구』, 국학자료원.

장삼식(1993), 『漢韓大辭典 大辭源』, 삼성출판사.

전현숙(2001), 「韓·中 同意異字型 사자성어 비교연구: 원전·형태를 중심으로」, 경희대학교 석사학위 논문.

최경남·송천식(1993), 『朝鮮말 成句辭典』, 서울韓國文化社.

최태경(1999), 『동아새국어사전』, 두산동아출판사.

허 용·오문경(2005), 『즐거운 한국어 수업을 위한 교실 활동 100』, 박이정.

현성준(1999), 「現代標準漢語常用四字成語研究」, 성균관대학교 석사학위 논문.

환현주(2006), 「한문 목적 한국어 교육과정 개발을 위한 과제 단위 요구 분석: 중국인 유학생을 대상으로」, 연세대학교 석사학위 논문.

黃玲玲(1983), 『當代常用四字成語研究』, 台北 : 東海大學中文研究所.

황은영(2006), 「韓·中 故事成語比較研究」, 강릉대학교 교육대학원 석사학위 논문.

경희대학교 국제교육원 한국어 교육부 편(2003), 『한국어 중급』, 경희대학교출판국.

서강대학교 언어연구원(2007), 『서강 한국어』, 서강대학교 국제문화 교육원 출판부.

서울대학교 어학연구소(2000), 『한국어』, 서울대학교 출판부.

성균관대학교 성균관 어학원(2004), 『배우기 쉬운 한국어』, 성균관대학교출판부.

연세대학교 한국어 학당(2005), 『한국어』, 연세대학교 출판부.

이화여자대학교 언어교육원(2006), 『말 트이는 한국어』, 이화여자대학교.

한국어문화연수부 편(1997), 『한국어』, 고려대학교 민족문화연구소.

국립국어연구원(1999), 『표준 국어 대사전』, 두산 동아출판사.

강식진(1993), 『진명 한중대사전』, 진명출판사.

商務印書館出版(1996), 『現代漢語辭典』.

McCallum, George P.(1980), 101 Word Games, Resource Book for Teachers of Young Students. 임병빈 역(1996), 『놀이와 게임을 통한 영어학습 Word Games』, 한국문화사.

[8장 • 중국인 학습자의 한국어 파열음 발음 교육(강 반)]

강 려(2011), 「중국인 학습자의 한국어 파열음 오류 연구」, 한양대학교 석사학위 논문.

강옥미(2011), 『한국어 음운론』, 태학사.

郭锦桴(1993), 『汉语声调语调阐要与探索』, 北京语言学院出版社.

구 학(2013), 「한·중 음운체계의 대조 연구: 발음 교육 방안 모색을 중심으로」, 가천대
학교 석사학위 논문.

김기훈(2010), 「중국어 성조를 활용한 한국어 평음 경음 교육 방안 연구」, 한국외국어대
학교 교육대학원 석사학위 논문.

김길동(2008), 「중국어권 학습자를 위한 한국어 발음 교육 연구」, 단국대학교 박사학위
논문.

김승곤(1992), 『음성학』, 과학사.

김정숙(2000), 「외국어로서의 한국어 발음 교육 방법」, 『한국어교육 3』, 한국어교육학회.

류화순(2011), 「중국인 한국어 학습자의 파열음 인식과 발음」, 전북대학교 석사학위
논문.

박진원(2011), 「한중 여성화자의 한국어 발음의 실험음성학적 대조분석」, 연세대학교
석사학위 논문.

서민경(2002), 「한국어 파열음의 VOT에 관한 실험음성학적 연구: 환경에 따른 VOT
변이를 중심으로」, 서울대학교 석사학위 논문.

서울대학교 국어교육연구소(2004), 『국어 교육학 사전』, 대교출판.

소열녕(2008), 「韓國語와 中國語 破裂音의 實驗音聲學的 對比 研究」, 성균관대학교
석사학위 논문.

신지영(2000), 『말소리의 이해』, 한국문화사.

여학봉(2009), 「한·중 자음 대조를 통한 중국인 한국어 자음 발음 연구」, 경희대학교
석사학위 논문.

오 선(2013), 「중국어 성조를 활용한 한국어 평음 교육 방안 연구」, 한국외국어대학교
석사학위 논문.

王 力(2008), 『汉语音韵』, 中华书局.

이경희·정명숙(2000), 「한국어 파열음의 음향적 특성과 지각단서」, 『음성과학 10-2』,
국제한국어교육학회.

이현복(2011), 『한국어 발음의 이론과 실용』, 한국학술정보.

이호영(1996), 『국어음성학』, 태학사.

장가문(2013), 「중국어 성조를 활용한 한국어 발음 교육 방안 연구」, 한남대학교 석사학위 논문.

전원해(2005), 「중국 학생들의 한국어 발음 오류 연구: 자음을 중심으로」, 성균관대학교 석사학위 논문.

朱瑞娟(2011), 「중국 학습자를 위한 한국어 발음법 연구」, 경남대학교 석사학위 논문.

최미숙 외(2012), 『국어 교육의 이해: 국어 교육의 미래를 모색하는 열여섯 가지 이야기』, 사회평론.

허 용 외(2010), 『외국어로서의 한국어교육학 개론』, 박이정.

허 용 · 김선정(2006), 『외국어로서의 한국어 발음 교육론』, 박이정.

胡灵荪 · 陈碧加 · 张国华(1991), 『普通话教程』, 华北师范大学出版社.

황미연(2012), 「중국어권 한국어 학습자의 자음 발음 오류와 교육 방안 연구」, 충남대학교 교육대학원, 석사학위 논문.

Ashby, M. & Maident, J.(2005), Introducing Phonetic Science. NewYork: Cambridge University Press.

Clements, G. N. and S. J. Keyser(1983), CV Phonology, Cambridge, Massachusetts: MIT Press.

Goldsmith, John(1976), An Overview of Autosegmental Phonology, in Daniel Dinnsen(ed.), Current Approaches to phonological Theory, Bloomington, Indiana University Press.

Kahn, Daniel(1976), Syllable-based Generalization in English Phonology, Ph. D. dissertation, MIT.

Keith Johnson(2003), Acoustic & auditory phonetics(박한상 역(2006), 『음향 및 청취 음성학의 이해』, 한빛문화).

Lisker and Abramson(1964), A Cross-language Study of Voicing in Initial Stops; Acoustic Measurement, Word 20(3): 384-422.

Lei Lei(2011), 「중국인 발화한 한국어 파열음과 파찰음에 대한 실험음성학적 연구」, 경희대학교 석사학위 논문.

[9장 · 국어과 교육과정에서 어휘 교육의 관점(고주환)]

교육과학기술부(2012), 『국어과 교육과정(별책 5)』, 교육과학기술부.

교육과학기술부(2007), 『중학교 교육과정 해설 Ⅱ』, 교육과학기술부.

교육과학기술부(2007), 『고등학교 교육과정 해설 2』, 교육과학기술부.

구본관(2008), 「교육 내용으로서의 어휘사에 대한 연구」, 『국어교육연구 21』, 서울대학교 국어교육연구소.

김광해(1995), 『어휘 연구의 실제와 응용』, 집문당.

김광해(1997), 「어휘력과 어휘력의 평가」, 『선청어문 25』, 서울대학교 국어교육과.

김은성(2006), 「국어 문법 교육의 태도 교육 내용 연구」, 서울대학교 박사학위 논문.

김은혜(2009), 「국어과 교육과정과 교과서에 반영된 어휘지도 내용 연구」, 『어문연구 37-1』, 한국어문교육연구회.

김지영(2014), 「텍스트 기반 어휘 교육 연구」, 한국교원대학교 박사학위 논문.

김창원(2011), 「국어과 교육과정의 생태학 (1): 2011년 교육과정 개정에 관한 성찰」, 『국어교육 136』, 한국어교육학회.

김창원(2012a), 「국어과 교육과정의 생태학(2): 2011년 교육과정 개정에서의 쟁점과 그 해소」, 『국어교육학연구 43』, 국어교육학회.

김창원(2012b), 「고등학교 어휘 교육의 위상과 어휘 교육론의 과제」, 『국어교육학연구 44』, 국어교육학회.

손영애(2014), 『국어과 교육과정과 교과서: 과거와 현재 그리고 미래』, 박이정.

신명선(2003), 「어휘 교육의 학문적 체계화를 위한 기초 연구: 어휘 교육의 주요 문제와 이에 대한 인식 조사」, 『어문연구 31-1』, 한국어문교육연구회.

신명선(2004a), 「국어 사고도구어 교육 연구」, 서울대학교 박사학위 논문.

신명선(2004b), 「어휘 교육의 목표로서의 어휘 능력(lexical competence)에 대한 연구」, 『국어교육 113』, 한국어교육학회.

신명선(2005a), 「어휘 교육 변천사」, 한국어교육학회 편찬위원회 편, 『국어교육론 2』, 한국문화사.

신명선(2005b), 「어휘 능력의 성격을 통해 본 어휘에 대한 바람직한 관점 연구」, 『선청어문 33』, 서울대학교 국어교육연구소.

신명선(2011), 「국어와 어휘 교육 내용의 유형화에 관한 연구」, 『국어교육학연구 40』,

국어교육학회.

심영자(1984), 「아동의 어휘력 확장연구」, 서울대학교 석사학위 논문.

이관규(2002), 「국어 지식 영역의 연구 경향과 과제」, 박영순 편, 『21세기 국어교육학의
현황과 과제』, 한국문화사.

이관규(2011), 「2011 국어과 교육과정의 실제와 과제」, 『국어교과교육연구 19』, 국어교
과교육학회.

이기연(2012), 「국어 어휘 평가 내용 연구」, 서울대학교 박사학위 논문.

이도영(1998), 「언어 사용 영역의 내용 체계에 대한 연구」, 서울대학교 박사학위 논문.

이삼형 외(2001), 『국어교육학』, 소명출판.

이삼형 외(2013), 『교사를 위한 '2009개정 국어과 교육과정 해설(PDF)』, 지학사.

이영숙(1997), 「어휘력과 어휘지도: 어휘력의 개념을 중심으로」, 『선청어문 25』, 서울대
학교 국어교육과.

이충우(1996), 「어휘 교육과 교과서」, 『한국국어교육연구회 논문집 59』, 한국국어교육학회.

이충우(1997), 「어휘 교육과 어휘의 특성」, 『국어교육 95』, 한국국어교육연구회.

이충우(2001), 「국어 어휘 교육의 위상」, 『국어교육학연구 13』, 국어교육학회.

임지룡(2010), 「국어 어휘 교육의 과제와 방향」, 『한국어의미학 33』, 한국어의미학회.

주세형(2005a), 「국어과 어휘 교육의 발전 방향」, 『독서연구 14』, 한국독서학회.

주세형(2005b), 「'내용'과 '방법'으로서 국어지식 영역의 역할」, 『한국초등국어교육
27』, 한국초등교육학회.

최미숙 외(2012), 『국어 교육의 이해: 국어 교육의 미래를 모색하는 열여섯 가지 이야기』,
사회평론.

최영환(2003), 『국어교육학의 지향』, 삼지원.

Miller, G.A.(1991), The Science of Word, New York: Scientific American Library(강범
모 · 김성도 옮김(1998), 『언어의 과학』, 민음사).

Nation, I.S.P.(1990), Teaching and Learning Vocabulary. Heinle & Heinle Publishers.